Fritz Gosselck
Bruno P. Kremer

Naturparadies Ostsee

43 Erlebnistouren in neun Ländern

Quelle & Meyer Verlag Wiebelsheim

Die Angaben in diesem Buch sind von den Autoren und dem Verlag sorgfältig erwogen und geprüft, dennoch kann keine Garantie übernommen werden. Eine Haftung der Autoren bzw. des Verlags und seiner Beauftragten für Personen-, Sach- und Vermögensschäden ist ausgeschlossen.

Bibliografische Information der Deutschen Nationalbibliothek
Die Deutsche Nationalbibliothek verzeichnet diese Publikation in der Deutschen Nationalbibliografie; detaillierte bibliografische Daten sind im Internet über http://dnb.d-nb.de abrufbar.

Umschlagabbildungen: Fritz Gosselck, Bruno P. Kremer
Druck und Verarbeitung: Werbedruck GmbH Horst Schreckhase
Printed in Germany/Imprimé en Allemagne
ISBN 978-3-494-01635-1

Inhaltsverzeichnis

Die Ostsee – ein Meer in der Mitte

Sie liegen sozusagen direkt vor unserer Haustür, aber unterschiedlicher könnten zwei so eng benachbarte Meere wie die Nordsee und die Ostsee gar nicht sein: Auf der Höhe der dänisch-deutschen Grenze, die den schmalen Landrücken Jütlands bei ungefähr 55° nördlicher Breite quert, liegen ihre Ost- bzw. Westküste nur gerade einmal etwa 50 km auseinander, und dennoch steht man an ihren jeweiligen Ufersäumen tatsächlich am Rande gänzlich verschiedener Lebensraumgefüge mit vielen geologischen, physiko-chemischen und biologisch-ökologischen Besonderheiten. Nord- und Ostsee repräsentieren gleichsam verschiedene Welten, aus denen sich für beide Meeresgebiete eine Fülle von Alleinstellungsmerkmalen ableiten lässt. Die fast schon grundsätzliche Verschiedenheit betrifft bereits das höchst unterschiedliche Alter: Die Nordsee war schon vor 180 Mio. Jahren im Jura (mittleres Erdmittelalter) ein Schelfmeer am Rande des damaligen Nordatlantiks, während die Ostsee tatsächlich erst nach der letzten Eiszeit vor rund 12000 Jahren und sozusagen erst in der Altsteinzeit entstand. Sie ist also nach erdgeschichtlichen Maßstäben ein unverhältnismäßig junges Meer, das aber heute gleichwohl die ältesten Gesteine Europas überstaut.

Die Ostsee ist ein Mittelmeer

Betrachtet man die Land- bzw. Seekarte Nordeuropas genauer, müsste man die Ostsee eigentlich als Nordsee bezeichnen. Sie liegt zwar klar östlich des Nordseebeckens, reicht aber mit ihren entferntesten Ausläufern ungleich höher in den Norden Europas. Das Gebiet der Nordsee erstreckt sich ungefähr zwischen dem 52. (Breitenlage der Themse- bzw. der Rheinmündung) und dem 60. Breitengrad (Shetland-Inseln); im Kartenbild nimmt sie ungefähr die Form eines Rechtecks von rund 1000 km Länge und bis zu 600 km Breite ein. Ihre Öffnung zum Nordatlantik misst man in der Ozeanographie allerdings an der engsten Stelle zwischen dem ostschottischen Kinnairds Head und dem westnorwegischen Stavanger – beide Punkte liegen rund 450 km weit auseinander.

Nach Lage, Oberflächengestalt und Abmessung ist die Nordsee damit ein typisches Neben- oder Randmeer des Atlantiks. So bezeichnet man nach ozeanographischen Kriterien breite Meeresbuchten, die sich weit in kontinentales Gebiet erstrecken, dabei vom offenen Ozean zwar erkennbar getrennt sind, aber mit ihm ständig im direkten Austausch stehen. Mit ihren rund 575200 km^2 Fläche gehört die Nordsee sicherlich zu den kleineren Nebenmeeren. Sie ist mit dieser Bemessung aber deutlich größer als das nur 424000 km^2 Schwarze Meer.

Bei der Ostsee liegen die Dinge gänzlich anders. Sie reicht bei einer durchschnittlichen Breite von etwa 300 km immerhin vom 54. (Travemünde) über mehr als zehn Breitenkreise bis ungefähr zum 66. Breitengrad und damit bis fast an den nördlichen Polarkreis – der ist von ihrem Nordende in der Bottenwiek nur knapp 100 km entfernt. Ihre Nord-Süd-Ausdehnung beträgt somit etwa 1300 km.

Die West-Ost-Erstreckung zwischen dem 10. und 30. Längenkreis kommt auf ca. 1000 km. Unter Berücksichtigung ihrer leicht S-förmig geschwungenen Gestalt beträgt die Gesamtlänge, die man zu Schiff auf der Ostsee in einer Richtung zurücklegen kann, sogar etwas mehr als 1500 km. Der westlichste Punkt der Ostsee befindet sich am Ende der Flensburger Förde im Stadtgebiet von Flensburg (54° 26′ N, 9° 26′ O). Das Südende dieses Binnenmeeres liegt im Bereich der Odermündung im Stettiner Haff (53° 25′ N, 14° 33′ O). Ihre östlichste Stelle fällt mit dem Ende des Finnischen Meerbusens im russischen Sankt Petersburg (59° 56′ N, 30° 16′ O), zusammen, während der nördlichste Ausläufer am Rande des Bottnischen Meerbusens (Bottenwiek) im Bereich der finnisch-schwedischen Landesgrenze bei Haparanda liegt (65° 37′ N, 24° 19′ O). In dieser Abmessung nimmt die Ostsee (unter Einschluss des Kattegats) eine Wasserfläche von rund 413 000 km² ein und enthält etwa 21 700 km³ Wasser – erstaunlicherweise nur rund die Hälfte des Volumens der Nordsee. Mit ihrer

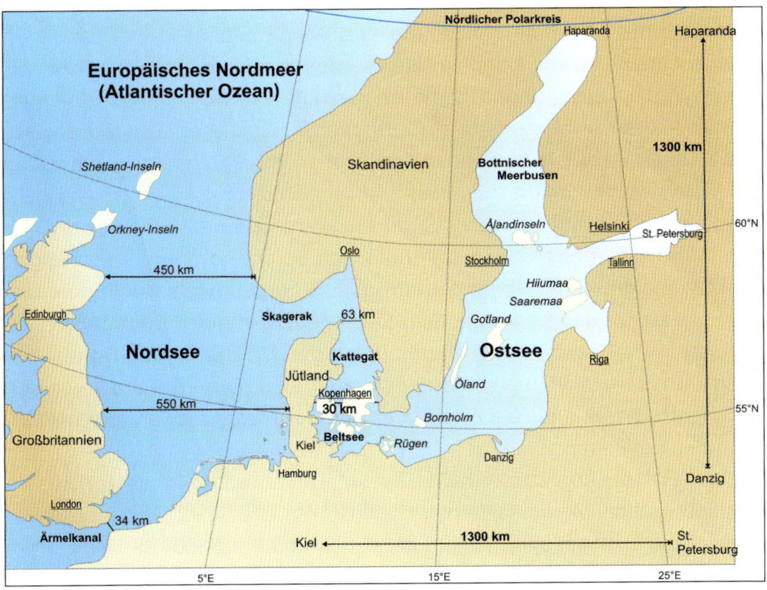

Vergleichsübersicht Nordsee/Ostsee

Flächenausdehnung ist sie rund 10% größer als Deutschland (356 957 km²), aber nur etwa halb so groß wie die Hudson-Bay in Nordamerika. Ihre mittlere Tiefe beträgt 52 m; ihre größte ist mit 459 m das Landsorttief im westlichen Gotlandbecken vor der schwedischen Ostküste.

Für die Länge der Küstenlinie gibt die Literatur ungleiche Werte an. Das liegt vor allem an der Art der Vermessung und der Definition „Küstenlinie". Werden Buchten und Inseln einbezogen, kommen andere Werte zustande, als wenn man nur die äußeren Linien (z.B. Basislinien, Hoheitsgrenzen) vermisst. Die Küstenlinie der Ostsee erreicht unter Einschluss aller Inseln und Buchten etwa 22000 km. Legt man die Messlatte großzügig von Bucht zu Bucht, kommt man auf eine Küstenlänge von ca. 7000 km. Die Küstenlinie wird in Deutschland durch das Bundesamt für Seeschifffahrt und Hydrographie (BSH) festgelegt. Erstaunlicherweise ist die Küstenlinie der deutschen Nordseeküste mit 1760 km kürzer als die der Ostsee mit ca. 1900 km.

Die eingeführten und bis heute üblichen geographischen Bezeichnungen Nord- bzw. Ostsee weisen schon eine lange Tradition auf. Die Benennung der Nordsee geht vermutlich auf die an den Küsten ansässigen Friesen zurück und spiegelt konsequenterweise deren spezifische regionale Sichtweise wider: Aus der küstenfriesischen Perspektive erstreckt sich das Meer direkt vor der eigenen Haustür eben klar in nördlicher Richtung und stellt somit die Nordsee dar. Die mächtige Hanse übernahm diese Einschätzung und setzte zudem für das östlich anschließende europäische Großgewässer, das schon bald zu einem ihrer wichtigsten Interessengebiete wurde, die Bezeichnung Ostsee durch. Dieser Begriff ist heute zumindest in den meisten Anrainerstaaten allgemein akzeptiert: Im Dänischen heißt dieses bemerkenswerte Gewässer *Østersøen.* In Norwegen spricht man von *Østersjøen,* in Schweden von *Östersjön*. Die heute in Finnland übliche Bezeichnung *Österhavet* geht dagegen auf die lange, bis ins 18. Jahrhundert währende schwedische Hoheit in diesem Gebiet zurück. Im englischen Sprachraum und im sonstigen internationalen Kontext bezeichnet man das nordeuropäische Binnenmeer dagegen als *Baltische See* (*Baltic Sea*). Diese Benennung geht mutmaßlich auf die Ersterwähnung als *Mare Balticum* durch den Chronisten und Domherren Adam von Bremen (1050–1085) zurück, der diesen Namen offenbar von den im 5. Jahrhundert in die Gebiete östlich der Weichsel eingewanderten Volksstämmen der Balten ableitete.

Da die Ostsee nun vergleichsweise schmal und rundum vom europäischen Festland und der Skandinavischen Halbinsel mit ihren neun Anrainerstaaten (Dänemark, Deutschland, Polen, Litauen, Lettland, Estland, Russland, Finnland, Schweden) eingeschlossen ist, gilt sie in der modernen Ozeanographie als kontinentales Mittelmeer. Auch das (mediterrane) Mittelmeer ist angesichts seiner durch mancherlei komplexe geologische Prozesse so entstandenen und heute stark betonten Klemmlage zwischen Nordafrika, Asien und Europa eben ozeanographisch gesehen ein Mittelmeer.

Während die Grenzsäume der sogenannten „eigentlichen" Ostsee von der Darßer Schwelle bis zum Bottnischem sowie Finnischem Meerbusen eindeutig und klar definiert sind, bestehen bei der westlichen Abgrenzung gewisse Unsicherheiten. Ozeanographisch gilt das Skagerrak zwischen Norddänemark und Norwegen noch als östliche Fortsetzung der Nordsee. Das zwischen Jütland und Schweden liegende Kattegat wird dagegen oftmals schon der Ostsee zugerechnet. In internationalen Abkommen gilt dieser relativ breite Korridor zur Nordsee und damit zum Nordatlantik jedoch lediglich als Zugang zur Ostsee. Deren geographisch korrekter Beginn wird in der Praxis folglich eher mit der Südflanke der dänischen Inselwelt gezogen.

Ungewöhnliches Brackwasser

Für einen Küstenurlauber ist das Meerwasser schon allein deswegen etwas Besonderes, weil es mit seiner enormen Salzfracht ganz anders schmeckt als übliches Leitungswasser. Außerdem trägt es wegen seiner höheren Dichte beim Schwimmen deutlich besser als das Wasser im heimischen Freibad oder Baggersee. Aus Abenteuerberichten über Schiffbrüchige weiß man allerdings, dass das in solchen Situationen geradezu im Überfluss vorhandene Meerwasser das normale Trinkwasser nicht ersetzen kann und überraschend schnell sogar lebensbedrohlich wirkt. Der Grund dafür ist die empfindlich eingestellte osmotische Balance unserer Körpergewebe.

Der mittlere Salzgehalt des Meeres ist beträchtlich: Eintrocknende Wassertropfen auf der Haut nach einem erfrischenden Bad in der Brandung werden durch Auskristallisieren ihrer löslichen Komponenten zunächst milchig trüb und hinterlassen schließlich eine kleine Salzkruste. Die Salzbefrachtung des Meerwassers (genauer, der Massenanteil von Salz) beträgt weltweit weitgehend einheitlich rund 35 g in 1 kg (nicht Liter!) Wasser. Den Salzgehalt, fachmännisch Salinität genannt, gibt man üblicherweise in Promille (‰) oder mit der zahlengleichen Einheit psu (= *practical salinity unit*) an. Der globale Durchschnittswert beträgt also 35‰ oder 35 psu; ganz genau sind es 34,7‰. Verdunstung und Niederschlag führen in den verschiedenen Teilbereichen der Weltozeane konsequenterweise zu deutlichen regionalen Unterschieden. Im (europäischen) Mittelmeer liegt der Wert wegen dessen negativer Wasserbilanz etwas darüber – an der Straße von Gibraltar bei 36,25‰. In der Ägäis sind es sogar 39‰. Im Persischen Golf, der sich durch eine klimabedingt besonders hohe Verdunstungsrate und nur wenige unbedeutende Flusseinläufe auszeichnet, liegt die Salinität gar bei 42 ‰. In den Polarzonen führen die saisonale Eisbildung und die spätere -schmelze ebenfalls zu deutlichen Verschiebungen im Salzgehalt. Im Nordpolarmeer ist eine besonders starke Abnahme des Salzgehaltes zu verzeichnen. Hoher Niederschlag in der Äquatorialzone und starke Verdunstung bedingen auch in den Subtropen und Tropen weltweit einen relativ höheren Salzgehalt zumindest an der Oberfläche der Meere. In der Nordsee liegt die Salinität wegen des im Vergleich zur Größe des Nordseebeckens relativ bedeutsamen Süßwassereinstroms von Rhein, Weser und Elbe bei 33 ‰ mit gewissen saisonalen Schwankungen, wobei sich hier die mit etwa 31 ‰ niedrigsten Werte im Jahresgang in den Frühjahrsmonaten einstellen, weil die Flüsse im Winterhalbjahr sowie in den Folgemonaten niederschlags- und schmelzwasserbedingt deutlich mehr Wasser führen.

Wasserkörper mit einer Salinität, die deutlich unter dem weltozeanischen Durchschnittswert liegen, bezeichnet man als Brackwasser – oder fachmännisch ausgedrückt – als mixohalin. Das mixohaline Brackwasser ist demnach lediglich ein verdünntes Meerwasser. Die Grenze zieht man – bezeichnenderweise festgemacht am Salzgehalt der westlichen Ostsee – international bei einem Salzgehalt von 18 ‰. Beim Baden ist es sehr angenehm, weil es nur relativ wenig nach Salz schmeckt und auch nicht so sehr in den Augen brennt.

Die Ostsee (412 560 km²) und das Schwarze Meer (424 000 km²) sind die größten Brackwassergebiete der Erde und schon allein deswegen in vielerlei Hinsicht äußerst bemerkenswert. Ihr Salzgehalt entspricht mit ca. 18 – 16 ‰ zumindest im westlichen Teil (Kieler Bucht) ungefähr demjenigen unserer Tränenflüssigkeit. Nach Osten und Norden nimmt die Salinität stetig ab. In der

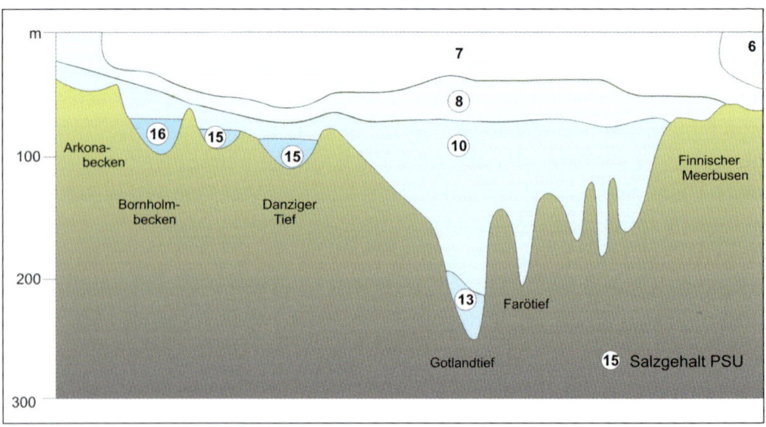

Salinitätsverteilung in der Ostsee

mittleren Ostsee, etwa auf der Höhe von Rügen und Bornholm, beträgt der Salzgehalt an der Wasseroberfläche nur noch etwa 8 ‰. Am nördlichen bzw. nordöstlichen Saum der Ostsee im Bottnischen bzw. Finnischen Meerbusen fällt er sogar deutlich unter 2 ‰ und ist dann kaum noch bemerkbar. Hier ist die Ostsee praktisch ein Binnengewässer. Sie zeichnet sich – und das ist zweifellos eine ihrer hervorhebenswerten hydrographischen Eigenarten – demnach durch einen relativ kontinuierlichen Gradienten ihrer Salzbefrachtung von West nach Nord bzw. Nordost aus.

Während der Salzgehalt in verschiedenen Meeresgebieten durchaus schwanken kann, ist die Zusammensetzung des Meerwassers mit seinen konstituierenden Ionen selbst im globalen Maßstab erstaunlicherweise nahezu konstant. Nur vier Kationen (in der Reihenfolge ihrer Massenanteile Na^+, Mg^{2+}, Ca^{2+} und K^+) sowie drei Anionen (Cl^-, SO_4^{2-} sowie HCO_3^-) stellen nahezu 99 % aller Ionen im Meer- wie im Brackwasser. Na^+ und Cl^- allein machen bereits rund 86 % der gelösten Elektrolyte aus. Im Prinzip könnte man das Meerwasser also als Natriumchlorid- bzw. Kochsalz-Lösung auffassen, dem eine bunte Palette weiterer Ionen beigemischt ist. Unternehmen wir hier nur eine kleine Themenschleife zur gemütsbewegenden Träne: Die Tränenflüssigkeit, ein Filtrat unseres Blutserums, weist fast die gleiche relative Ionenhäufigkeit wie Meer- bzw. Ostseewasser auf. Viele unserer Körperflüssigkeiten könnte man demnach als kleine Zweigstellen von Ost- bzw. Nordsee auffassen.

Etliche Lehrbücher der Geochemie vertreten übrigens mehrheitlich die Einschätzung, dass der Ionen- bzw. Elementgehalt des Meerwassers die Endstadien der Gesteinsverwitterung auf dem Festland widerspiegelt. Nach dieser Vorstellung sollen Rinnsale, Bäche, Flüsse und Ströme die freigesetzten, löslichen Bestandteile aus der Gesteinsverwitterung sammeln und allmählich dem Meer zuführen. Die Stofffracht der Flüsse reiche angeblich sogar aus, in rund 25 Mio. Jahren so viel Salz in die Meere einzuschwemmen, wie aktuell darin gelöst ist. Soweit die schöne Theorie.

Die allmähliche Versalzung der Meere durch ihre Süßwasserzuströme gehört tatsächlich jedoch eher in die Kategorie Legendenbildung, denn die so plausible Vorstellung von der stetigen Salzauswaschung aus dem erbarmungslos verwitternden Gestein weist bedauerlicherweise einige kritische Schönheitsfehler auf. Tatsächlich ist nämlich der heutige Salzgehalt der Meere, die immerhin 97 % des Gesamtwasservorrats der Erde ausmachen, immer noch das weitgehend unveränderte stoffliche Erbe aus ihrer Frühzeit, als sich erstmals eine stabile Hydrosphäre entwickelte. Das Meer war schon oft Entstehungsort von Gesteinen, die im Laufe ihrer weiteren Entwicklung irgendwann einmal Bestandteile des Festlands wurden – so die Silt- und Sandsteine etwa des Rheinischen Schiefergebirges oder die meist nicht einmal halb so alten Sedimentgesteine der nördlichen Alpen. Nicht das Festland ist das Liefergebiet für die mineralischen Bestandteile des Meerwassers, sondern eher umgekehrt. Außerdem läuft die mineralische (physikochemische) Verwitterung der Festlandgesteine nur selten bis auf die Stufe von Ionen ab. Ferner müsste das Meerwasser zumindest ungefähr die relative Elementhäufigkeit in den Festgesteinen der Erdkruste spiegeln. Das ist aber – leicht darstellbar schon allein am hauptsächlich beteiligten Element Chlor – überhaupt nicht der Fall: Dieses häufigste Ion im Meer- und auch im Ostseewasser ist nach seinen Stoffanteilen in den kontinentalen Festgesteinen ein typischer Hinterbänkler mit Mengenanteilen weit rechts vom Komma und hat demnach nie in nennenswerter Weise zum Ionengehalt der Meere beigetragen.

Bedenken Sie dies alles einmal, wenn Sie morgen früh zum Salzstreuer greifen und die Salinität des Frühstückseis korrigieren.

Süß- und Salzwasser in der Ostsee – eine Summenbilanz

Skagerrak und Kattegat sind noch relativ breite Meeresstraßen zur offenen Nordsee und damit klar beeinflusst von der Hydrodynamik des Nordatlantiks, aber weiter südlich wird es buchstäblich eng: Mit nur drei auch im Kartenbild ziemlich schmal erscheinenden und zudem nicht allzu tiefen Öffnungen steht die westliche Ostsee mit dem Kattegat in direkter Verbindung. Von Westen nach Osten sind es zwischen der jütischen Halbinsel (dänisch Jylland) und der dänischen Insel Fünen (dänisch Fyn) der *Kleine Belt*, zwischen Fünen und Seeland (dänisch Sjaelland) der *Große Belt* sowie zwischen Seeland (Kopenhagen) und dem schwedischen Festland der *Øresund*, der unterdessen von einer spektakulären Straßen- und Eisenbahnbrücke überspannt wird.

Für den Wasseraustausch der Ostsee mit der benachbarten Nordsee sind das erkennbar kleine und ziemlich schmale Fenster. Erschwerend machen sich natürlich auch die vergleichsweise recht geringen Wassertiefen bemerkbar. An der schmalsten Stelle ist der Kleine Belt (Lillebaelt) nur etwa 600 m breit und nur in einzelnen Kolken maximal 80 m tief. Beim Großen Belt (Storebaelt), der immerhin etwa 20 km breit ist, beträgt die Satteltiefe nur noch 26 m. Im besonders breit erscheinenden, aber an der schmalsten Stelle zwischen Helsingør (DK) und Helsingborg (S) nur etwa 4 km Breite messenden Øresund (oft auch nur einfach Sund genannt) liegt der Meeresboden im Bereich der Drogden-Schwelle tatsächlich nur etwa 7 m tief – eine für Schiffspassagen zweifellos kritische und nur mit Lotsenhilfe zu bewältigende Größe. Angesichts des doch recht beträchtlichen Wasserkörpers der Ostsee erscheinen diese unverhältnismäßig schmalen Zugänge zu Kattegat, Skagerrak und Nordsee wie der Wasseraustausch eines Gartenteichs mit seiner direkten Umgebung über drei normal dimensionierte Trinkhalme. Entsprechend stellt sich die Wasserbilanz der Ostsee relativ komplex dar, auch wenn alle kontinentalen Zuflüsse jährlich knapp 440 km³ Süßwasser in das Ostseebecken transportieren – immerhin aus einem Einzugsgebiet, das eine Fläche von über 1 Mio. km² einnimmt. Die größten Flüsse sind Newa (Russland), Weichsel (Polen), Düna (Lettland), Memel (Litauen), Oder (Polen/Deutschland) und Kemijoki (Finnland). Ihr massiver Süßwasserzustrom bedingt übrigens, dass der Wasserspiegel im nördlichen Teil der Ostsee etwa 35 cm über NN liegt. Ihr theoretischer Ruhewasserspiegel ist also in Richtung Jütland leicht geneigt. Eine weitere Komponente ist die Süßwasserzufuhr aus Niederschlägen, die immerhin mit 225 km³ beziffert wird. Dem steht allerdings eine Verdunstung von etwa 185 km³ entgegen. Der gesamte Süßwasserimport in die Ostsee bilanziert sich demnach auf etwa 480 km³ im Jahr.

Brackwasser ist wegen des geringeren Salzgehaltes leichter als vollsalines (gewöhnliches) Meerwasser. In Brackwassermeeren bilden sich daher geschichtete Wasserkörper aus: Oben befindet sich als Deckschicht das spezifisch leichte Brackwasser und unten das schwerere Meerwasser. Beide Wasserkörper sind scharf getrennt und weisen eine Sprungschicht auf, an der sich zumindest im Sommerhalbjahr auch noch Temperatureffekte beteiligen: Das

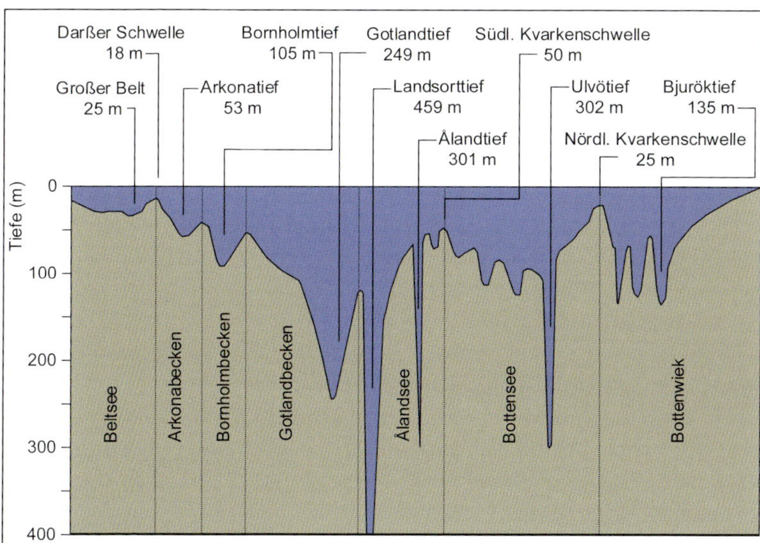

Längsprofil durch die Ostsee

an der Oberfläche erwärmte Brackwasser ist leichter als kälteres. Deswegen liegt die Sprungschicht in der westlichen Ostsee noch bei 20 m, im Zentralbecken der Ostsee (Gotlandsee) aber schon bei 70 m Wassertiefe. Unterhalb der Sprungschicht beträgt die Wassertemperatur ganzjährig nur etwa 5 °C.

Der Abfluss von leichtem, durch die Süßwassereinströme verdünntem Ostseewasser erfolgt in den dänischen Wasserstraßen nur im Oberflächenbereich, während in der Tiefe das vollsaline Nordsee- bzw. Atlantikwasser eindringt. Hier herrscht also eine eigenartige Doppelströmung: Der Angelhaken eines Anglers wird im Großen Belt mit dem oberen Wasserkörper nach Norden, mit dem unteren nach Süden in Richtung Ostsee verdriftet.

Für den effizienten Wasseraustausch über die Belte und Sunde ergeben sich weitere Besonderheiten und sogar Komplikationen aus der Tatsache, dass der Boden der Ostsee östlich bzw. nördlich ungleich stärker gegliedert ist als derjenige der Nordsee: Relativ flache Rücken mit erstaunlich geringen Satteltiefen wechseln mit tieferen Becken ab. Nördlich von Rügen liegt das Arkona-Becken mit Wassertiefen um 50 m. Östlich von Bornholm erstreckt sich das maximal etwa 92 m tiefe Bornholm-Becken, das über die etwa 60 m tiefe Stolper Rinne zum rund 250 m tiefen Gotlandbecken führt, dem tiefsten der Ostsee.

Somit behindert die ausgeprägte Becken- und Schwellenstruktur klar die horizontale Zirkulation im Tiefenwasser, während die vertikale Zirkulation durch die dichte- bzw. temperaturbedingte Sprungschicht stark eingeschränkt wird. Da vor allem der vertikale Austausch unterbleibt, fehlt in der Tiefe meist der unentbehrliche Sauerstoff, der für den kompletten oxidativen Abbau absinkender organischer Substanz dringend benötigt würde. Daher reichert sich im Tiefwasser der Beckenbereiche eventuell giftiger Schwefelwasserstoff (H_2S) an. Nur kräftige Weststürme in den Herbst- und Wintermonaten können – meist sogar nur in mehrjährigen Abständen – frisches Nordseewasser in die Ostsee drücken, damit die recht stabile Dichteschichtung durch Verwirbelung aufbrechen und auch das Bodenwasser in den tieferen Becken erneuern. Kommt es zu einem Salzwassereinbruch, verdrängt das einströmende salz- und sauerstoffreiche Wasser das sauerstoffarme gealterte Tiefenwasser und führt dann zu einer deutlichen Verbesserung der Lebensbedingungen sowie zu einer Wiederbesiedlung der zuvor toten Böden mit Bodentieren und Fischen. So brachte ein bedeutender Salzwassereinbruch im November/Dezember 1951 rund 200 km^3 Salzwasser von 22,5 ‰ in die Ostsee. Das entspricht einer Salzmenge von knapp 5 Milliarden t. Nach 16 Jahren Stagnation drangen im Januar 1993 erneut etwa 310 km^3 Salzwasser in die Ostsee ein. Dieses Salzwasser braucht von der Beltsee bis zum Gotlandtief allerdings etwa 3 Monate. Nicht jeder Einstrom ist jedoch so ergiebig, dass sein Wasser bis in die zentrale Ostsee gelangt.

Ein schwieriger Lebensraum

Die weitaus meisten im Wasser beheimateten Arten kommen im Meer vor und sind an den durchschnittlichen Salzgehalt der Ozeane von etwa 35 ‰ bestens angepasst. Gerät aber eine eigentlich marine Art unter Brackwasserbedingungen, saugt der höhere Salzgehalt ihrer Körperflüssigkeit das umgebende Wasser nach den physikochemischen Gesetzen der Osmose unerbittlich solange auf, bis die Zellen schlimmstenfalls platzen. Einige marine Arten

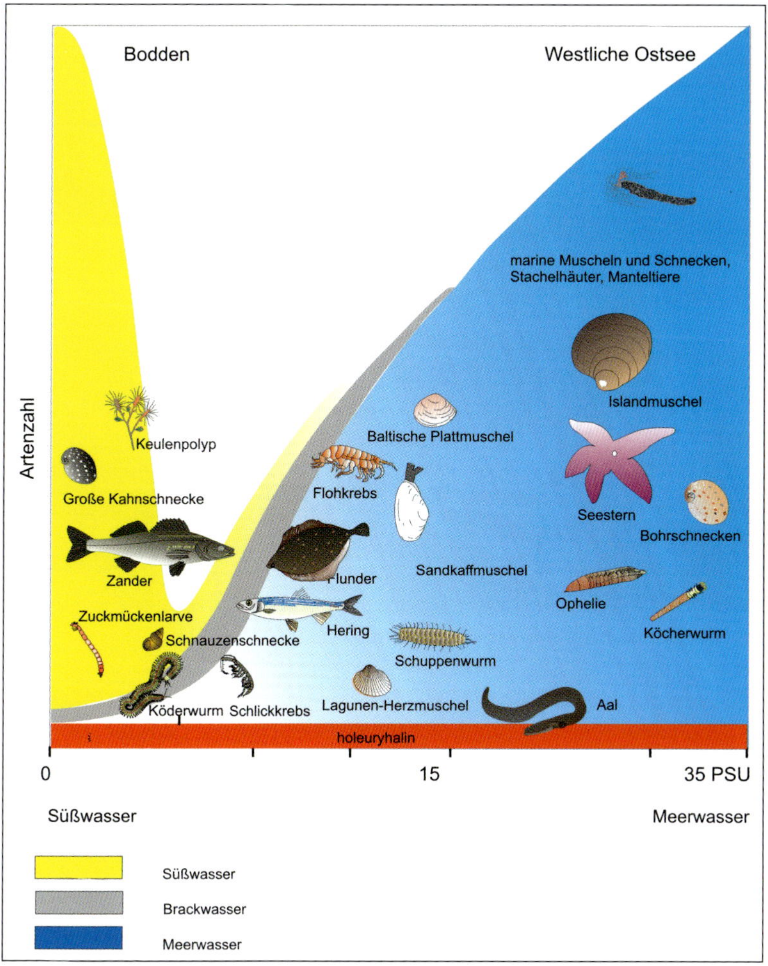

Salzgehalt und Artenzahl

Grenzen der Verbreitung von Ostsee-Arten

haben jedoch eine effiziente Möglichkeit gefunden, trotzdem im Brackwasser leben zu können. Sie pumpen nämlich überschüssiges Wasser aus ihrem Körper heraus und nehmen Salze aus dem umgebenden Brackwasser auf. So halten sie die ionale Zusammensetzung ihrer Körperflüssigkeit einigermaßen konstant. Man nennt diesen bemerkenswerten, aber energieaufwendigen Vorgang Osmoregulation.

Flachwasserarten der Nordsee wandern in der Ostsee in die salzreichen Tiefenschichten ab – ein Phänomen, das man als Brackwassersubmergenz bezeichnet. Ein typisches Beispiel dafür ist der Wattwurm, der in der Nordsee in der mittleren Gezeitenzone lebt. Auch in der Mecklenburger Bucht besiedelt er noch die Flachwasserbereiche, ist aber häufiger in 15 m Wassertiefe anzutreffen. Östlich der Darßer Schwelle kommt er im Flachwasser bei Hiddensee und Rügen nur noch vereinzelt vor, besiedelt aber das Arkonabecken bis in über 40 m Tiefe.

Die Anzahl der marinen Arten geht mit abnehmendem Salzgehalt deutlich zurück. Weniger Salz bedeutet somit weniger marine Arten. So ist von der Kieler bis zur Pommerschen Bucht im Sandboden gar ein Rückgang von 120 auf 23 Tierarten zu verzeichnen. Typische marine Tiergruppen wie die Stachelhäuter und die Manteltiere fallen nach Osten hin vollends aus. Diese Lücke wird nun eigenartigerweise nicht durch Tiere aus dem Süßwasser aufgefüllt, denn diese Arten sind nur ausnahmsweise in der Lage, ihre Regulationsleistungen zu steigern und sich einem höheren Salzgehalt anzupassen. Daher entsteht im Salzgehaltsbereich von 5 – 8 ‰ buchstäblich ein Artenloch, in das nur wenige Salz- und Süßwasserarten einzudringen vermögen.

Die Vertreter gleicher Arten sind in der Ostsee meist kleiner als in der Nordsee. Besonders deutlich zeigen dies die Schalen der Muschelarten, etwa der Herzmuschel und der Miesmuschel. In der westlichen Ostsee erreicht die Miesmuschel durchweg noch eine Länge von 10 cm, in der Pommerschen Bucht dagegen nur noch von höchsten 3 cm. Auch fallen ihre Schalen dünner aus. Die auffällige Größenreduktion ist auf die allgemein schlechteren Lebensbedingungen im Brackwasser zurückzuführen.

Ein Meer fast ohne Gezeiten

Die Gezeiten oder (norddeutsch) Tiden (vgl. engl. *tide* = Gezeit) sind ein außerordentlich komplexes geophysikalisches Phänomen. Die dabei wirksamen Faktoren lassen sich aber im Rahmen der konventionellen Newton'schen Mechanik durch Gravitationswirkungen und Fliehkräfte erklären: Auf der mond-zu- und -abgewandten Seite der Erde bestehen im Betrag gleiche, aber in unterschiedliche Richtungen wirkende Differenzen der Anziehungskraft des Mondes und der Fliehkraft aus der Erdrotation. Sie erzeugen im beweglichen Wasserkörper der Erde (zusätzlich auch in der Lufthülle und sogar im Festkörper) Flutberge, unter denen sich die Erde hinwegdreht. Es entstehen jeweils zwei Flutberge und zwei Ebbetäler. Zweimal täglich geraten die Kontinentküsten in einen Flutberg und zweimal in ein Ebbetal.

Wesentlicher Zeitgeber dieser Rhythmik ist der Mondtag, der etwa 50 min länger ist als ein Erden- bzw. Sonnentag. Daraus erklärt sich auch die tägliche Versetzung der Hoch- und Niedrigwasserzeiten um etwa 50 min. Durch Interferenzen der gegenseitigen Position von Erde, Mond und Sonne ergeben sich

Sandklaffmuschel – in der Ostsee deutlich kleiner als in der Nordsee

die halbmonatlichen Ungleichheiten. Im ersten und letzten Viertel verringert der Mond den von der Sonne erzeugten Flutberg. Der Tidenhub fällt schwächer aus, es herrscht Nipptide. Bei Voll- und Neumond addieren sich dagegen die Flut erzeugenden Kräfte von Mond und Sonne – und folglich kommt es zu Springtiden.

Überall an den Küsten der Nordsee kann man dieses eigenartige Naturphänomen der wechselnden Gezeitenwasserstände erleben – mit Tidenhüben von durchweg 2,5 m. Nun ist die Nordsee im Vergleich zum offenen Atlantik aber nur ein vergleichsweise kleines Randmeer und viel zu klein, um eigene Gezeiten entwickeln zu können. Der Kulminationspunkt des Mondes überstreicht bei der Erddrehung das gesamte Nordseebecken in nur etwa 16 min, und dieser kurze Zeitraum reicht nicht für die Ausbildung eines nennenswerten eigenen Flutberges. Die Tideneffekte an den Nordseeküsten sind daher im Wesentlichen die Mitschwingungsgezeiten aus dem Nordatlantik.

Ähnlich liegen die Dinge bei der Ostsee. Auch sie ist für die Ausbildung eigener Gezeiten viel zu klein. Wegen der stark behinderten Wasserpassage zwischen den dänischen Inseln kann auch kein nennenswertes Mitschwingen des Ostsee-Wasserspiegels mit den Tidewellen stattfinden, welche die Nordsee entlang der ostenglischen Küste, vorbei an den friesischen Inselketten bis hinauf an die norwegische Westküste in rund 16 Stunden durcheilen. Sollte sich im Kattegat der Wasserstand mehrtägig witterungsbedingt um eine oder zwei Handbreiten erhöhen, dauert die Angleichung der Ostsee durch die dänischen Meerengen fast einen halben Monat.

Die für die offenen Meeresküsten so typischen Phänomene Ebbe und Flut sind also an den Ostseestränden kaum zu bemerken, lediglich im äußersten Westen schwankt der Wasserstand um etwa 10 cm. Dennoch sind an den Ostseeküsten mitunter beträchtliche, aber unperiodisch auftretende Wasserstandsschwankungen zu beobachten: Diese werden primär ausgelöst durch den Luftdruck, also durch Hoch- und Tiefdruckgebiete, die wiederum mit bestimmten Windrichtungen verknüpft sind. Rasche und starke Luftdruckänderungen, meist verbunden mit schnell ziehenden Starkwindfeldern, führen in der Ostsee zu Wasserstandsschwankungen. Sie werden durch wind- und luftdruckbedingte Wassertransporte und die Stauwirkung der Küsten hervorgerufen. Insbesondere in Förden und Buchten sind stärkere Wasserstandsschwankungen möglich („Trichtereffekt"). Als Faustregel gilt, dass bei Windrichtungen aus Ost bis Nordost (Hochdruck im Baltikum) in der südwestlichen Ostsee der Wasserstand steigt. Dagegen ist bei West – Südwestwinden (Tiefdrückgebiet) mit Flachwasser zu rechnen. Die dabei auftretenden Wasserstandsunterschiede sind eventuell beträchtlich. In Warnemünde ereigneten sich zwischen 1950 und 2000 110 Sturmfluten. Historische Hochwasserereignisse an der Ostsee sind die Allerheiligenflut im Jahre 1304 sowie weitere Flutereignisse in den Jahren 1320, 1449, 1625, 1694, 1784 und 1825. Über ihre Ausmaße ist kaum etwas bekannt, was daran liegen mag, dass die Ostseeküsten in der Regel Hochuferbereiche darstellen und sich die Schäden für Siedlungen bzw. Ackerland daher eher in Grenzen halten. Seit 1872 nimmt

Pegel Warnemünde am Alten Strom

Windwatt Vierendehlgrund

man an der Ostsee regelmäßig Pegelablesungen vor. Der höchste bisher dokumentierte Pegel war der katastrophale Hochwasserstand am 13.11.1872 mit 2,97 m über dem Mittelwasser (= NN) in Kiel und 2,43 m in Warnemünde. Jüngere schwere Hochwasserereignisse waren 1904 mit 1,88 m, 1913 mit 1,89 m, im Januar 1954 mit 1,73 m, am 2.–4. November 1995 mit 1,68 m und am 21. Februar 2002 mit 1,65 m mittlerer Wasserhöhe über NN.

Windwatt an der Außenküste im Bereich der Werderinseln und des Bock

In diesem Zusammenhang ist auf eine weitere Besonderheit der Ostseeküste hinzuweisen. An der Nordsee legt der mit großer Präzision ablaufende Tidenrhythmus die Auftauchflächen des Wattenmeeres ungefähr alle 6 Stunden frei. Vergleichbares ereignet sich an der Ostsee wegen der fehlenden Gezeiten nicht, aber die beschriebenen witterungsbedingten Wasserstandsunterschiede führen zu freifallenden, wattähnlichen Sandflächen. Solche Bereiche nennt man an der Ostsee Windwatten.

Beginn in der Erdurzeit

Die Entstehungsgeschichte der Ostsee ist in ihre Gesteine eingewoben. Die Grundform, das uralte primäre Gestein, tritt fast nur in der nördlichen Ostsee an die Oberfläche, wo die vergangenen Eiszeiten alle jüngeren Sedimente überlagert oder ältere weggeschoben haben. Die erdgeschichtliche Entwicklung des Ostseeraums reicht bis in das Präkambrium und damit in die frühen Stadien der Erdentwicklung zurück, auch wenn das derzeitige Bild der Küsten erst in den letzten 4000 – 5000 Jahren geformt worden ist. Die wirksamen Formungsprozesse sind längst noch nicht abgeschlossen. Landhub, Abrasion und Anlagerung verändern die Morphologie der Ostsee auch weiterhin. Sicht- und erlebbar sind solche Prozesse vor allem an ihren Küsten.

Bevor wir auf die vergleichsweise kurze postglaziale (nacheiszeitliche) Entwicklung des Ostseeraumes eingehen, betrachten wir einmal kurz die buchstäblich grundlegenden, uralten geologischen Mechanismen, die durch tektonische Vorgänge wie leichte Erdbeben ab und an auch jetzt noch auf sich aufmerksam machen.

Das Grundgebirge in Norwegen, Schweden und Finnland ist der westliche Teil einer ausgedehnten kontinentalen Platte, die sich östlich bis zum Ural und in die Ukraine erstreckt. Sie wird in den Geowissenschaften Fennoskandia genannt. Der auf die skandinavischen Länder (ohne Dänemark) entfallende Teil ist der Baltische Schild. Er stellt die größere Portion der beiden europäischen Schildstrukturen dar. Die kleinere ist die weiter östlich gelegene Podolische Platte.

Der Baltische Schild besteht aus uralten, überwiegend präkambrischen Graniten und Gneisen: Die mit etwa 3,5 – 2,5 Mrd. Jahren ältesten Gesteine stehen auf der Halbinsel Kola, in Karelien und im östlichen Zentralfinnland an. In Südwest-Finnland sowie in Nordost-Schweden finden sich mehr als 1,8 Mrd. Jahre alte Materialien. In Südschweden und Südnorwegen sind es immerhin noch rund 1 Mrd. Jahre alte Gesteine. Geologisch gesehen weist der Baltische Schild damit die größte zusammenhängende Masse von magmatischen

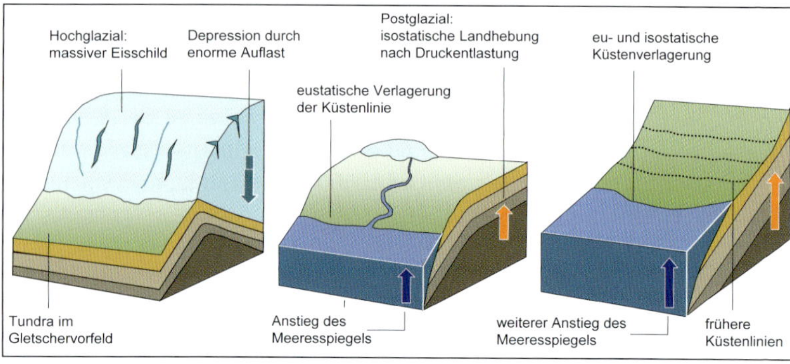

Iso- und eustatische Meeresspiegelschwankungen

(überwiegend Granite) und metamorphen Gesteinen (meist Gneise, vgl. S. 85) Europas aus. Zudem sind sie äußerst bequem zugänglich – sie bilden nämlich an vielen Stellen die heutige Landoberfläche. Die unterschiedliche Altersstellung und Beschaffenheit der Grundgebirgsgesteine deutet man nach neuerer Interpretation als Anzeichen dafür, dass die einzelnen Baukörper des heutigen Schildes schon in der Erdurzeit durch plattentektonische Kollisionen mehrerer Kleinstkontinente zusammengeschweißt wurden. Diese befanden sich im Zeitraum ihrer Zusammenführung noch weit südlich des Äquators. Erst die unaufhaltsame Norddrift der großen Erdkrustenplatten hat sie in ihre heutige Position gebracht.

Mehrere Gebirgsbildungsphasen haben diese Gesteine Ureuropas überprägt. Davon ist nur noch das Kaledonische Gebirge in Norwegen und Nordostschweden als Berglandschaft erlebbar. Seine Auffaltung begann im Ordovicium und erstreckte sich zeitlich bis in das Untersilur. Plattentektonische Prozesse haben dieses Gebirge in heute weit voneinander entfernte Portionen geteilt: So findet man die gleichen kaledonischen Gesteine heute auch an der Ostküste Nordamerikas (Appalachen, Neufundland). Ferner gehören dazu die Ostküste Grönlands sowie Spitzbergen, Schottland und Irland.

Alle älteren (vorkaledonischen) Gebirge sind heute verwittert und fast völlig eingeebnet. Die Schätzungen über den Umfang dieses Abtrags sind unterschiedlich, aber meist geht man von etwa 10 km aus. Wenn man also in Schweden oder Finnland auf einem vom Eis glatt geschliffenen Fels in Strandnähe steht, befindet man sich gleichsam auf dem Fundament eines uralten Gebirges. Die Flugzeuge über Ihrem Kopf bewegen sich deshalb etwa in einem Niveau, bis zu dem einst die Gebirgsgipfel aufragten. Die Eiszeiten mit ihren Gletscherhobeln haben zu dieser beachtlichen Einebnung übrigens nur relativ wenig beigetragen, obwohl man Geschiebe und Gerölle mit skandinavischen Gesteinen überall an den Stränden der südlichen und östlichen Ostsee findet. Der weitaus größte Teil der Erosion durch Wind und Wetter fand in den unglaublich langen Zeiträumen seit der Entstehung Skandinaviens statt.

Die jüngste paläozoische Großstruktur Skandinaviens liegt ganz im Süden: Es ist eine Bruchzone, die in Nordjütland ansetzt, durch Südschweden (Schonen) verläuft und sich bis nach Weißrussland verfolgen lässt. Nordwestlich von Bornholm nennt man sie Sorgenfrei-Tornquist-Zone, südöstlich dieser Insel dagegen Tesseyre-Tornquist-Zone. Sie markiert eine an der Wende Karbon/Perm noch im Erdaltertum entstandene Bruchzone, an der das präkambrische Grundgebirge mehrere Kilometer tief absank und heute durch jüngere Sedimente überdeckt wird. Aus diesem Grunde steht in Dänemark kein präkambrisches Material oberflächennah an. Die Tornquist-Linie zeichnet somit den Südwestrand des Baltischen Schildes nach. Bornholm liegt direkt am gestaffelten Bruchrand und stellt daher mit seinen Graniten und Gneisen (vgl. S. 85) einen isolierten Grundgebirgsrest dar. Geologisch gesehen ist die Ostsee ebenso wie die Nordsee ein Schelfmeer. Ihr Untergrund besteht mit Graniten, Gneisen und verschiedenen sehr alten Ablagerungsgesteinen aus den gleichen kontinentalen Materialien wie die umgebenden Landmassen. Die Böden echter Ozeane wie Atlantik, Pazifik oder Indik sind dagegen von anderer Natur, weil aus ozeanischer Kruste und dunklen vulkanischen Gesteinen aufgebaut, vor allem Basalt. Während diese durchweg etliche Millionen Jahre (aber höchstens 200 Mio. Jahre) alt sind, ist die Ostsee in ihren heutigen Konturen ein relativ junges Meer. Sie besteht nämlich erst seit etwa 8000 Jahren. Am Höhepunkte der letzten Kaltzeit (Eiszeit, vgl. S. 107) vor rund 20 000 Jahren war das Gebiet der heutigen Ostsee von einem – zumindest im Norden mehrere Kilometer dicken – Eispanzer bedeckt. Seinen Ursprung hatte er im skandinavischen Gebirge. Von dort flossen die Gletscher vor allem nach Osten und Süden ab und schürften dabei das Ostsee-Becken stellenweise tief aus. Weil damals große Mengen von Wasser als Eis auf dem Land gespeichert waren, lag der Meeresspiegel weltweit etwa 130 m niedriger als heute: Das Gebiet der heute benachbarten Nordsee war damals also eine eiszeitliche Tundra. In der nach geologischen Maßstäben unverhältnismäßig kurzen Nacheiszeit haben sich die Konturen der Land-/Wasser-Verteilung geradezu dramatisch bis zum heutigen Landschaftsbild verändert. Ausschlaggebendes Phänomen für die immer noch andauernde Umwandlung ist die Druckentlastung nach dem Abschmelzen des mächtigen skandinavischen Inlandeises. Die daraus resultierenden isostatischen Ausgleichsbewegungen lassen sich in der Hebung Skandinaviens und der Absenkung südlicher Ostseegebiete erkennen. Bei lang anhaltender

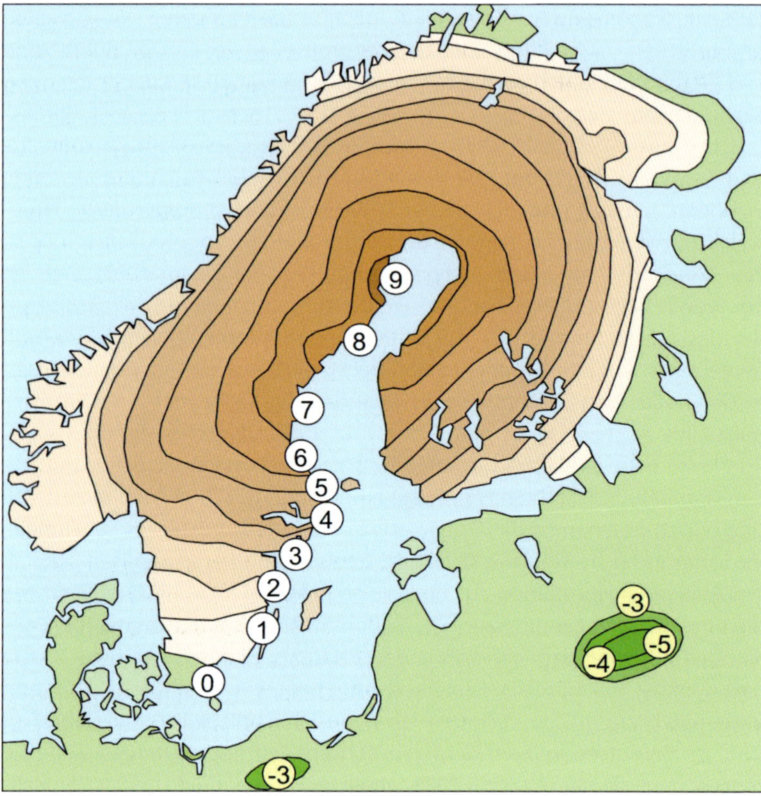

Landhebungsbeträge in Skandinavien (mm/Jahr)

zusätzlicher Belastung auf die Erdkruste sinkt sie ab. Dabei wird auch das zähe Magma in den tieferen Partien der Erdkruste zur Seite gedrängt.

Die skandinavischen Inlandeismassen mit Mächtigkeiten von bis zu 3000 m (entsprechend einer Auflast von 3000 t/m^2) stellten eine solche Belastung dar, unter der sich die Erdkruste regelrecht durchbog. Das Zentrum der Vereisung im nördlichen Bottnischen Meerbusen war gleichzeitig auch Zentrum der eiszeitlichen Landsenkung. Mit der Entlastung, also beim Abtauen, wurde die Senke gleichsam von unten wieder geglättet, und die Erdkruste kehrte allmählich wieder auf ihre Ausgangsebene zurück. Demzufolge führt das Abschmelzen des weichseleiszeitlichen Inlandeises zu einer isostatischen Ausgleichsbewegung, also einer Landhebung im Zentrum der Vereisung und einer Landsenkung in den äußeren Gebieten. Die „Nulllinie" verläuft derzeit von Nordjütland (Dänemark) über Südschonen (Schweden) und nördlich

Bornholms in Richtung der Rigaer Bucht und des Finnischen Meerbusens. Nördlich davon liegt ein Hebungsgebiet, südlich davon ein Absenkungsgebiet („Badewanneneffekt"). Das bedeutet Landhebung und Meeresrückgang in der nördlichen und mittleren Ostsee (Landzuwachs in Finnland: jährlich etwa 10 km^2) sowie Landsenkung und damit Landverlust in der südlichen und südwestlichen Ostsee. Kompliziert wird der Vorgang aber dadurch, dass diesem Phänomen klimaabhängige (eustatische) Wasserstandsänderungen entgegenwirken, die in einem Anstieg des Meeresspiegels bestehen. Dieses Zusammenspiel von Landhebung und Meeresspiegelanstieg bestimmt entscheidend die spät- und nacheiszeitliche Geschichte der Ostsee. Möglicherweise wölbten sich die eisfreien Landgebiete in der Peripherie des Inlandeises damals sogar ein wenig auf. Das durch die eisige Auflast neu eingestellte Gleichgewicht nennt man Isostasie (vgl. S. 26).

Gewässer mit Geschichte

Die erdgeschichtliche Entwicklung des Ostseeraumes ist demnach so alt wie Europa selbst. Die derzeitigen Ostseeküsten entstanden allerdings erst in geologisch viel jüngerer Zeit durch die letzten Eiszeiten und vor allem deren (vorerst) letzter Episode, der seit 1909 so benannten Weichsel-Kaltzeit, die vor etwa 115 000 Jahren einsetzte. Mehrmals schoben sich damals von Norden ausgehende Eisschichten mit Mächtigkeiten von 300 – 3000 m über den heutigen Ostseeraum, große Teile des Nordseebeckens und das norddeutsche Tiefland. Jahrzehntausendelang schliffen die Gletscher wie schon zuvor in der Saale-Kaltzeit, die vor rund 350 000 Jahren begann und vor 127 000 Jahren endete, die verbliebenen Reste der uralten skandinavischen Gebirge auf das Maß von Mittelgebirgen oder noch weniger ab. Gleichzeitig transportierten sie beträchtliche Mengen von Gesteinspartikeln jeglicher Größe, vom feinen Tonteilchen bis zum riesigen Findling. Diese Gesteinpartikeln finden wir heute völlig unsortiert in den Geschieben und Strandsteinen rund um die östliche und südliche Ostsee. Den in Unmengen anfallenden Erosionsschutt verfrachteten sie nämlich in Moränen als Schotter, Steine, Sande oder noch feinere Fraktionen nach Süden. Streng genommen lebt man überall in Norddeutschland also auf skandinavischem Boden. Das Abschmelzen der Gletscher setzte vor etwa 15 000 Jahren ein und hinterließ die heute angenehm gewellte Hügellandschaft im Küstenhinterland Schleswig-Holsteins und Mecklenburg-Vorpommerns.

Die jüngste kaltzeitliche Eisbedeckung mit Mächtigkeitszentrum in Nordschweden hatte bemerkenswerte Konsequenzen. Zu berücksichtigen ist

Pflasterwerk aus verschiedenfarbigen skandinavischen Graniten

nämlich, dass sich die Erdkruste unter der zusätzlichen Belastung durch einen bis zu 3 km mächtigen Eisschild regelrecht durchbiegt. Das nordschwedische Zentrum der Vereisung wurde damit gleichzeitig zu einem Gebiet der Landsenkung.

Konsequenterweise stellte sich nach dem Abschmelzen des weichselzeitlichen Inlandeises und der nunmehr verminderten Druckbelastung eine umgekehrte Vertikalbewegung ein: Skandinavien tauchte gleichsam wieder aus dem Untergrund auf. Die Landhebungen lassen sich an den spät- und nacheiszeitlichen Strandlinien ablesen. Die größten Hebungsbeträge liegen in Nordschweden (vgl. S. 28) immerhin bei knapp 300 m. Anfangs mag die Landhebung etwa 3 m in 100 Jahren betragen haben. Zurzeit liegt sie an der Westseite des Bottnischen Meerbusens bei etwa 1 m/Jahrhundert bzw. 8–9 mm/Jahr. Ausgehend vom Bottnischen Meerbusen nehmen die Hebungsbeträge nach allen Seiten recht gleichmäßig ab. Die Höhenverteilung des isostatischen Landaufstiegs kann man sich also vergleichbar der Wölbung eines Uhrglases vorstellen.

Die zurückliegenden Vereisungsperioden waren nicht nur eine nordeuropäische bzw. alpine, sondern eine weltweite Episode. Große Wassermengen waren während der Hauptphasen der Vereisung gleichsam im Inlandeis gestapelt mit der Folge, dass der Meeresspiegel an der Schwelle der historischen Zeit erheblich tiefer lag als heute. Diese Eigenschwankung des Meeresspiegels nennt man Eustasie. Mit dem Abschmelzen der Eismassen stieg er in relativ kurzer Zeit wieder an. Der Verlauf alter Küstenlinien spiegelt also in komplexer Weise die Effekte der isostatischen und eustatischen Veränderungen der letzten 15000 Jahre der Nacheiszeit.

Entwicklung in sechs Etappen

In der Quartärgeologie gliedert man die Geschichte der Ostsee in sechs Stadien, die sich vor allem im jeweiligen Salzgehalt des Ostseewassers und der davon abhängigen Besiedlung durch charakteristische Leitorganismen unterscheiden. Praktischerweise verwendet man dazu die relativ dauerhaften Schalen bzw. Gehäuse von Muscheln (überwiegend für die Phasen mit Meerwasser) oder Schnecken (überwiegend für die Zeitabschnitte mit Süßwasser), die gleichsam als geschichtete Geschichte in den jeweiligen Sedimenten stecken. In verhältnismäßig kurzen Zeitabschnitten fanden nämlich mehrfach Wechsel zwischen Meer-, Brack- und Süßwasserfüllungen statt – jeweils abhängig von den Verbindungen der Ostseebecken mit dem Atlantik und den Zuflüssen von Süßwasser aus den angrenzenden Kontinentalräumen. Der Ablauf der nacheiszeitlichen Entwicklung der Ostsee verlief dramatisch schnell. Eine Reihe von Vorgängen ist weiterhin Gegenstand der Forschung. Der Stand des Wissens wurde von Niedemeyer et. al. 2011 zusammengefasst und wird im Wesentlichen nachfolgend wiedergegeben. Wasserspiegelschwankungen des Weltmeeres und der Ostsee in ihren jeweiligen Stadien stellten den wichtigsten Antrieb für die Entwicklung vom Eissee zum Brackwassermeer.

14000 Jahre vor heute (J.v.h.) entstanden beim Abtauen des Eises am Eisrand Schmelzwasserstauseen, die sich in einem großen Vorlandbecken sammelten und den Baltischen Eis(stau)see bildeten. Er hatte zunächst noch keine Verbindung zu Nordsee bzw. Atlantik und war daher ein reiner Süßwassersee mit der Südküste etwa nördlich von Rügen. Die weiterhin abtauenden Gletscher ließen den Wasserspiegel dieses Eissees kontinuierlich ansteigen, bis er etwa vor 11620 Jahren an der flachsten Stelle, der mittelschwedischen Senke im Gebiet der heutigen großen südschwedischen Seen (Vättern und Vänern südlich von Stockholm), schließlich überlief und nach Westen in die damals noch deutlich tiefere Nordsee abfloss. Sein Wasserspiegel hatte sich in kurzer Zeit um 25 m erniedrigt.

Der Wasserspiegel der Weltmeere und damit auch der Nordsee stiegen eustatisch bedingt weiterhin an, so dass ab 11240 J.v.h. der Vorgang umkehrte und nun über die mittelschwedische Senke Meerwasser in die Ostsee eindrang. In der weiteren Umgebung des Zuflusses konnten marine Bedingun-

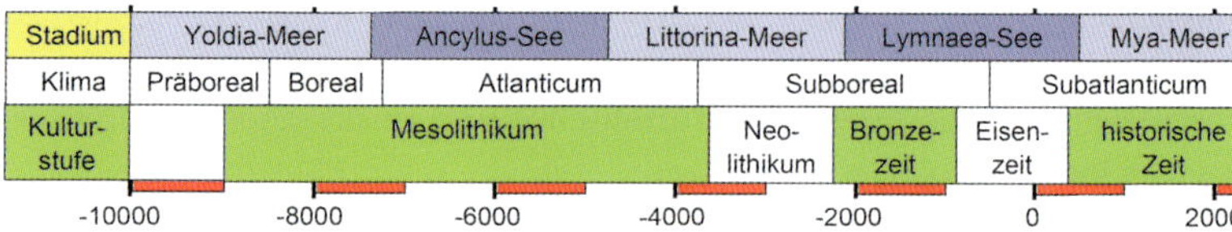

Entwicklung Ostsee

gen nachgewiesen werden. Die restlichen Gebiete des Eisstausees behielten ihren Süßwassercharakter.

Konsequent siedelten sich Meeres- und Brackwasserarten an. Nach der marinen Muschelart *Yoldia arctica* (heute *Portlandica arctica* genannt) bezeichnet man diesen Zeitabschnitt als Yoldia-Meer. Die Muschel kommt noch heute im Skagerrak und im gesamten Nordatlantik vor. Das Yoldia-Meer hatte nur etwas über 1000 Jahre bis etwa 10 300 J. v. h. Bestand.

Dann wurden erstmals die isostatischen Effekte wirksam: Die skandinavische Landmasse und ihre Nachbarschaft hoben sich, weil das Abtauen der Gletschermassen den zuvor gewaltigen Auflastdruck verminderte. Somit entfiel nunmehr durch Landhebung der offene Zugang zum Atlantik über Mittelschweden. Die Folge dieser Abtrennung war eine erneute Aussüßung und ein Wasserpegelanstieg durch Schmelzwasserflüsse. Die Meeresmuschel *Yoldia arctica* verschwand; ihre Rolle als Leitart übernahm nunmehr die kleine Flussnapfschnecke *(Ancylus fluviatilis)*, die noch heute die Flüsse Norddeutschlands besiedelt. Danach nennt man dieses um etwa 10 400 bis 8900 J. v. h. dauernde Ostsee-Entwicklungsstadium Ancylus-See. Sein Wasserspiegel lag etwa 18 – 20 m niedriger als die heutige Ostsee. Somit war der heutige deutsche Teil der Ostsee noch weitgehend trocken. Wiederum füllten die einmündenden Flüsse den Süßwassersee auf, bis er an seiner flachsten Uferstelle überlief. Für den nach 10 400 J. v. h. einsetzenden Wasserspiegelfall auf – 23 bis – 30 m unter den heutigen Meeresspiegel der Ostsee haben die meisten Autoren den Abfluss zur Nordsee an der Darßer Schwelle zwischen Falster und Fischland über die so genannte Kadet-Rinne in die heutige Mecklenburger und Kieler Bucht sowie die Dänischen Straßen angenommen. Neuere Untersuchungen lassen diese Annahme jedoch nicht mehr zu, zeigen aber auch keine Alternative. Der Rostocker und Greifswalder Geograph Theodor Hurtig sprach schon in den 1950er Jahren von dem „Rätsel des Ancylus-Sees“. Es ist uns bis heute geblieben.

In der Mecklenburger Bucht sind marine Bedingungen ab etwa 8000 J. v. h. nachgewiesen.

Die Anstiegsgeschwindigkeit des Meeresspiegels verlangsamte sich zwischen 7500 und 5000 J. v. h. und erreichte etwa das derzeitige Niveau. Von

Flussnapfschnecke – *A. fluviatilis*

Strandschnecke – *L. littorea*

Schlammschnecke – *L. ovata*

Sandklaffmuschel – *M. arenaria*

dieser Zeit an setzte der Küstenausgleich an. Da die Verbindung zur Nordsee jedoch schmal und relativ flach war (und es bis heute ist), blieb der Salzwasserzufluss gering. Somit entstand ein Meer mit geringem Salzgehalt – eben ein Brackwassermeer. Diese Phase bezeichnet man nach der Strandschnecke *(Littorina littorea)* als Littorina-Transgression und das darauf folgende Brackwasserstadium als Littorina-Meer. Die Strandschnecke drang wegen des nach Osten weiter abnehmenden Salzgehaltes allerdings nur bis zur Odermündung vor.

Erst vor rund 2000 Jahren setzte wiederum eine leichte Aussüßung des Ostseewassers ein, die auf eine Anhebung der Schwellen in den Dänischen Straßen (Großer und Kleiner Belt, Øresund) und einen dadurch bedingten geringeren Zufluss von Meerwasser aus der Nordsee zurückzuführen ist. Mit diesem Rückgang des Salzgehaltes wich auch die Strandschnecke wieder etwas nach Westen zurück. Sie ist heute nur noch bis Hiddensee und schon nicht mehr bis zur Odermündung nachzuweisen. Diese Epoche benennt man konsequenterweise nach einer Süßwasserschnecke, der Schlammschnecke *(Lymnaea ovata*, heute *Limneus ovatus* bzw. *Radix balthica)*, als Lymnaea-Stadium (oft auch nicht ganz korrekt als Limnea-Meer zitiert), die nunmehr in weite Teile der Ostsee einwandern konnte.

Das derzeitige, seit etwa 1500 Jahren andauernde Stadium erhielt den Namen Mya-Meer nach einem neuen Leittier, der Sandklaffmuschel *(Mya arenaria)*. Diese bemerkenswerte Art kam erst im frühen Mittelalter aus Nordamerika zu uns. Die ältesten europäischen Exemplare aus der Zeit 1245 – 1295 wurden bei Skagen (Dänemark) nachgewiesen, wahrscheinlich unter Beteiligung der Wikinger. Es ist eine marine Art, die jedoch Brackwasser toleriert und heute bis in den Bottnischen Meerbusen vorkommt. Die mittelfristige Prognose geht davon aus, dass die Ostsee zumindest im Westen ein Brackwassermeer bleibt und sich in ihrem Nordteil zu einem reinen Süßwassersee entwickeln wird.

Vielgestaltige Küstenformen

An beeindruckenden Landschaftsbildern ist der Ostseeraum mindestens so erlebniswert wie die Küstensäume am offenen Atlantik. Den Norden der Ostsee, von Estland bis nach Skandinavien, säumen felsige Küsten, den Süden von der Lübecker Bucht bis Riga dagegen Ausgleichsküsten. Die schwedisch-finnische Küste in der zentralen, nördlichen und östlichen Ostsee ist überwiegend eine Schärenküste und weist gelegentlich Fjorde auf. Unter Schären versteht man kleinere, der eigentlichen Küste vorgelagerte Insel(gruppe)n mit charakteristischer, durch den lange währenden Eisschliff entstandener Kuppenform. In einigen Bereichen, vor allem auf den Großen Kalksteininseln (Gotland, Öland, Saaremaa) und Bornholm, steht der Fels als hohes Kliff an. Die gesamten Felsküsten sind mehr oder weniger statisch. Allerdings erfuhren sie durch den nacheiszeitlichen Landhub stellenweise (vgl. S. 28, 299/300) beträchtliche Veränderungen ihrer Höhenlage. Die jungen Weichbodenbereiche der Ausgleichsküste verändern sich unter der Wirkung von Wind und Wellen auch in kürzeren Intervallen.

Die Ostseeküste hat eine Gesamtlänge von etwa 22 000 km. Davon entfallen 889 km auf die äußere Küste des deutschen Abschnitts (535 km in Schleswig-Holstein und 354 in Mecklenburg-Vorpommern). Dieser weist nun eine bemerkenswert reich gegliederte innere Küstenlinie auf mit buchtenreichen Förden (überflutete ehemalige Gletschertäler), Bodden, Haffen und Wieken, deren Länge fast 1400 km beträgt. Der deutsche Anteil zählt somit zu den abwechslungsreichsten Küsten der Ostsee: Hier wechseln selbst auf kurze Distanz imposante Steilküsten aus gelbem Lehm oder weißer Kreide, Sandstrände, Dünen, mächtige Blöcke, Salzwiesen und Küstenwälder miteinander ab.

Unter Küste versteht man die gesamte Landschaft im Übergangsbereich zwischen Meer und Land. Sie schließt den Raum ein, den das Meer direkt beeinflusst, und besteht aus Ufer und Schorre. Zum Ufer gehören Strand, Düne und Salzwiese, zur Schorre die Flachwasserzone, die oft vormals zum Land gehörte. Das Salzwasser bestimmt die natürliche landseitige Grenze

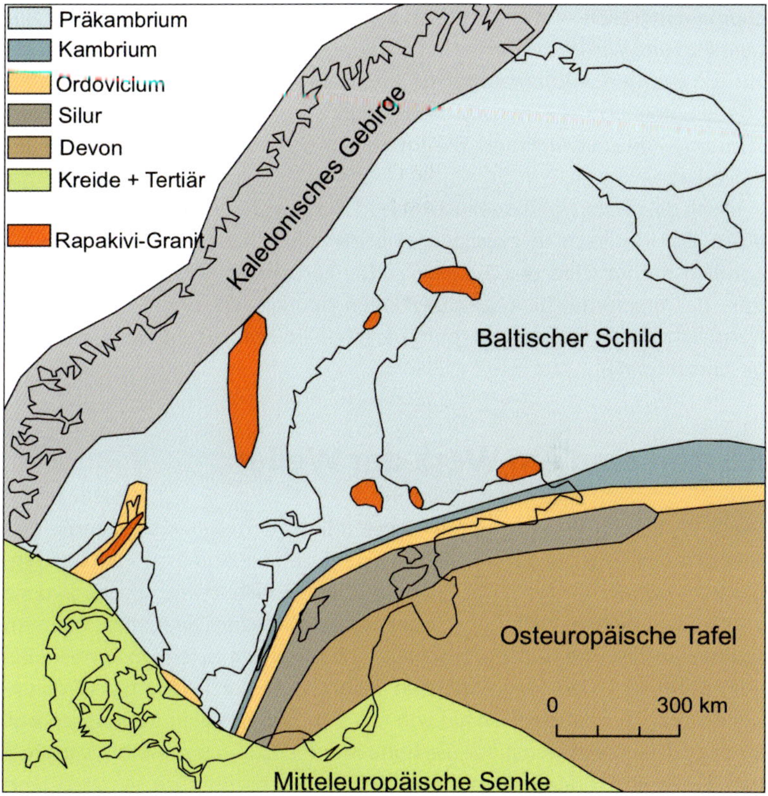

Stark vereinfachte Übersicht zur Geologie des Ostseeraums

des Ufers. Gischt und Hochwasser bringen Salz in die Böden und beeinflussen die Vegetation. Die amtlich gezogene Grenze des Uferbereichs legt der Küstenschutz fest, gegebenenfalls mit der Deichhöhe. Sie liegt bei einem anzunehmenden Sturmflutwasserstand, der sich in Mecklenburg-Vorpommern am Jahrhunderthochwasser vom 13. November 1872 orientiert. Damals stieg der Wasserstand fast 3 m über NN. Die seeseitige Grenze der Küste liegt im Bereich der Zone der Wellenbrecher. Im Vergleich zur Nordsee ist die Ostseeküste schmal, weil ihr die weiten Wattengebiete fehlen.

Mit dem schnellen Anstieg des Meeresspiegels begann schon vor etwa 7500 Jahren der Prozess des Küstenausgleichs. Die nacheiszeitliche Moränen-Landschaft ertrank. Aus Flusstälern und Gletscherzungenbecken entstanden Buchten, aus Hügeln schließlich Inseln oder Halbinseln. Als der zunächst rasche Anstieg des Wasserspiegels sich vor etwa 4500 Jahren deutlicher verlangsamte, entwickelte sich eine stabile Küstenlinie. Nun erst konnten Wind und Wellen ihre formende Wirkung aufnehmen: Vorsprünge wichen zurück, Buchten wurden aufgefüllt, und Nehrungen riegelten Buchten vom offenen Meer ab. Die Küste wurde ausgeglichen, so dass im Idealfall eine fast schnurgerade Linie entstand, wie man sie an der polnischen Ostseeküste erleben kann.

Auch die deutsche Ostseeküste gehört durchweg zum Typ der Ausgleichsküste. Der Unterschied zwischen einzelnen Küstenabschnitten besteht eigentlich nur im Grad des Ausgleichs. Die Fördenküste Schleswig-Holsteins lässt das ursprüngliche Eiszeitrelief noch deutlich erkennen, während die Ausgleichsprozesse an der vorpommerschen Boddenküste bereits weit fortgeschritten sind.

Küsten sind ein Werk der Wellen

Wenn Wellen wuchtig gegen die Küsten rollen, modellieren sie ständig den Kontaktsaum. Entscheidend für ihre Wirkung sind die Abmessungen des Seegebietes vor der Küste. In der Kieler und der Mecklenburger Bucht sind sie eher klein. Dagegen befindet sich vor Rügen ein weites Seegebiet, auf dem Stürme aus Ost und Nordost durchaus eine lange See aufbauen können. Bei voll ausgereiftem Seegang entstehen in der Ostsee durchschnittliche Wellenhöhen von 4,5 m und maximale von fast 9 m Höhe. Wellen mit Längen von 80 m prallen ungebremst auf die hohe Kreideküste und die Moränenhügel von Rügen und Hiddensee – und tragen hier durchschnittlich 34 m pro Jahrhundert ab. Zu den größten Verlustgebieten gehören die Nordküste von Hiddensee, das Fischlandufer, das Kliff am Kap Arkona, ferner Südrügen bei Sellin, Klein Zicker im Südosten Rügens, die Steilküste Stolteraa bei Warnemünde sowie Klütz Höved, Brodtener Ufer und Staberhuk auf Fehmarn. Die größten Abbrüche von jährlich rund 2 m verzeichnete in der Vergangenheit die Rügener Halbinsel Wittow bei Dranske.

Die Ausgleichsküste mit ihren Steil- und Flachabschnitten weist eine Reihe unterschiedlicher Spezialformen auf. An der Außenküste wechseln Blockstrände an aktiven Kliffen mit Sandstränden an den Nehrungen ab. An den inneren Küsten entwickelten sich häufig Salzwiesen und Schilfgürtel. Zwar fehlt an der südlichen Ostsee der Typ der Felsküste, aber die Gletscher haben zumindest größere skandinavische Felsbrocken in den Süden verschleppt, die nun als Blöcke am Strand oder auf der Schorre liegen. Zwischen Königsstuhl und Lohme auf Rügen finden sich Blockgrößen bis 27 m^3 Volumen. Den Rekord hält mit 61 m^3 der Siebenschneiderstein am Gellertort auf der Halbinsel Wittow. Auch an der Südküste der Ostsee ist also durchaus natürlicher Felsboden vorhanden. Wie an der skandinavischen Felsküste nutzen Algen, Seepocken und Miesmuscheln diese Blöcke als Aufwuchsflächen.

Natürliche Sandstrände mit Dünenbildungen und einer reichen Vegetation findet man an der Ostsee (nur noch) in Schutzzonen. An einigen Küsten haben Eisschub oder Sturmfluten bemerkenswerte Steinwälle aufgeworfen (beispielsweise Wallnau auf Fehmarn) und diese sogar bis zu mehreren Metern hoch auftürmen können. Ein berühmtes Beispiel ist außerdem der *Heilige Damm* in der Nähe des gleichnamigen Ostseebades. Er entstand in nur einer Nacht während einer besonders heftigen Sturmflut und riegelte die Konventer Niederung als zuvor offene Bucht vom Meer wirksam ab.

Lebensräume der Ostsee

Die Küste ist zwar die Grenze zwischen Festland und Meer und fallweise sogar zwischen Kontinent und Weltmeer, aber der Küstensaum mit seinen unterschiedlichen Landschaftseindrücken ist doch wesentlich vielgestaltiger, als es der Blick auf eine Landkarte zunächst vermuten lässt. Ob der Grenzsaum des Festlandes aus geschichtetem bzw. unsortiertem Lockermaterial besteht und damit ein Weichsubstrat bietet oder ob in einem Küstenabschnitt festes Gestein als Hartsubstrat ansteht, ist für den Küstenverlauf und die Ufergestalt natürlich nicht gleichgültig. Auch ist zu berücksichtigen, ob das Meeresufer zum Land hin nur flach ansteigt und eine Flachküste bildet oder ob ein vom Gesamteindruck sicherlich eindrucksvolleres Steilufer mit markanten Abstürzen besteht. Keine Küste gleicht demnach einer anderen. Fast immer findet man typische regionale Unterschiede und lokale Besonderheiten, die das jeweilige Aussehen der Küstenlandschaft prägen und ständig neue Eindrücke liefern. So verhält es sich auch an den insgesamt über 22 000 km langen Ostseeküsten, mit deren landschaftlichen Szenerien und Schönheiten man problemlos ganze Bildbandserien füllen könnte. Obwohl manche Küstenabschnitte auf den ersten Blick vielleicht etwas monoton erscheinen mögen, erweisen sie sich beim näheren Hinsehen dennoch als spezifisch. Ihre landschaftsästhetische Wirkung ist jedoch zugegebenermaßen eine Frage der Skalierung: Oftmals zeigen sich die spannenden und bemerkenswerten Facetten am wechselseitigen Grenzsaum von Land und See nicht beim weithin schweifenden Blick von der Wasserlinie bis zum Horizont und damit gleichsam in der makrotopischen Dimension, sondern buchstäblich beim näheren Hinsehen in der meso- und mikrotopischen und damit schrittweise kleiner bemessenen Wahrnehmungsebene. Das können die immer ein wenig chaotisch wirkenden Wellenaktionen in der anrollen-

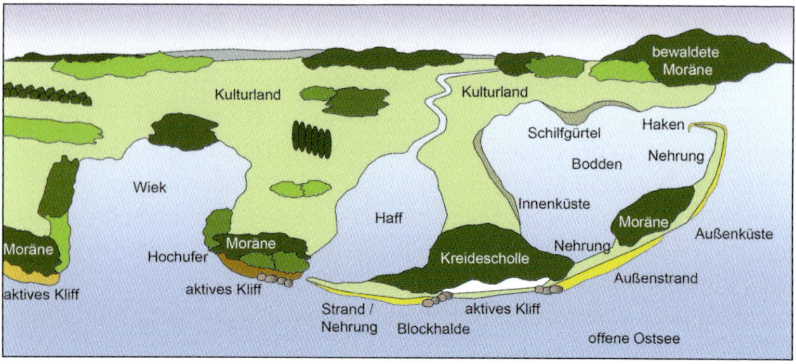

Landschaftsformen an der südlichen Ostseeküste

den Brandung sein, aber auch die feucht glänzenden Objekte im Spülsaum vor unseren Füßen.

„Faszinierend wie das Meer ist auch seine Küste", schwärmte die amerikanische Biologin Rachel Carson in ihrem schon vor über 50 Jahren geschriebenen Buch *The Edge of the Sea*, das in viele Sprachen übersetzt wurde. Dieser einfachen, aber zutreffenden Feststellung ist zunächst einmal nichts hinzuzufügen. Der Grenzsaum des Festlandes gegen die weite See, von dem sich

Erlebniswelt Meer (Makrotop)

Wellenkamm (Mesotop)

Spülsaum mit Muscheln und Seegras (Mikrotop)

vielleicht gerade ein kleiner Ausschnitt vor Ihnen ausbreitet, ist ohne Zweifel einer der aufregendsten, interessantesten und spannendsten Erlebnisräume überhaupt. Weil die wenigsten diese wässrige Welt täglich vor Augen und Ohren haben, erscheint sie den Küstenurlaubern umso außergewöhnlicher und großartiger. Die Dinge bedürfen allerdings der aktiven Wahrnehmung und Verinnerlichung, denn „man sieht nur, was man weiß", wie Johann Wolfgang von Goethe schon vor über 200 Jahren zu Recht notierte.

Wenn man am Meeresufer steht und versonnen hinaus auf die weite Wasserfläche blickt, erschließt sich möglicherweise nicht die überraschende Lebensraumvielfalt, die sich innerhalb dieser Kulisse versteckt. Die folgende tabellarische Übersicht listet daher auf, welche unterschiedlichen Lebensräume bzw. Lebensgemeinschaften man – auch im amtlichen Sprachgebrauch beispielsweise für Naturschutzzwecke – an der Ostsee zu unterscheiden hat. Sie sind von der offenen See bis zum Festland hin geordnet. Mit Pelagial bezeichnet man in der Meeresökologie fachmännisch alle Biotope (Lebensstätten) der offenen Freiwasserräume, mit Benthal diejenigen im Bodenbereich. Die Uferregion im Bereich der jeweiligen Wasserlinie ist somit der Definition nach ein typisches Gefüge aus benthischen Lebensräumen.

1 Offenes Meeresgebiet

- Pelagial
- Benthal mit
  - Schlick
  - Fein- bis Mittelsand
  - Grobsand, Kies und Schill
  - Hartsubstrat

2 Flachwasserzone (Sublitoral)

- Pelagial
- Benthal mit
  - Schlick (makrophytenarm)
  - Schlick (makrophytenreich)
  - Fein- bis Mittelsand
  - Kies, Grobsand und Schill
  - Hartsubstrat (makrophytenarm oder -reich)
  - Miesmuschelbank

3 Watt

- Benthal mit Hartsubstrat
    - Felswatt
    - Blockstrand
    - Geröllstrand
    - Künstliche Hartsubstrate (Molen, Hafenbauten, Küstenschutzbauten)
- Benthal mit Weichsubstrat
    - Schlickwatt
    - Mischwatt
    - Sandwatt
    - Sandbank
    - Seegraswiese
    - Quellerwatt (nur kleinflächig ausgebildet)
    - Brackwasserwatt (Ästuar)
    - Salzwiese (Bottenbinsenrasen, Salzgrünland)
    - Brackwasser-Röhricht
    - Brackwasser-Hochstaudenflur
    - Sandstrand
    - Strandwall
    - Strandsee

4 Landseitige Kontaktlebensräume

- Küstendünen
- Spülsaum
- Vordüne (Primärdüne)
- Weißdüne (Sekundärdüne)
- Graudüne (Tertiärdüne)
- Braundüne / Küstendünenheide
- Dünenmoor / Feuchtheide
- Fels- und Steilküste
    - Felsküste mit Kreidekalk
    - Felsküste mit Sandstein

Felsküste mit Granit, Gneis oder anderem Festgestein

Geestkliff

Küstenüberflutungsmoor

Lebensraumtypen der Ostseeküste

Die jeweils vertretene Biotop- bzw. Lebensraumvielfalt ist meist wesentlich größer, als viele nach einem ersten Blick vermuten. Die obige Tabelle ist gleichsam das thematische Programm dieses Buches. Die einzelnen nach Ländern und besonders erkundungswerten Feinzielen der jeweiligen Regi-

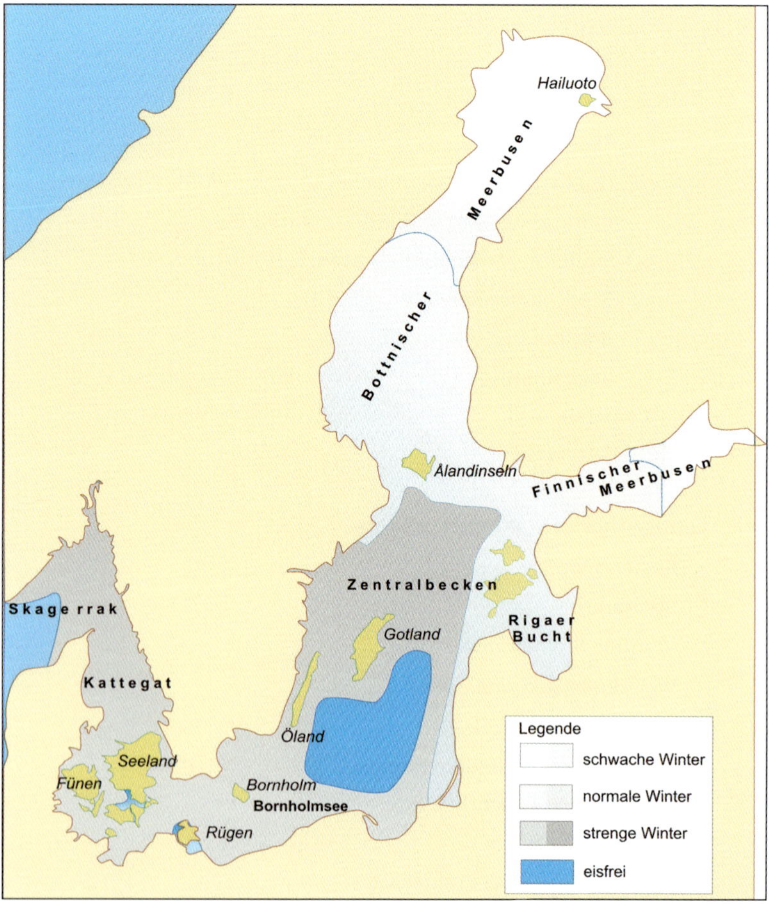

Eisbildungen in der Ostsee

on vorgeschlagenen Touren führen Sie in die doch recht beachtliche Vielfalt der Küstenlebensräume ein. Wir enden bei unseren Unternehmungen jedoch immer an der Wasserlinie und damit im Benthal der Uferregion. Die zweifellos faszinierende Unterwasserwelt der Ostsee ist ein eigenes Thema. Anteilig ist sie allerdings in Aquarien, InfoCentern und sonstigen Einrichtungen zugänglich, auf die fallweise natürlich hingewiesen wird.

Auch die Ostsee ist ein Eismeer

Die Winter in der südlichen Ostsee fallen sehr unterschiedlich aus. Eisbildungen an der Außenküste sind selten. In einer Datenreihe für den Zeitraum 1961 – 2000 verzeichnet das Bundesamt für Seeschifffahrt und Hydrographie in Hamburg und Rostock für die südliche Ostsee 18 schwache, 14 mäßige und 8 starke bis extrem starke Eiswinter.

Zeit und Ausdehnung der Vereisung hängen von der Luft- und Wassertemperatur sowie von Wind und Strömungen ab. Strömungs- und wellenarme, oft auch flache Buchten frieren zuerst zu. Auch der Salzgehalt spielt eine Rolle. Das gering salzhaltige Wasser in der Bottenwiek im hohen Norden der Ostsee gefriert erwartungsgemäß schneller als das Wasser im Kattegat mit hohem Salzgehalt.

Die Eissaison der Ostsee beginnt gewöhnlich Ende Oktober/November mit der Vereisung von kleinen Buchten in der Bottenwiek und im östlichen Finnischen Meerbusen. Jedoch sind bei frühem Kälteeinbruch auch in der südlichen Ostsee schon im November Eisbildungen zu beobachten. Davon sind besonders die geschützten, flachen inneren Küstengewässer um Rügen und dem Darß betroffen. Die inneren Küstengewässer an der südlichen Ostsee (Bodden, Haffe, Wieken) überziehen sich auf Grund ihrer geringen Wasserbewegung und einige auch wegen eines geringeren Salzgehaltes schon nach einer kurzen Frostperiode mit einer Eisdecke. Zumindest kurzzeitig sind sie daher in fast jedem Winter eisbedeckt.

Das meistens eisfreie Gebiet zwischen Bornholm und der baltischen Küste ist auf die große Wassertiefe zurückzuführen, die als Wärmespeicher dient und die Vereisung verzögert.

Die maximale Eisbedeckung wird Ende Februar/März erreicht. In „normalen" Wintern sind die Bottenwiek sowie der Finnische Meerbusen und die Rigaer Bucht komplett mit Eis bedeckt. Bei anhaltenden Ostwetterlagen (Hochdruckgebiet über Russland/Skandinavien) erstreckt sich die Eisbedeckung weit in die südliche Ostsee. Während dann zu erwartenden kalten oder extrem kalten Wintern (z.B. 1928/29, 1939/40; 1940/41; 1941/42, 1946/47;

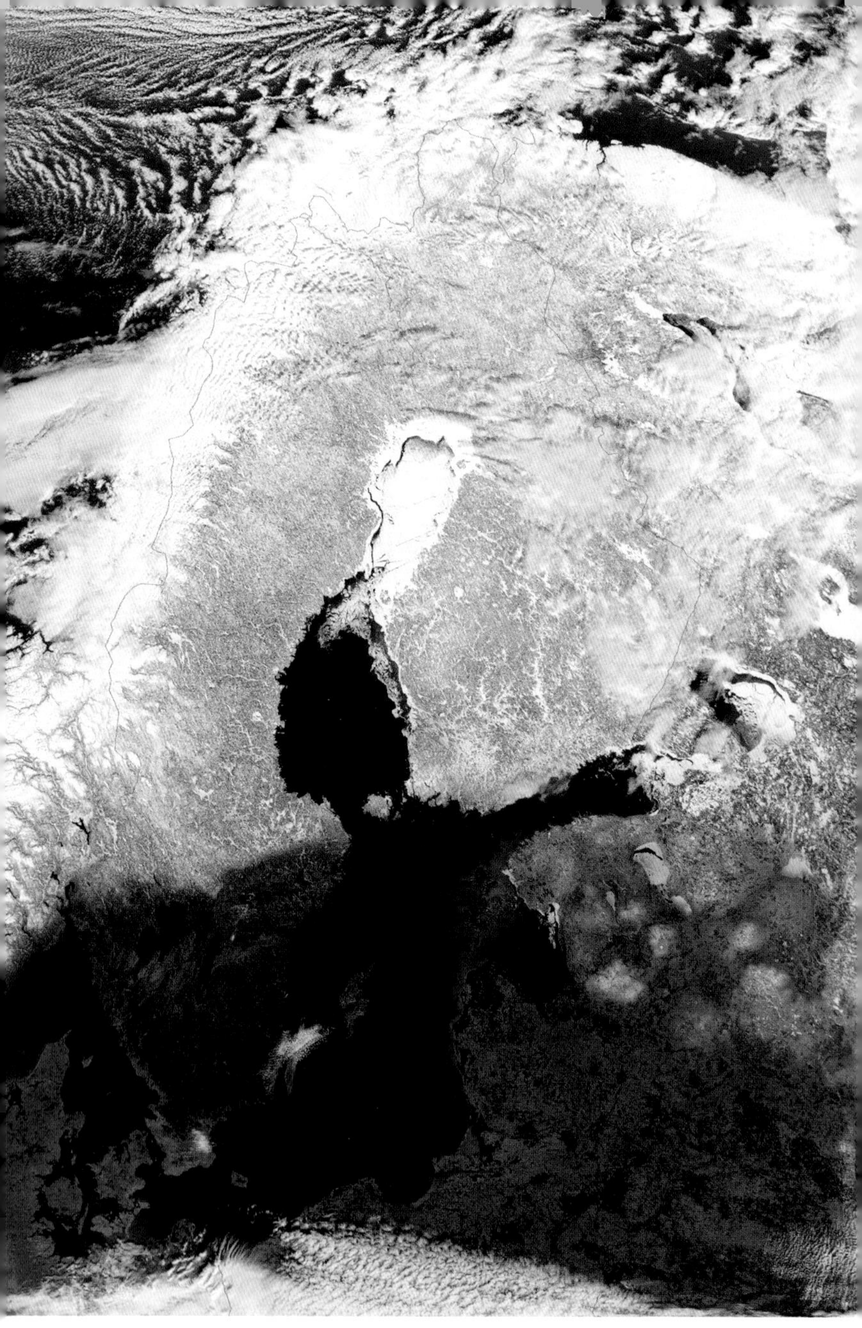

Schnee und Eisbedeckung in der Bottensee, 15. März 2002. Quelle: NASA

Eishüte an Buhnen

1962/63, 1986/87, 1995/1996) erstreckt sich die Eisbedeckung nahezu über die gesamte Ostsee. Lediglich die äußeren Gewässer des südöstlichen Zentralbeckens zwischen Bornholm und Gotland (Eastern Baltic Proper Offshore Waters) bleiben eisfrei. In der Regel herrschen aber Großwetterlagen mit westlichen Winden und milderen Wintern. Nur der östliche Finnische Meerbusen und die Bottenwiek bilden dann Eisdecken aus. Die Vereisung der Bottenwiek dauert 130 – 200 Tage.

Die globale Erwärmung führt zur Verkleinerung der eisbedeckten Fläche und zur Verkürzung der Eissaison in der Ostsee. Modellberechnungen zeigen einen Anstieg um etwa 3 °C im Jahresdurchschnitt in der zweiten Hälfte des vorigen Jahrhunderts gegenüber der ersten Hälfte.

Langjährige Beobachtungsreihen zeigen eine langsame Abnahme der maximalen Vereisung der Ostsee. Klimamodelle sagen eine dramatische Verstärkung dieses Trends vorher. Tritt diese Trendprognose ein, sind gravierende Auswirkungen auf Fauna und Flora zu erwarten. So sind beispielsweise Ringelrobben auf Eis beim Werfen der Jungen angewiesen.

Wasser, Wind und Wellen

Das folgende Phänomen kennen Sie gewiss: Der frisch aufgebrühte Kaffee oder Tee ist für den Direktkonsum noch ein wenig zu heiß. Um ihn auf Trinktemperatur abzukühlen, pusten Sie über die Oberfläche der Tassenfüllung. Jetzt tritt augenblicklich eine Menge faszinierender Physik in Aktion: Ihre Puste treibt die eventuell noch vorhandenen Schaumbläschen auf den jenseitigen Tassenrand zu. Gleichzeitig schwappen dort Kaffee- bzw. Teewellen an – und gegebenenfalls sogar über.

Diese Ereignisse im Kleinstgewässer Kaffeetasse sind ein überaus treffliches Modell für die Vorgänge am Meer. Auch hier ist überwiegend die Luftbewegung der unmittelbare Auslöser für das recht chaotisch aussehende Wellenrelief auf offener See, das man fachmännisch Seegang nennt. Ebenso verursachen ausschließlich Luftbewegungen das Geplätscher oder tosende Branden an der Küste, wenn Welle nach Welle auf den Strand zurollt, sich steil aufbäumt, nach vorn überkippt und als brodelnder Gischtberg auf den Strand zudonnert.

Die je nach Definition bis in fast 400 km Höhe reichende Lufthülle der Erde lastet in Meereshöhe mit dem so definierten Druck von 1 atm (Atmosphäre) = 1,0325 bar = 760 Torr auf die Erdoberfläche. Diese physikalisch verstandene Normalatmosphäre unterscheidet sich von der technischen nur um knapp 2 %. Letztere gibt man mit einem Druck von 1 kp/cm^2, die Normalatmosphäre entsprechend mit 1,033 kp/cm^2 an. Die ursprüngliche Einheit Torr wurde benannt nach dem toskanischen Physiker und Mathematiker Evangelista Torricelli (1608–1647), dem Nachfolger Galileis als Hofmathematiker des Großherzogs von Florenz. Dieser vielseitige Naturgelehrte erfand 1640 das Quecksilberbarometer. Die Luftlast drückt mit jedem Torr das Quecksilber (Hg) in einem zuvor evakuierten und an einem Ende verschlossenen Glasrohr um exakt 1 mm hoch. Eine physikalische Atmosphäre entspricht demnach 760 Torr bzw. 760 mm Hg. Mediziner messen den diastolischen und systolischen Blutdruck traditionell immer noch in dieser Einheit, obwohl sie seit 1977 gesetzlich nicht mehr zulässig ist. Immerhin liefert sie nicht so unhandliche Zahlen wie die heute vorgeschriebene Einheit Pascal (Pa), die man an modernen Barometern ablesen kann (1 atm = 1013,25 mbar = 101325 Pa = 1013,25 hPa). Was würden Sie zu einem Blutdruck von beispielsweise 15198 zu 10693 (Pa) sagen?

In der allein wetterwirksamen unteren Atmosphäre, der Troposphäre, treten Abweichungen vom durchschnittlichen Luftdruck zwischen 880 und 1080 mbar auf. In Gebieten hohen Drucks dellt die schwerere Luftsäule den Meeresspiegel je Millibar um 1 cm ein – für die Wasserbewegungen zwischen

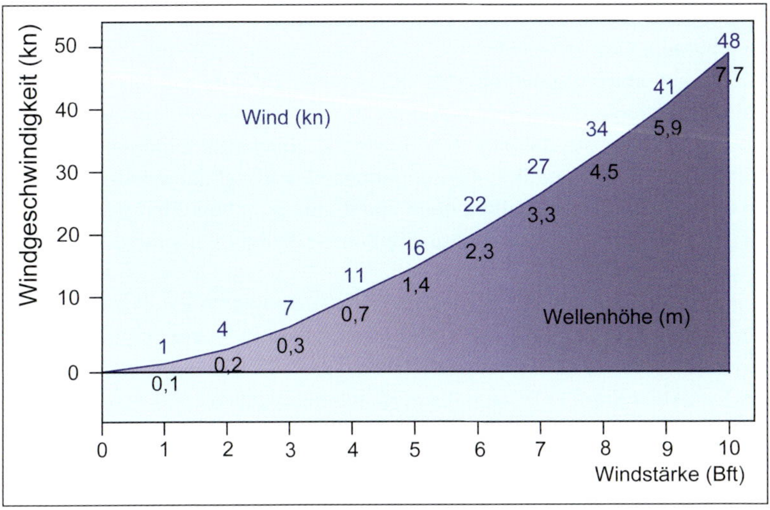

Wellenhöhen in der Ostsee

verschiedenen Meeresgebieten ist dieser Höhenunterschied allerdings nicht besonders relevant. Die Druckdifferenz setzt jedoch die Winde in Gang. Wegen der ablenkenden Kraft der Coriolis-Kraft (infolge der Erdrotation) bewegen sich die Luftströmungen über größere Breitenunterschiede spiralförmig zum Zentrum der Druckdepression, einer Zyklone. Auf der Nordhalbkugel verläuft diese Spirale immer gegen den Uhrzeigersinn. Übrigens: Obwohl sie tatsächlich schwer auf uns lastet, scheint Luft federleicht zu sein. Tatsächlich wiegt 1 m^3 Luft am Erdboden bei 0 °C und Normaldruck exakt 1,239 kg. Die Luftmenge eines normalen Wohnraums von 5 × 5 × 2,5 m Abmessung ist daher schon fast ein Fall für einen gut trainierten Gewichtsheber.

Und noch etwas: Für die Benennung von Antizyklonen und Zyklonen bestehen feste Regeln. Seit 1954 vergibt das Meteorologische Institut der Freien Universität Berlin für die Hoch- und Tiefdruckgebiete besondere Namen. Früher waren die Tiefs immer weiblich. Nach andauernden Protesten aus der Frauenbewegung wechselt die Namengebung seit 1998 jährlich – eine Regelung, der gewiss auch eine Gleichstellungsbeauftragte folgen kann.

Wenn der Wind über See geht, nimmt er seinen Weg nicht ganz so hemmungslos, wie es zunächst aussehen mag. Er streift die Wasseroberfläche und kräuselt zunächst kleine, Kapillarwellen genannte Wellenfronten auf, die sich rasch zu kurzen, steileren Rippeln entwickeln. Physikalisch betrachtet passiert dabei Folgendes: In der direkt über eine Wasseroberfläche streichenden Luft reißt deren laminare Grenzschicht wegen des höheren Widerstandes ab und wird dabei turbulent. So entstehen Wirbel mit kleinräumigen Druckunterschieden, welche die Meeresoberfläche sichtlich verformen. Solange der Wind weht, kommt daher ein sich selbst verstärkender Prozess in Gang: Die am Wellenberg aufsteigende Luft erzeugt vor dem Wellenkamm eine kleine Hochdruckzelle, die dahinter zum Wellental abfallende dagegen eine entsprechende Tiefdruckzelle bei entgegengesetzt rotierendem Wirbel. Im Effekt schaukeln sich die die Wellenhöhen somit abhängig von Windgeschwindigkeit und Wirkdauer bzw. Weglänge des Windes (in der Fachsprache – auch der Segler – *fetch* genannt) auf.

Somit leuchtet ein, dass sich beim Durchzug eines Gewitters mit heftigen Böen nur selten eine grobe See entwickelt, wie man in der Berufsschifffahrt die besonders hohen Wellen nennt. Dafür ist die Einwirkungsdauer des Windes meist viel zu kurz. Dagegen kann ein Windanlaufweg von einigen hundert Kilometern eine entsprechend hohe See aufbauen – in der zentralen Ostsee bis über 7 m. Ab Windstärke 3 werden die Wellen von kleinen Schaumkämmen gekrönt („Hasenpfötchen"). Bei noch heftigerem Luftzug fliegt dann sogar der Schaum davon – wie von den Biergläsern in windigen Fischerkneipen. Ab etwa Windstärke 6 peitscht der Wind den Schaum von den Wellenkämmen und treibt ihn in Form langer Gischtfahnen vor sich her. Alle Wellen, die im direkten Einwirkungsbereich des Windes entstehen, nennt der Seemann Windseen.

Nur um etwaige Unsicherheiten auszuräumen: Die Richtung des Windes wird grundsätzlich immer nach derjenigen Himmelsrichtung benannt, aus der er kommt. Ein Westwind weht demnach von West nach Ost und nicht umgekehrt. Die Windstärke gibt man international nach der Beaufort-Skala in Bft an: Sir Francis Beaufort (1774 – 1857), Kapitän des Segelschiffs *Woolwich*, entwickelte sie 1806. Er unterschied die verschiedenen Windstärken nach Effekten in der Takelung. Ein halbes Jahrhundert zuvor hatten John Smeaton und Thomas Rouse die Windwirkungen auf Windmühlenflügel klassifiziert. Ihre Skala von 1759 war indessen auf See aus naheliegenden Gründen nicht anwendbar. Die Beaufort-Skala wurde 1835 in Brüssel durch die Erste Internationale Meteorologische Konferenz als verbindlich angenommen. Im Jahre 1949 hat man sie von 12 auf 17 Stufen erweitert, 1970 aber wieder die ursprüngliche 12-teilige Skalierung eingeführt. Die besonders heftigen Wirbelstürme, Hurrikane, Tornados und Taifune, wie sie in jüngerer Zeit gehäuft auftraten, erforderten aber wieder eine erweiterte Skala. Im Prinzip kehrte man zur 17-teiligen Beaufort-Skala zurück und unterscheidet nach der neuen Saffir-Simpson-Skala die Wirbelsturm-Kategorien 1 – 5 mit den zugeordneten Windgeschwindigkeiten 118 – 152, 153 – 176, 177 – 208, 209 – 248 sowie >248 km/h. Wegen ihrer Herkunft aus der Seefahrt gibt man die Windgeschwindigkeiten allerdings traditionell in Knoten (1 kn = 1 sm/h; 1 sm = 1 Seemeile = 1,852 km = 1 Bogenminute auf dem Meridian bei 45° Breite) an.

Regenbogen über Langenwerder

Dänemark – Tore zur Ostsee

Der Seeweg in die Ostsee führte vor der Eröffnung des knapp 99 km langen Nord-Ostsee-Kanals (1895) immer über Dänemarks Wasserstraßen. Obwohl dieser Kanal als meistbefahrene künstliche Wasserstraße der Welt den größten Teil des Schiffsverkehrs aufnimmt, erfolgen zahlreiche Schiffspassagen vor allem durch den navigatorisch nicht ganz einfachen Großen Belt. Bis heute nimmt Dänemark in der Ostsee eine exponierte Stellung im Übergangsgebiet zwischen Nord- und Ostsee ein. An Dänemarks nördlichstem Punkt, Skagen auf Jütland, treffen Nord- und Ostsee mit dem Skagerrak und dem Kattegat aufeinander. Dem Kattegat folgen nach Süden die Beltsee mit den Dänischen Straßen Großer und Kleiner Belt und Sund, dem Fehmarnbelt, der Kieler und der Mecklenburger Bucht, bevor die „eigentliche" Ostsee an der Linie Darß – Gedser beginnt.

Eine vom Sturm geprägte Dünenlandschaft an der Grenze von Nord- und Ostsee: Primärdünen am nördlichsten Punkt Dänemarks (Grenen)

Ein Drittel der Landfläche Dänemarks besteht aus 1419 Inseln – nur solche gerechnet mit einer Größe von über 100 m² Fläche. Genau 443 Inseln sind mit eigenen Namen benannt. Davon sind 72 bewohnt. Die Insel Seeland, an deren östlichem Ufer die Hauptstadt Kopenhagen liegt, ist die größte Ostseeinsel. Dänemark hat eine Fläche von 43 000 km² und ist damit etwas größer als die Niederlande. Es misst von Nord nach Süd 350 km und von Ost nach West 280 km. Nördlichster Punkt des Landes ist Skagen auf Jütland, der südlichste Punkt liegt bei Gedser auf der Insel Falster. Wegen seiner vielen Inseln und der Buchten verfügt das flächenmäßig kleine Land über eine beträchtliche Küstenlänge von etwa 7400 km.

Das Land ist flach bis leicht hügelig. Die höchsten natürlichen Erhebungen erreichen die Berge Ejer Bavnehøj und Møllehøj auf Jütland mit 170 bzw.

171 m Höhe. Kleine Baumgruppen und Hecken, auch kleine Waldgebiete zwischen den großen, intensiv genutzten Feldern lockern das Landschaftsbild angenehm auf. Rund 12 % des Landes sind mit Wald bedeckt, fast die Hälfte davon ist Laubwald (Buche, Eiche, Esche), der Rest Nadelwald. An den Küsten, besonders in den Dünengebieten, dominieren Kiefern.

Dörfer im norddeutschen Sinne gibt es nicht. Die Gehöfte stehen einzeln und ducken sich zwischen die Hügel in die Senken. Aus einigen Perspektiven sieht man tatsächlich nur die Dächer und die Baumkronen der umgebenden Gehölze zwischen den wogenden Kornfeldern. Die typischen weißen Kirchen befinden sich dagegen gut sichtbar auf Hügeln.

An den Küsten des Kattegats beginnen die unendlich langen, geraden Strände mit dem feinen Ostseesand, der bei Badegästen so beliebt ist. Diese

Kliff im Nationalpark Molsbjerg, Jütland

Weiße Kirchen auf Hügeln prägen das Landschaftsbild in Dänemark.

langen Strände an den Ausgleichsküsten werden uns auch von Usedom bis zur Kurischen Nehrung immer wieder begegnen. Sie fehlen allerdings an den Dänischen Wasserstraßen und an der Fördenküste. Erst an den von Südwest nach Nordost gerichteten Küsten in Mecklenburg tauchen sie beispielsweise mit dem „Weststrand" am Darß wieder auf.

Von diesem schönen, aber einförmigen Landschaftsbild weichen die Inseln Bornholm mit seinen Granit- und Gneisfelsen sowie Møn mit dem Kreidefelsen ab.

Lernen Sie Dänemark und seine Küsten mit dem Fahrrad kennen. Überall finden Sie gepflegte Fahrradwege. Zumindest mit Rückenwind fährt es sich wunderbar im platten Dänemark.

Der Strandanwurf an der Küste des Kattegats setzt sich aus zahlreichen marinen Arten zusammen.

Anreise: Wer mit dem Auto nach Dänemark reisen möchte, kann seit dem Sommer 2006 über den Großen Belt zwischen Fünen und Seeland von Flensburg nach Dänemark fahren.
Das dänische Autobahnsystem ist gut ausgebaut, und dank zahlreicher Fähren und Brücken ist jede Region problemlos erreichbar.
Fahrrad: Baltic Sea Cycle Route (Hansa circuit), die EuroVelo Route EV10 führt an der Küste von Falster über Møn bis Kopenhagen und ist hier als „realised" ausgewiesen. Die Strecke über Lolland, Langeland und Fünen bis zum Festland und an die Grenze zu Deutschland gilt als „not realised".

Jütland

Jütland ist der nördlichste Punkt Europas. Wie bitte? Ja, wenn man Skandinavien nicht mitzählt. Nun, wir folgen dieser jütländischen Weisheit nicht. Trotzdem ist das „Land des Lichtes", so die Eigenwahrnehmung der Bewohner, schon eine extreme Gegend und ein Ort mit besonderem Flair.

Jütland erstreckt sich von der dänischen Grenze zwischen Deutschland und Dänemark, seiner einzigen Landgrenze, bis zur Halbinsel Grenen nördlich von Skagen. Jütland ist damit auch der einzige dänische Festlandanteil. Wer nicht auf Jütland lebt, ist folglich Insulaner.

Der nördliche Teil, sozusagen der Helm des Festlandes, ist ebenfalls eine Insel, die von vier Wasserkörpern umgeben ist: Im Westen liegt die Nordsee, im Norden der Skagerrak, im Osten das Kattegat und im Süden der Limfjord. Diese Insel ist nach Seeland die zweitgrößte in Dänemark und trägt den wenig bekannten Namen Vendsyssel-Thy oder die Nordjütische Insel (Nørrejyske Ø). Vendsyssel nimmt den östlichen und Thy den westlichen Teil der Insel ein. Auf Jütland weht ein kräftiger Wind aus West, der die Baumkronen in östliche Richtung drückt und die Dünen überwiegend in West-Ost-Richtung einregelt.

Die Trennung zwischen den Was-

Der Wind gestaltet die Landschaft zwischen den Meeren: Häufige Westwinde drücken die Bäume in östliche Richtung, „windschurige" Gehölze.

serkörpern von Skagerrak und Kattegat verläuft scharf. Sie können mit dem linken Bein im Skagerrak und mit dem rechten im Kattegat stehen. Bei Sturm treffen die beiden Meere hier sichtbar aufeinander und bäumen sich gegeneinander auf. Dieses Kap ist schon manchem Schiff zum Verhängnis geworden.

Anreise: Von Hamburg aus erreichen Sie Skagen über die E45 bis Frederikshavn und weiter auf der Straße 40 nach Skagen. Wir starten unsere Rundreise um die Ostsee in Skagen.

Am Kap Grenen tobt die See. Kattegat und Skagerrak treffen aufeinander.

Erlebnistour 1

Grenen und Frederikshavn

Anreise: Vom Stadtausgang Skagen fahren sie 1,7 km die einzige Straße nach Nordost bis zum Parkplatz, auf dem Sie Fahrrad oder Auto abstellen.

Wandern Sie am Strand entlang bis zur Spitze (1 h). Bunkeranlagen aus dem Zweiten Weltkrieg dominieren hier die markante Küstenlandschaft. Nach und nach werden diese Sargdeckel eines großspurig angekündigten 1000-jährigen Reiches dem Meer übergeben.

Die Landspitze Grenen bildet eine flach auslaufende Sandbank, die ihren Ort ständig wechselt. Hier bleibt nichts konstant, alles ist in Bewegung. Primärdünen entstehen an jedem Hindernis, sogar im Windschatten eines Strandhafers oder ein Steines.

Sie stehen nun an der äußersten Spitze Dänemarks und von Skagen Odde (Landzunge von Skagen). Skagen Odde ist in den letzten 300 Jahren um etwa 2,5 km Richtung Nordost in das Kattegat gelaufen und hat so die Grenze zwischen den beiden Meeren deutlich verschoben. Von der Wasserlinie aus blicken Sie auf eine markante Dünenlandschaft, im Hintergrund ragt der Leuchtturm auf. Zwischen den Dünen befinden sich Feuchtgebiete mit Queller und Brackwasserröhricht sowie auf leicht erhöhten Flächen vom Wind

Dünenlandschaft von Grenen (Skagen)

flach gehaltene Sanddornsträucher. Auch in dieser extremen Gegend blühen und gedeihen Orchideen (Knabenkraut) (Wanderungen durch Dünenlandschaften 1 – 3 h).

Die Spitze von Dänemark gilt als magisches Land für Vogelbeobachter. Am Strand, in Salzwiesen, Dünen, auf den Heiden, Mooren und auf Felseninseln kann man in allen vier Jahreszeiten eine Vielzahl weit verbreiteter Vogelarten und mit Glück auch äußerst seltene Arten beobachten. Eine auffällig dichte Population von Goldammern begrüßt den Beobachter mit ihrem unverkennbaren Gesang: „Ich, ich hab Dich so liiiiiieb". Grauammer, Dorngrasmücke und vor allem der Sprosser, dieser kleine Vogel mit der gewaltigen Stimme, sind weitere häufige Singvögel. Neben Großmöwen, Brand- und Küstenseeschwalben begegnet man am Strand häufig dem vorsichtigen Sandregenpfeifer.

In den Dünen können Sie auch auf Kreuzottern treffen. Die Giftschlange ist nicht angriffslustig, sondern sehr scheu. Sie flieht bei Bewegungen und plötzlich auftretenden Schatten. Gehen Sie langsam und achten Sie auf den Weg.

Vor allem von Ende März bis Anfang Juni kann man hier besonders große Scharen von Vögeln beobachten, die auf ihrem Zug nach Norden das Festland verlassen müssen, um über das Meer nach Skandinavien zu gelangen. Ein besonders spektakulärer Anblick ist der Greifvogelzug im Frühjahr. Der Zug über die jütische Halbinsel mündet hier in die schmale Landzunge von Skagens Odde, bevor die Vögel Jütland mit Kurs auf Nordskandinavien verlassen. Das Zuggeschehen dauert von Mitte März bis in den Juni hinein. Je nach

Kreuzotter
Goldammer
Brandseeschwalben

Wetter sieht man Gruppen von Mäusebussarden, Adlern und anderen Greifvögeln, die sich in Auftriebsblasen ohne einen Flügelschlag in große Höhen tragen lassen, um dann mühelos über das Meer zu gleiten.

Wenn man auf Grenen Vögel beobachten möchte, bietet sich der beste Ausblick auf den Strand, das Meer und auf Feuchtgebiete von der nordöstlichen Düne, die den berechtigten Namen „Verdens Ende" („Ende der Welt") trägt.

Nach Ihrer Erlebnistour in die Dünen und auf die Spitze von Grenen bleibt genügend Zeit für eine Fahrt nach Frederikshavn. Auf der Fahrt zwischen Skagen und Klitlund befinden sich weite Dünenlandschaften mit breiten Stränden. Heiden und lichte Kiefernwälder wechseln sich ab. Zur Dämmerung surrt hier in den lichten Kiefernwäldern der Ziegenmelker. An der Straße liegen seeseitig einige Feuchtgebiete mit offenen Wasserflächen, auf denen Sie brütende oder rastende Vögel beobachten können.

Frederikshavn ist Werftstandort und Hafen. Im Süden der Stadt führt die Straße vorbei an einer markanten Hügellandschaft mit bis zu bis 70 m hohen Hügeln, von der aus sich ein überwältigender Blick über die Stadt und die Küste eröffnet.

Fahren Sie mit der Fähre (http://www.seadog.dk/, klausmadsen@seadog.dk, Telefon +45 29 80 14 38, Karten vorbestellen, das Schiff befördert nur 12 Personen) von Frederikshavn zur Inselgruppe Hirsholmene. Hier werden Sie gleich an der Südmole des Hafens von einem Alkenvogel, der Gryllteiste,

Ziegenmelker sind selten zu sehen, in der Abenddämmerung aber immer zu hören.

begrüßt, die zwischen den Steinen brütet. Es gibt von dieser Vogelart nur sehr wenige Brutkolonien in Dänemark und im gesamten Ostseeraum. Mit ca. 700 Paaren ist die Kolonie auf Hirsholm die größte in Dänemark.

Gryllteiste mit Sandaal auf der Insel Hirsholm vor Frederikshavn

Gestrandete Feuer- und Ohrenqualle

Rubjerg Knude (3 Stunden)

Anreise: Vom Parkplatz am Rjubjergvej/Fyrvejen bis zum Leuchtturm 20 Min. Vom Leuchtturm zur Rubjerg Knude Klitplantage etwa ½ h. Durch die Schlucht Grønne Rende gelangen Sie in 40 Min an den Strand. Von hier aus am Strand bis Løkken 2 h.
Von Ålborg oder Hjørring fahren Sie über die Straße 55 Richtung bis Sønder Rubjerg, dort Richtung Lønstrup nach N abbiegen und über den Rubjergvej bis zu dem Parkplatz „Rubjerg Knude" links der Straße fahren, von dem aus Sie über den Fyrvejen zu Fuß den Leuchtturm erreichen. Besuchen Sie auch die Rubjerg Knude Klitplantage.

Der bis zu 50 m hohe eiszeitliche Hügel von Lønstrup Klingt an der Nordseeküste ist einem starken Abtrag unterlegen. Jütland fällt hier mit einem gewaltigen Kliff zum Meer ab. Abtrag erleben wir an allen exponierten Küsten. Das Besondere hier ist, dass der (fast) ständig wehende Westwind Sand vom Strand über das Kliff bis auf die Hochfläche treibt und auf dem Plateau eine gewaltige Wanderdüne, eben Rubjerg Knude, aufgeschüttet hat. Die Rubjerg Knude bildet den höchsten Punkt der Steilküste von Lønstrup. Zu den 50 m des Küstenkliffs hat der Wind den losen Sand um weitere 50 m aufgehäuft, so dass die Düne mit bis zu 100 m Höhe eine der größten Wanderdünen Europas ist. Sie erreicht eine Länge von bis zu 1900 m und eine Breite von bis zu 400 m.

Steilufer von Rubjerg Knude mit Strandsee

Nationalpark Mols Bjerge (6 Stunden)

Anreise: Nördlich von Aarhus biegen Sie von der E45 rechts auf die Straße 15 Richtung Grenå ab. Nach 25,2 km fahren Sie nach Rønde rechts ab (Süden). Von Rønde aus erreichen Sie Mols nach 11,8 km in südlicher Richtung. In Mols ist der Weg zum 180 km^2 großen Nationalpark ausgezeichnet. Fahren Sie weiter nach Süden auf dem Molsvej. Sie gelangen nach etwa 2 km an die Ebeltoft Vig (Parkplatz). Dort befindet sich auf der Insel Kalø, die über einen Damm erreichbar ist, die Schlossruine von Kalø (20 Min Fußweg, mit Aufenthalt 1 – 2 h).

Der Nationalpark Mols Bjerge ist durch ein hügeliges und abwechslungsreiches offenes Gelände mit Wäldern, Wiesen und Weiden geprägt. Arten des nährstoffarmen Trockenrasens dominieren hier (u. a. Küchenschelle, Pechnelke und Sand-Strohblume). Auch Schmetterlinge und viele andere Insekten sowie Zauneidechsen und Kreuzottern sind hier zu finden.

Die Kaløs Strandwiesen und Wälder im westlichen Teil des Nationalparks weisen eine üppige Flora und Fauna auf. Am östlichen Ufer der Ebeltoft Vig erstreckt sich der Höhenzug Jernhatten (bei Ebeltoft) mit markanten Aussichtspunkten. Mitten im Gebiet liegen die von Heidehügeln, Naturwald und Grasflächen geprägten Mols Bjerge. Auf dem Rückweg nach Aarhus können Sie in der Nähe de Dorfes Agri einen weiteren Aussichtspunkt besteigen (Schotterweg). Der Agri Bavnehøj mit einer Höhe von 137 m gilt als höchster

Nationalpark Mols Bjerge: Fjorde, Hügel, Steilküsten und Sandbänke

Nationalpark Mols Bjerge Schlossruine Kalø

„Gipfel" der Halbinsel Mols (vom Agri Bavnehøj Vej 5 Min Fußweg, insgesamt 1 h). Von dort eröffnet sich ein herrlicher Blick auf die Århusbucht, Helgenæs und Samsø im Süden.

Alte Dörfer und Kleinstädte, Kirchen und Herrenhöfe zeugen von der Entwicklung des Gebietes bis zum heutigen Tage. Beispielsweise ist die Kalø Schlossruine ein Rest eines Königsschlosses aus dem Mittelalter, von dem sich wiederum ein schöner Ausblick auf die buchtenreiche, dicht bewaldete Küste eröffnet.

Die Dänische Südsee

Besondere Erlebnisinhalte: feinste Sandstrände, Schlossparks, Waldstücke, im Unterwassertunnel auf dem Ostseeboden, archäologische Denkmäler.

Anreise: Wir kommen von Norden und biegen bei Kolding auf die alte (Straße 161) oder neue (E20) Kleine Belt Brücke ab in Richtung Fünen mit seiner bezaubernden Hauptstadt Odense.

Ein Palmenstrand wurde uns tatsächlich schon im hohen Norden Jütlands bei Frederikshavn serviert. Nun, da wir in der dänischen Südsee angekommen sind, sind jedoch keine Palmen am Strand zu entdecken. Die drei dänischen Ostsee-

inseln Lolland, Falster und Møn bilden einen zusammenhängenden Landkomplex, der sich südlich an die größte dänische Insel Seeland anschließt und als dänische Südsee (dansk Sydhav) zumindest in das Vokabular der Touristiker und der Segler eingegangen ist. Gemeint sind die Wasserbereiche um die dänische Inselwelt der genannten Inseln zusammen mit der Insel Fünen (Fyn). Das erste Bad führt uns sofort in die Realität zurück: Wir sind in der Ostsee!

Gehöft auf Fünen

Das Kliff von Hindsholm – Abtrag und Anlandungen formen eine abwechslungsreiche Küstenlandschaft.

Lolland und Falster

... fungieren gleichzeitig als natürliche Brücke über die Ostsee von Dänemark in Richtung Deutschland. Die großen Fährhäfen Rødbyhavn auf Lolland (nach Puttgarden/Fehmarn) und Gedser auf Falster (nach Rostock) verbinden die dänischen Inseln mit dem deutschen Festland.

Fünen

Fünen (Fyn) liegt am südwestlichen Ausgang des Kattegats zwischen dem Kleinen und Großen Belt. Fünen ist durch eine aufwendige Brücken-Tun-

Faaborg, eine der schmucken kleinen Städte auf Fünen

Windmühle auf der Halbinsel Hindsholm (Fünen)

nel-Konstruktion (Große Belt Brücke, Storebæltsbroen) mit Seeland und durch Brücken mit Jütland und Langeland verbunden. Mit 2985 km^2 Fläche ist Fünen nach Seeland und Vendsyssel-Thy die drittgrößte Insel Dänemarks (ohne Grönland und Färöer).

INFO

Wale und Robben in der Ostsee

In der Ostsee sind Kegelrobbe, Seehund und Ringelrobbe sowie der Schweinswal mit stetigen Beständen vertreten. Bisher wurden 24 weitere Walarten und vier Robbenarten als Irrgäste in der Ostsee gesichtet. Sie ziehen sich wieder zurück oder kommen um. Wahrscheinlich verhungern sie.

Die Robbenarten der Ostsee wurden seit der frühesten Besiedlung bejagt und als Rohstoff genutzt. Nachweise für die Nutzung von Robben sind bereits in der Steinzeit zu finden. Mit dem Ende des 19. Jahrhunderts verfiel der Wert für Robbenprodukte in Skandinavien, als zunehmend billigere alternative Produkte auf den Markt kamen. Robben fielen nunmehr aber als Nahrungskonkurrenten der aufstrebenden Fischerei im Ostseegebiet auf. Der Meeresbiologe Klaus Harder vom Meeresmuseum Stralsund berichtet von flächendeckenden Prämienzahlungen aller Ostseestaaten auf erlegte Robben noch zu Beginn des 20. Jahrhunderts. Die Robbenbestände sollten gezielt dezimiert bzw. ausgerottet werden. Prämien wurden von 1889 bis 1977 in Dänemark, Schweden und Finnland gezahlt.

Junger Seehund

Waren es zu Beginn des 20. Jahrhundert noch geschätzte 100 000 Kegelrobben in der Ostsee, so wurden diese durch intensive Bejagung und hohe Belastung durch Schadstoffe innerhalb weniger Jahrzehnte drastisch reduziert. Bis zum Ende der 1970er Jahre war der Bestand der Kegelrobben auf weniger als 4000 Tiere gesunken. Ähnlich verhielt es sich mit der Ringelrobbe, die von ca. 200 000 Tieren innerhalb kürzester Zeit auf annähernd 5000 reduziert wurden. Ab Mitte des 20. Jahrhunderts setzten den Robben der Ostsee hohe Schadstoffbelastungen zu, die bei den Arten unter anderem zu Problemen in der Reproduktion führten.

Vollständig verboten wurde die Robbenjagd in der Ostsee erst im Jahre 1988. Nach dem endgültigen Jagdverbot und der Unterschutzstellung sowie dem Verbot zur unkontrollierten Einleitung zahlreicher Schad- und Giftstoffe erholten sich die Bestände langsam.

Kegelrobben sind nicht so einfach zu sehen, denn in den meisten Gebieten leben sie vorsichtig. Um sie sicher zu beobachten, muss man bis zur schwedischen Insel Öland fahren. Um Rügen trifft man Kegelrobben regelmäßig am Großen Stubber, der mit Ausflugsschiffen zu erreichen ist. Wer einmal Ringelrobben sehen möchte, sollte in den hohen Norden an den Bottnischen Meerbusen fahren und sich möglichst an einen ortskundigen Führer wenden. Seehunde kommen nur in der westlichen Ostsee vor. Sie sind vor allem an den dänischen Küsten verbreitet. Hier liegt ihre Gesamtpopulation bei 300 Tieren. Die östlichste Population lebt bei Gedser auf Falster. Von hier aus statten sie immer häufiger auch der mecklenburgischen Küste Besuche ab. An ruhigen Plätzen in der Wismarbucht und am Salzhaff werden sie regelmäßig beobachtet.

Erlebnistour 2

Schlösser und Parke

Egeskov ist eines der am besten erhaltenen Wasserschlösser und eines der schönsten Renaissancegebäude Nordeuropas. Das Schloss ist mit Wallgraben, Zinnen und einem märchenhaft schönen Park ausgestattet. Ein Rittersaal und

Schloss Egeskov

schaurige Geschichten regen die Fantasie an. Außerdem ist Egeskov neben den Palästen des dänischen Königshauses eines der wenigen Schlösser Dänemarks, die heute noch bewohnt sind (planen Sie einen Tag ein).

Tipp nicht nur für schlechtes Wetter

Fjord- und Beltcenter in Kerteminde (3–4 h)

Am Eingang zum Kertemindefjort im Osten von Fünen (Parkplatz am Margarethesplads) bietet sich ein themenreiches Informationszentrum zum Besuch an. In den Ausstellungsräumen sehen Sie eine große Auswahl Fische und Meeresbodenbewohner der dänischen Gewässer. Erleben Sie einen Krebsfangwettbewerb, Fischfütterung, Familienkonzerte, interessante Vorträge und Filme. In den Fühlbecken können Sie Krebse streicheln oder einmal einen lebenden Plattfisch berühren, den das nicht stört, wenn Sie behutsam vorgehen. Oder ein Erlebnis der besonderen Art: Spazieren Sie in einem 40 m langen Unterwassertunnel trockenen Fußes über den Meeresboden. Von außen werden Sie dabei von Schweinswalen und Seehunden beobachtet.

Öffnungszeiten: 1. Februar – 30. November 2015, Dienstag – Sonntag 10.00 – 16.00. http://www.fjord-baelt.dk

Erlebnistour 3

Langeland (2 Tage)

Die 284 km^2 große Insel Langeland erreicht eine Länge von 52 km und eine Breite bis zu 11 km. Auf der Halbinsel Ristinge im Süden präsentiert Langeland einen der schönsten Strände der dänischen Inseln, den 15 km langen Ristinge Hale. In Sichtweite der Insel Ærø liegt am Ende des Strandes das Ristinge Kliff. Wenn Sie genug Sonne getankt haben, sollten Sie den Strandaufenthalt gleich mit dem Besuch des Leuchtturms in Bagenkop verbinden. Von Bagenkop aus gelangen Sie über den Søgårdsvej an die Südspitze von Langeland. Dort befinden sich eine Lagune (Strandsee), das Keldnoor sowie ein Niedermoor, den Gulstav Mose, die für Ornithologen von Bedeutung sind (u.a. Rohrdommel, Kiebitz, Karmingimpel, Neuntöter). Ein Beobachtungsturm steht zur Verfügung. In einem Naturcenter können Sie sich informieren. Auf der Ostseite des Keldnoor steht der Leuchtturm Keldsnor Fyr. Er markiert für die Seeschifffahrt den Übergang von der Kieler Bucht zum Langelandsbelt.

Es ist sicherlich übertrieben, Langeland insgesamt als prähistorischen Friedhof einzustufen. Aber die Anzahl der sichtbaren Gräber ist schon beachtlich. Besonders herausragend sind die Ganggräber und Dolmen im Skovtofte, im Ravnebjerg Skov, in Herslev (nördlich von Lindelse), die Hünengräber von Frellesvig (zwischen Tullebølle und Tranekær), der Langdolmen von Løkkeby (Tranekær) und Kong Humbles Grav (an der Straße 305, am Ortsausgang Humble rechts), die Dolmen am Ristinge Nor sowie der Myrebjerg (nördlich von Bagenkop an der am Vestervej) und der Hulbjerg (westlich der 305), ein prächtiges Rundgrab im Süden. Hinzu kommen die Schiffssetzung im Konabbe Skov (in Rudkøping).

Von Spodsbjerg reisen Sie mit der Fähre auf die Inseln Lolland und Falster. (Weiter siehe Anreise Insel Møn).

Leuchtturm Bagenkop im Süden von Langeland

An der Küste von Langeland

Zuckertang am Kleinen Belt

Insel Møn

Besondere Erlebnisinhalte: Eindrucksvolles Kreidekliff, Moränenkliff, Wälder, traumhafter Sandstrand, Schlossgarten Liselund, Windwatten

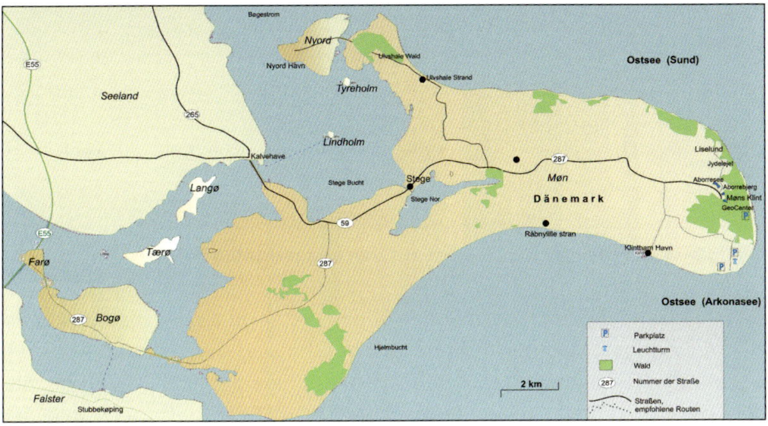

Besonders abwechslungsreich gestaltet sich die mehrstündige Fährfahrt von Travemünde oder Rostock nach Trelleborg nicht. Am Horizont links und rechts ist bei guter Sicht allenfalls ein Küstenstreifen auszumachen. Endlich regt sich Bewegung im Schiff, denn plötzlich leuchtet ein weißer Felsen auf: Die Kreideküste der dänischen Insel Møn erhebt sich vor uns.

Møn schmiegt sich mit seiner Westseite zwischen die Inseln Falster und Seeland. Im Osten ragt es in den Ausgang des Sundes zur Arkonasee. Die kleine Insel misst etwa 30 km in der West-Ost-Achse und 15 km (von Nyord) von Nord nach Süd. Die Fläche beträgt 218 km^2. Die Küstenlinie der buchtenreichen Insel beträgt etwa 104 km. Die höchste Erhebung ist der Aborrebjerg im Bereich der Wälder an der Kreideküste mit 143 m.

Größte Stadt der Insel ist Stege, in der gleichnamigen Bucht. Hier befindet sich auch das Touristenzentrum. Erstes und oft einziges Ziel ist meistens das Kreidekliff. Aber Møn bietet weitaus mehr. Zu den weiteren Sehenswürdigkeiten sind der Ulfshale Wald und die schon erwähnten Wiesen im Nordwesten mit ihren vorgelagerten Windwatten sowie das Schloss Liselund zu zählen.

Soweit das Auge reicht, erstrecken sich gelbe Getreidefelder auf sanft hügeligem Gelände vor dem Hintergrund des blauen Meeres. Wo der Acker zu einer Mulde abfällt, ducken sich gepflegte Gehöfte in das hochsommerliche

Graugänse sammeln sich im Herbst auf den abgeernteten Feldern.

Gelb der Getreidefelder. Nach Süden enden die Äcker an der Hjelmbucht an einem niedrigen Moränenkliff und einem schmalen Geröllstrand. Auch die weißen Kirchen prägen das Landschaftsbild. Einige der Kirchen sind mit Bildern des berühmten Elmelunde-Meisters (um 1450) ausgestattet. Die Bilder in warmen Naturtönen stellen Alltagssituationen, biblische Geschehnisse, aber auch mythologische Gestalten wie das Einhorn dar.

Anreise: Die schnellste und einfachste Verbindung ist die Fähre ab Puttgarden (Fehmarn) nach Rødby oder von Rostock nach Gedser (www.scandlines.de). Weiter mit dem Auto über die E 47/9 oder die E55/9 bis zur Insel Farø. Dort abbiegen und über die Straße 287 nach Møn fahren. Von Norden kommend gelangen Sie über die Straße 59 auf Møn.

Feldflur auf Møn

Erlebnistour 4

Kreideküste (4 h) und Schloss Liselund (3 h)

Anreise: Von Stege aus fahren Sie über Borre zum GeoCenter (Straße 287, ausgezeichnet „Møns Klingt"). Ein Parkplatz befindet sich direkt am GeoCenter. Die verschiedenen Wanderwege entlang der Kreideküste sind gut markiert.

Das GeoCenter auf Møns Klint informiert Sie mit Ausstellungen und Literatur: Sie können die Meerestiere der Urzeit in einer interaktiven Darstellung mit 3D-Kino erleben. Durch Experimente erfahren Sie, wie gewaltige Kräfte die Insel in der zurückliegenden Erdgeschichte geformt haben. Unternehmen Sie danach auch einen virtuellen Spaziergang durch die Gletscher der Eiszeit. Mit dem gewonnenen Wissen starten Sie Ihren realen Spaziergang zu den Klippen. An verschiedenen, gut ausgewiesenen Abgängen gelangen Sie sicher über Treppen an den Fuß des Kreidefelsens.

Die berühmten Kreideklippen von Møn ragen stattliche 128 m (Dronningsstolen = Königinnenstuhl) über den Meeresspiegel und erreichen eine Länge von 8 km. Bei guter Sicht kann man in 60 km Entfernung vom Königinnenstuhl aus den Königsstuhl an Rügens Kreideküste sehen. Früher hatte die Felskante an diesem Ort die Form eines Stuhls. Laut einer Sage saß hier die

Schroff, steil und scharfkantig: Møns Klint

Königin des Kreidefelsenkönigs und schaute über das Meer, wenn der König auf Reisen war – daher der Name Königinnenstuhl. Auf dem Königsstuhl ging es etwas weniger sagenhaft zu: Der schwedische „Kriegskönig" Karl XII. soll von hier aus im Jahre 1715 einer Seeschlacht zugesehen haben.

Neben einem fantastischen Ausblick über das Arkonabecken verspricht das Kreidekliff auch Fossilienfunde. Im Frühjahr, nach den winterlichen Stürmen, die immer wieder zu Abbrüchen führen und noch vor dem saisonalen Ansturm der Touristen, lassen sich hier Donnerkeile, versteinerte Seeigel und Schwämme sowie die heiß begehrten Klappersteine finden. Klappersteine sind kleine Kugeln aus Feuerstein. Sie umschließen einen verkieselten Schwamm (*Plinthosella squamosa*) aus der oberen Kreidezeit. Fallweise hat er sich vom ummantelnden Feuerstein gelöst und liegt dann lose in einem Hohlraum.

Der Ursprung der Kreidefelsen ist der Gleiche wie bei Rügen, der Unterschied wird von den Dänen aber so verstanden, dass auf Møn weniger los ist und es deswegen hier viel schöner ist. So ganz Unrecht haben sie nicht.

INFO

Entstehung des Kreidefelsens

Rügen und Møn entstammen der gleichen Landmasse. Östlich der dänischen Inseln und nördlich der Pommerschen Küste besteht der voreiszeitliche Untergrund aus einer großen kreidezeitlichen Kalksteinplatte. Tektonische Verwerfungen, die durch den Druck der Eismassen ausgelöst wurden, haben die Platte zerbrochen und an zwei Stellen an die Oberfläche gekippt – eben auf den Inseln Møn und Rügen. Diese Kreideküsten stellen zweifellos zusammen mit den Hohen Küsten in Schweden die schönsten Küstenabschnitte der Ostsee dar.

Vor etwa 70 Mio. Jahren befand sich hier ein flaches, warmes Schelfmeer. Es reichte von den britischen Inseln bis zum Kaspischen Meer. Das Meer wurde von kalkbildenden Arten und mikroskopischen Algen sowie von Tintenfischen, Seeigeln, Muscheln, Korallen und Schwämmen besiedelt. Nach dem Absterben lagerten sich die Schalen der meistens planktischen Organismen über Jahrmillionen am Meeresboden ab. Die Kreideschicht erreichte eine Mächtigkeit von bis zu 400 m. Sie ist über weite Gebiete der südlichen Ostsee ausgebildet, tritt jedoch nur auf den Inseln Møn und Rügen an die Oberfläche.

Das Eis, das während der letzten Eiszeit über Dänemark nach Süden drang, hobelte große Schichten des alten Kreideseebodens ab. Die Bruchstücke wurden aufgefaltet und zusammengeschoben, und in dieser Weise wurde Høje Møn wie in einer riesigen Massenkarambolage geschaffen. Die letzten 4000 Jahre hindurch hat sich das Meer in die Ostküste von Møn eingefressen und die steile Abbruchküste geformt. Durchschnittlich verschwinden jährlich ca. 20 – 40 cm der Steilküste.

Der Kreidefelsen ist nicht nur bewegende, sondern buchstäblich bewegte Natur: Überall und jederzeit können Abstürze vorkommen. Jedes Betreten am Kreidefelsen erfolgt grundsätzlich auf eigene Gefahr. Erkundigen Sie sich unbedingt im Informationscenter, ob aktuelle Warnungen vorliegen.

Orchideen

Von den ca. 35 in Dänemark wild wachsenden Orchideenarten kommen auf Møn 18 Arten vor. Die Gemeindewiesen von Høvblege und Jydelejet sowie im Wald Klinteskoven am Waldrand südlich von Liselund sind ihre bekanntesten Standorte. Natürlich finden wir hier bei ähnlichem Klima und Boden ein vergleichbares Artenspektrum wie am Kreidefelsen auf Rügen und auch auf den Großen Kalksteininseln. Beispielhaft werden hier Vogel-Nestwurz, Großes Knabenkraut, Purpur-Knabenkraut, Geflecktes Knabenkraut und die Berg-Waldhyazinthe aufgeführt. (http://www.moensklint.dk/geocenter-moensklintde/galerie/orchideen.aspx)

Grünliches Waldvöglein
Platanthera chlorantha

Vogel-Nestwurz
Neottia nidus-avis

Wanderfalken

Vom Fuße der Steilküste kann man mit etwas Glück und Geduld den Wanderfalken auf der Jagd beobachten. Er schlägt seine Beute in der Luft mit einer Geschwindigkeit von bis zu 180 km/h. Nach einem dramatischen Bestandsrückgang durch Biozideinsatz und Jagd in den 1950er und 1960er Jahren im gesamten Mitteleuropa brütet er seit einigen Jahren wieder an der Kreideküste. Meistens hört man sein auffälliges raues Gackern, bevor man ihn sieht.

Wanderfalke – ein Jäger auch an der Küste

Am Wegesrand

Liselund und der Zauberwald

Anreise: Von Møns Klint aus fahren Sie den Stengårdsveg bis zur Straße 287 zurück und biegen hinter dem Aborresø links auf den Langebjergvej ab. Durch eine sehr hügelige Gegend erreichen Sie den Park.
Von Borre aus gelangen Sie über den Liselundvej zum Schlosspark (ausgezeichnet).

Nach einer Mahlzeit oder einem Kaffee im Liselund Ny Slot machen Sie sich auf den Weg durch den Park. Weiterhin können Sie zum See Skriversø und über Kragehøj wieder zurück zum Park wandern. Durch die Schlucht Djævlekløften gelangt man an den Strand.

Schloss Liselund im Nordosten von Møn

Schlosspark Liselund mit Zauberwald

Auch die Teilnahme an einer Führung durch das alte Schloss Liselund ist zu empfehlen. Antoine de la Calmette mit seiner Frau Elisabeth, genannt Lise, erwarben 1783 ein großzügiges Stück Land in der Nähe von Møns Klint. Als die Calmettes das Grundstück erwarben, war es eine einzige Wald- und Moorlandschaft. Antoine pflanzte selbst Kastanien, Maulbeeren und Wallnussbäume, und in nur zehn Jahren entstand eine Anlage nach europäisch-romantischem Vorbild. Zunächst wurde etliche Jahre an dem englischen Landschaftsgarten gearbeitet, dann ließ Calmette eine rohrgedeckte Villa erbauen, die als das „kleinste Schloss Dänemarks" bezeichnet wird. Bei einem Rundgang durch den Park vorbei am großen See mit vielen Wasservögeln trifft man auf weitere Gebäude wie die Schweizerhütte, das Norwegerhaus, einen chinesischen Teepavillon u. a. Der Park gehört mit Sicherheit zu den schönsten Beispielen romantischer und englischer Gartenkunst in Dänemark und Skandinavien. Er ist ganzjährig für das Publikum geöffnet.

Liselund ist ein Park der Gefühle und Sinne, geschaffen als Gegengewicht zu überladenen Barockgärten. (http://www.erlebniswelt.com/erlebnis-europa/erlebnis-park-gaerten/insel-moen-daenemark.html)

Erlebnistour 5

Insel Nyord und Ulvshale-Wald (4–5 h)

Über eine schmale Brücke gelangt man in den Nordwestzipfel nach Nyord. Dieses Schwemmland mit Prielen und Salzwiesen ragt in die Stegebucht und den Bøgestrøm. Auf dem Weg nach Nyord passieren Sie den schönsten Badestrand von Møn – Ulvshale Strand – und den Ulvshale-Wald mit einem Naturlehrpfad. Die vom Tagestouristen wenig beachtete Halbinsel bietet ein weites Schwemmland mit Salzwiesen, ein Magnet für Botaniker und Ornithologen.

Die Gegend um die Insel Nyord und den Ulvshale-Wald zählt zu den 300 wichtigsten Überschwemmungszonen in ganz Europa. Das Gebiet liegt an der Hauptflugstrecke vieler Wat-, Wasser- und anderer Zugvögel zwischen ihren Brutplätzen in der Arktis und den Winterquartieren. Auf der rechten Seite der Straße von Ulvshale kurz hinter der Brücke nach Nyord befindet sich ein ideal gelegener Beobachtungsturm mit Parkplatz.

Auch im Ulvshale-Wald, der von Kiefern, Eschen, Erlen, Eichen, Buchen und Ahornen geprägt ist, bieten sich gute Möglichkeiten, Vögel zu beobachten (Vorsicht: in feuchten Perioden Mückenplage). Der Wald ist Naturschutzgebiet, dessen Ziel die ungestörte Entwicklung ist. Südlich des Ulvshale-Wald liegt das große Moor "Heden" mit Heidekraut und Wacholder sowie Wollgras und Sonnentau.

Insel Nyord im Norden von Møn mit Salzwiesen und Prielen, die als Brut- und Rastplatz von Wiesenvögeln, Watvögeln , Gänsen und Enten genutzt werden.

Regenbrachvogel

Kampfläufer

INFO Wale als Dauergäste in der Ostsee

Karl Kinze, der dänische Spezialist für Wale und Robben, berichtet von Walarten, die durchaus jahrelang in der Ostsee leben. Dabei handelt es sich um Arten, die noch keine feste Population gefunden haben und möglicherweise eine geeignete Nische für ihre Art suchen. Dazu könnten der Weißwal (*Delphinapterus leucas*) und der Weißschnauzendelfin (*Lagenorhynchus albirostris*) zählen. Weißwale haben nach einem strengen Winter 1903 bis zu fünf Jahre in der Ostsee überlebt. Die Wale fanden also einen geeigneten Lebensraum in der Ostsee. Offensichtlich hat es aber zur Vermehrung nicht gereicht.

Weißschnauzendelfine sind seit 1982, seit Beginn der systematischen Meeressäugererfassung, jährlich in den dänischen Gewässern nachgewiesen worden. Zwischen 2000 und 2003 hielt sich sogar eine kleine Schule von Weißschnauzendelfinen bei Bornholm auf.

Unter besonderen hydrographischen Bedingungen, in der Ostsee beispielsweise nach massiven Salzwassereinbrüchen, zeigen sich auch immer wieder Finnwale zumindest in der westlichen Ostsee. Ob es Zufall ist oder ein gezieltes Suchen nach neuen Lebensräumen, ist natürlich nicht bekannt.

Die Skelette in der Vergangenheit gelegentlich gestrandeter Finnwale werden in Stralsund im Ozeaneum sowie im Deutschen Meeresmuseum gezeigt: Im Ausstellungsbereich der ehemaligen Katharinenkirche (vgl. S. 171) hängt ein rund 1 t schweres und fast 15 m langes Skelett im Chorraum.

Seeland – die größte Insel der Ostsee

Seeland (7.031,3 km^2), die Insel, auf der die Dänen ihre wunderschöne Hauptstadt Kopenhagen angesiedelt haben, erstreckt sich bis auf die Nachbarinsel Amager. Zwischen dem Roskilde Fjord und Helsigör, in einer der schönsten Gegenden der Insel, befindet sich ein Nationalpark in Planung (NP Kongernes Nordsjælland).

Bornholm – eine besondere Perle der Ostsee

Besondere Erlebnisinhalte: Kliffküste mit den ältesten Gesteinen Europas, Schluchttäler, Küstenheiden; Natur und Kultur von Dänemarks östlichster Insel bezaubern fast überall mit der Farbigkeit des mediterranen Südens. Schon der flüchtige Blick auf das Kartenbild der westlichen bzw. südlichen Ostsee zeigt sofort, dass sich die Insel Bornholm in ihren Umrissen viel einfacher und damit so ganz anders präsentiert als die übrigen größeren dänischen Inseln: Gerade Küstenlinien dominieren, der Inselumriss ist fast exakt rhombisch, und es gibt keine tiefen Fjorde oder weit in die Ostsee ragenden Vorsprünge – es ist eben alles sehr übersichtlich. Rund 40 km Länge misst Bornholm von Südwesten nach Nordosten. Die größte Querachse ist etwa 30 km lang. Die Insel ist damit knapp 590 km^2 groß. Ihr Relief ist betont ausgeglichen. Von der insgesamt 158 km langen Küste steigt das meist sanft gewellte Land allseitig bis zum höchsten Inselpunkt, der 162 m hohen Erhebung Rytterknægten in der Inselmitte, auf. Der „Ritterknecht" ist angeblich Dänemarks höchster Berg – so sehen das jedenfalls die Bornholm-Touristiker, aber die Vermessungsfachleute haben eine andere Einschätzung. Jedenfalls ist der Ritterknecht unangefochten der höchste Inselberg Dänemarks.

Bärlauch blüht in auffälligen Beständen im Mai/Juni in den Wäldern Bornholms.

Inseln sind, so definiert sie jedes Geographielehrbuch, versprengte, isolierte und irgendwie individualisierte Festlandstücke. Für Bornholm, Dänemarks fünftgrößte Insel (das relativ autarke Grönland mit eingerechnet), gilt dies ganz besonders. Fast 140 km beträgt die Entfernung zur nächstgelegenen Schwester Møn, 150 km sind es bis nach Kopenhagen auf Seeland. Dagegen ist die schwedische Südküste mit 37 km Distanz gerade noch in Sichtweite, und selbst das rund 80 km entfernte Leuchtfeuer von Kap Arkona auf Rügen ist bei Top-Klarsicht noch deutlich erkennbar. Bornholm liegt ferner genau auf dem 15. Längengrad. In Deutschland verläuft er mitten durch Görlitz. Die

Dorfszenen von Bornholm – meist Idylle pur

amtliche mitteleuropäische Zeit (MEZ) stimmt hier also mit der Astronomie absolut strichgenau überein. Bei Stenodde an der Südküste findet sich ein besonders vermarkter geographischer Knotenpunkt: Hier kreuzen sich, auf einer Steinplatte punktgenau festgehalten, der 15. Längen- und der 55. Breitenkreis. Hier sind Sie vom Äquator genau 6050 km entfernt.

Zugegebenermaßen ist Bornholm ein eher randständiges Mitglied der dänischen Inselwelt und fast schon eine topographische Leihgabe Schwedens. Man braucht nur den südschwedischen Zipfel zwischen Ystadt und Simrishamn ein wenig nach Südosten zu verlängern, um den Verlauf uralter Festlandlinien zu sehen und daraus die offensichtliche Landschaftsgeschichte zu rekonstruieren.

Windschuriges Strauchwerk

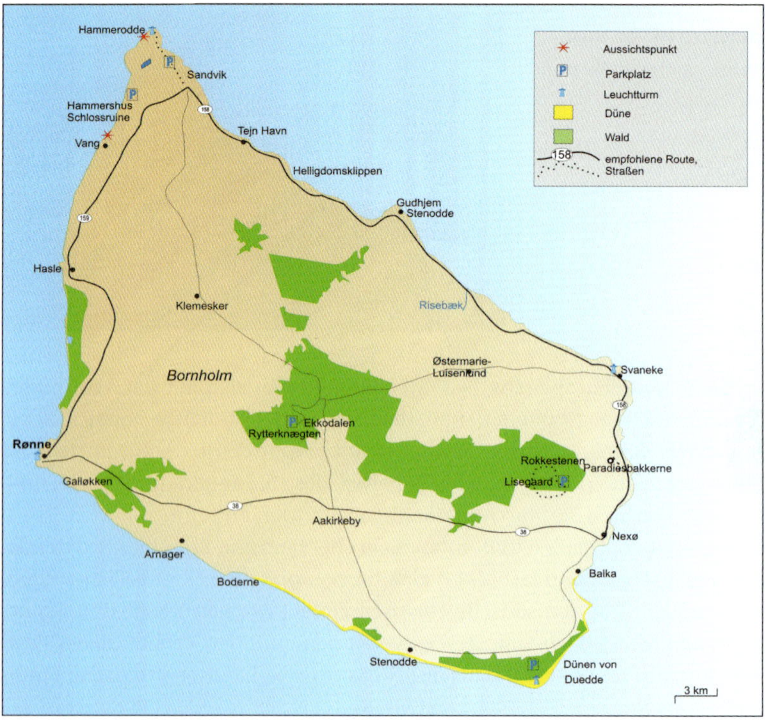

A: Helligdomsklipperne
B: Vang-Granit
C: Meerkohl zwischen Vang-Granit
D: Kreideküste bei Arnager

Für diese Zuordnung sprechen vor allem klare geologische Gründe. Bornholm besteht nämlich zu über zwei Dritteln aus präkambrischen Graniten und Gneisen, die nirgendwo sonst in Dänemark, aber durchweg überall im restlichen Skandinavien oberflächennah anstehen. Diese mehrheitlich über eine Milliarde Jahre alten Gesteine bauen beispielsweise die enorm klobigen, aber äußerst pittoresken Helligdomsklipperne zwischen Gudhjem und

Tejn auf, aber auch die berühmten Löwenköpfe (Løvehovederne) unterhalb der Ruine Hammershus oder die Felsbastion Jons Kappel bei Vang. Je nach Mineralbestand ist der Bornholmer Granit übrigens überraschend vielfarbig. Im Svaneke-Granit überwiegen der fleischfarbene Kalifeldspat, im deutlich helleren Vang-Granit dagegen ein klarer, weißlicher Quarz und im dunklen Rønne-Granit der hier durchweg schwarzgrüne Plagioklas neben Hornblende. Der größte auf Rügen heute noch vorhandene Findling stammt übrigens von Bornholm.

Das Untere Kambrium ist mit den Nexø- und den Balka-Sandsteinen vertreten, die als breites Band von Svaneke und Nexø im Südosten der Insel bis in das Gebiet von Hasle und Rønne ziehen. Aus dem Ordovicium und dem Silur sind vor allem Schiefergesteine erhalten, die als vergleichsweise kleine Fenster im Südteil der Insel zwischen die hier auftretenden Gesteine aus dem Erdmittelalter (Arnager-Kalk, Arnager-Grünsand, kohleführendes Jura sowie Robbedale-Sande) eingeschaltet sind. Vom Devon bis zum Perm klafft in den Gesteinen Bornholms eine größere Schichtlücke. Die jüngste bekannte paläozoische Schicht stammt aus dem Silur, die älteste nachfolgende gehört bereits dem Mesozoikum an und stammt aus der Trias (Keuper). Sonst sind alle erdgeschichtlichen Epochen bis zum Quartär zu verzeichnen. Während sich die Inselgeologie nördlich der Linie Nexø–Hasle relativ einheitlich und damit nachvollziehbar übersichtlich zeigt, gleicht sie südlich davon einem bunten Flickenteppich. Hier sind die verschiedenen Schichtglieder durch zahlreiche

Algenaufwuchs auf Granitblock

Störungen und Verwerfungen horizontal wie vertikal zum Teil weit voneinander getrennt. An einem einzigen Ferientag kann man somit bei einer Radererlebnistour entlang der Bornholmer Südküste immerhin rund eine Milliarde Jahre Erdgeschichte erleben mit Rastpausen im Unteren Kambrium (Nexø), im Oberen Silur (Slusegård, Fundstätte für schöne Graptolithen), in der Oberen Trias bei Risebæk, im Unteren Jura bei Galløken sowie in der Ober-Kreide bei Arnager mit ergiebigen Fossilfundpunkten (Seeigel, Belemniten) direkt an der Steilküste. Zudem kann man nach der Wanderung durch über eine Milliarde Jahre Erdgeschichte ein Bad in einem „nur" etwa 5 000 Jahre jungen Brackwassermeer nehmen.

INFO

Ein Crash-Kurs in Gesteinskunde

Auf Bornholm finden sich fast sämtliche Vertreter der großen Gesteinsgruppen. Die Festgesteine der Erdkruste teilt man in der modernen Geologie ein in Vulkanite (Vulkangesteine, entstanden aus vulkanischen Prozessen), Metamorphite (Umwandlungsgesteine, hervorgegangen aus Teilaufschmelzen, Verfalten und Verformen durch Quetschung älterer Gesteine) sowie Sedimentite (Ablagerungsgesteine als Ergebnis der Anhäufung feiner bis feinster anorganischer Partikeln am Meeresboden mit nachfolgender Verfestigung).

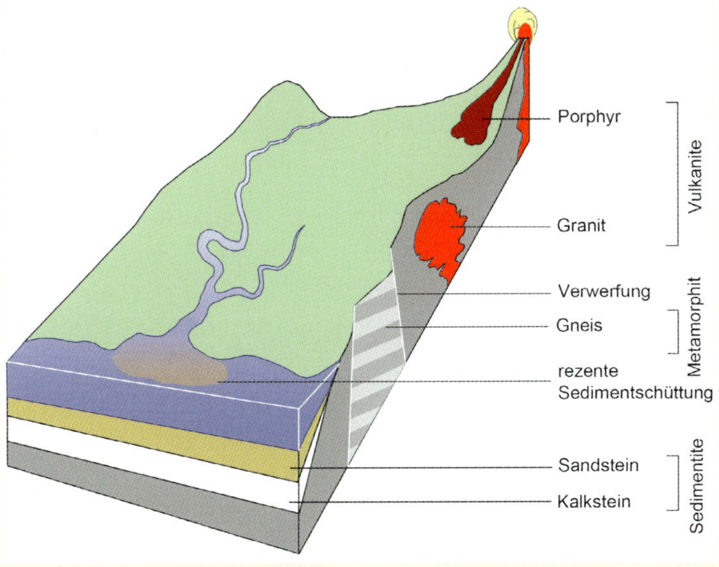

Bei den Vulkaniten ist weiterhin zu unterscheiden zwischen solchen Gesteinen, die durch explosiven Vulkanismus bis zur Erdoberfläche gefördert wurden, und anderen, die durch Erkalten und Auskristallisieren diverser Mineralien in größerer Tiefe in der Erdkruste entstanden. Daher nennt man letztere auch Tiefengesteine oder Plutonite. Zu dieser Gruppe gehören die in bemerkenswerter Erscheinungsvielfalt vorkommenden skandinavischen und immer betont körnig strukturierten Granite. Granit (vom lateinischen *granum* = Körnchen) besteht zur Hauptsache aus Feldspat, Quarz und Glimmer (Merkspruch: *Feldspat, Quarz und Glimmer – die vergess ich nimmer*). Die Kristallgrößen dieser Minerale sowie diverse Beimengungen bestimmen das Aussehen der im Gebiet vertretenen vielen Granit-Modifikationen. Mit geeigneten Bestimmungsbüchern (vgl. Literaturverzeichnis) kann man die Herkunft der einzelnen Granit-Formen genau ermitteln. Andere Vulkanite wie die in Schweden und Finnland anstehenden, meist braunroten Porphyre sowie die in Südschweden in ihrer charakteristisch säuligen Abscheidung vorkommenden schwarzgrauen Basalte gibt es auf Bornholm nur in Form stark verrollter und gerundeter Strandgerölle aus eiszeitlichen Geschieben.

Die Metamorphite (Umwandlungsgesteine) sind auf Bornholm als Gneise nach ihren Flächenanteilen am weitesten verbreitet. Es sind entweder uralte Sedimentgesteine oder Vulkanite (Plutonite) wie Gneis, die durch geologische Prozesse in größere Tiefen der Erdkruste gerieten, hier unter hohem Druck und enormen Temperaturen teilweise aufgeschmolzen wurden und dabei ihr gesamtes mineralisches Gefüge veränderten: Man erkennt sie an ihrer fein gestreiften Schichtung und den wie gewalzt aussehenden Begleitmineralien. Gneise nehmen im heutigen Bornholm den größten Flächenanteil ein.

Die Gruppe der Sedimentite umfasst die – meist fossilführenden – Ablagerungsgesteine, auf Bornholm vertreten durch den kreidezeitlichen Arnager-Kalk, die triassischen Risebæck-Sandsteine, die silurischen Schiefergesteine oder den kambrischen Balka-Sandstein.

Die vielen und zeitlich so unvorstellbar weit auseinander liegenden Ereignisse haben natürlich ihre Schrunden im Antlitz der Insel hinterlassen. Berühmt sind die bis zu 100 m breiten Bornholmer Spalttäler (sprækkedale) – uralte Verwerfungen, Klüfte und Störungen, die während der Eiszeiten vom nachhaltig und ungemein wirkungsvollen Gletscherschub besonders leicht auszuräumen waren. Überall im Nordteil durchfurchen sie mit heute kleinen Bachtälern die Inseloberfläche – auffallend schnurgerade und fast immer strichgenau parallel von Südwest nach Nordost angeordnet. Besonders erleb-

Das 12 Kilometer lange Ekkodalen (Echotal) im Zentrum von Bornholm

niswert sind hier beispielsweise das berühmte Ekkodal (Echotal), aber auch Kobbedal, Klovedal und Borgedal.

Im Südteil der Insel verlaufen die Bachtäler dagegen deutlich ungeordneter, weil hier die Spaltenzüge im paläozoischen Granit bzw. Gneis unter jüngeres Deckgestein abtauchen. Letztlich sind auch die auffallend geradlinigen Küstensäume, die Bornholm den Umriss einer großen Salmiakpastille geben, das Ergebnis großräumiger Störungen und sich kreuzender Bruchlinien – gleichsam ein Schnipsel aus dem Schnittmuster, nach dem die ältere und jüngere Erdgeschichte die Küstensäume Nordeuropas formte. Eine regionale Sage hält es mit der komplexen Inselentstehung übrigens erwartungsgemäß wesentlich einfacher: Danach sind Bornholm und die nordöstlich in 18 km Entfernung vorgelagerten Ertholmene (Erbseninseln) Christiansø und Frederiksø Teile der Ladung, die einstmals von einem gigantischen Schiff bei heftigem Sturm verlorenging. Diese beiden Inseln sind nun wirklich der östlichste Teil Dänemarks. Verwaltungstechnisch gehören sie allerdings nicht zu Bornholm, sondern sind direkt der Landeshauptstadt Kopenhagen unterstellt. Im Sommerhalbjahr werden von Allinge sowie von Gudjhem aus Schiffsausflüge angeboten. Ein besonderes und unbedingt erlebniswertes Naturphänomen auf dieser kleinen Inselgruppe sind die zweifellos erlebniswerten Brutkolonien von Alken. Diese Seevögel sehen zwar wie Pinguine aus, stellen aber eine eigene und vor allem flugfähige Verwandtschaftsgruppe dar.

Sand-Segge in der Dueodde

Dünenlandschaft an der Südspitze Bornholms bei Dueodde

Der größte Teil der Inselküste besteht also aus den uralten Graniten, Gneisen und Schiefern aus dem Präkambrium (Erdurzeit) und Paläozoikum (Erdaltertum). Nur an der Nordspitze bei Sandvig sowie an der diametral gegenüber liegenden Südspitze bei Dueodde finden sich großflächig jüngere quartäre Decksande. Bei Dueodde bilden sie ausgedehnte Dünenzüge, die man im 19. Jahrhundert zum Teil mit Wald-Kiefern aufgeforstet hat, um die unliebsam mobilen Wanderdünen festzulegen. Die klassische Entwicklungsfolge der Dünenvegetation von der lückigen, auch hier relativ steilkuppigen Weißdüne bis zur verheideten Braundüne ist nur stellenweise nachzuvollziehen. Meist bestehen die – fallweise wegen des intensiven Badebetriebs arg zertrampelten – Kuppen aus gereiften Weißdünen im Übergang zur Graudüne. Der Sand selbst ist dagegen ein Traum. Er gehört definitiv zu den feinsten europaweit und eignet sich insofern auch für die Sanduhr. Direkt am Strand vor dem Wellensaum ist er relativ fest und eignet sich bestens für weite Strandwanderungen – entweder zum Leuchtturm Dueoddefyr, den man über 196 Stufen besteigen kann, um von oben die Dünenwelt zu bestaunen, oder noch etwa 6 km weiter bis zur Slusegård Vandmølle, in deren Umgebung man prächtige

Fossilien aus dem obersilurischen Cyrtograptus-Schiefer finden oder vorgeschichtliche Grabhügel besichtigen kann.

Anreise: Eigenmotorisierte Besucher aus Deutschland wählen vorzugsweise die attraktive Fährverbindung vom Fährhafen Mukran bei Saßnitz/Rügen nach Rønne, die allerdings nur in der Sommersaison von April bis Oktober häufiger bedient wird und in den übrigen Randzeiten eher ausgedünnt ist. Eine alternative Verbindung besteht von Kiel aus. Im kontinentalen Skandinavien wird der Hauptverkehr über den südschwedischen Fährhafen Ystadt abgewickelt. Routen, Fahrpläne und Preise sind per Internet über www.bornholmstraffiken.dk zu ermitteln.

INFO

Schweinswal

Etwa die Hälfte der im Nordatlantik vertretenen 32 Zahnwalarten wurde mindestens einmal auch in der Ostsee beobachtet. Häufig sind Arten, die in seichten Gewässern zu Hause sind, also ostseeähnliche Verhältnisse kennen. Für welche Walarten eignen sich die Lebensräume der Ostsee? Auf Dauer sicherlich nur für die Schweinswale, die einzige Art mit einer beständigen Population. Der wesentliche Aspekt dafür, dass nur diese eine Art die Ostsee besiedelt, ist das Nahrungsangebot, nicht unmittelbar der Salzgehalt. Die räuberischen Arten ernähren sich gerne von Tintenfischen, die es in der Ostsee nicht gibt. Fischfresser wie der Schweinswal finden mit Sprotten und Hering jedoch genügend Nahrung. Für Bartenwale sind planktische Kleinkrebse, der Krill, die Hauptnahrung. Auch sie fehlen zumindest in der benötigten Menge in der Ostsee.

Schweinswale sind nicht einfach zu beobachten, da sie sich zum Atmen nur sehr kurz an der Wasseroberfläche zeigen und im Unterschied zu anderen Walarten nicht springen. Gute Chancen bestehen, wenn die See nach Windstille weitgehend glatt ist. Ein relativ großer Bestand lebt in der Beltsee sowie in den Dänischen Wasserstraßen, ein anderer östlich von Rügen im Bornholmbecken.

Am Wegesrand

Auf den Spuren der Vorgeschichte

Lust auf Land und Landschaft empfinden nicht erst die zahlreichen Inselgäste, die jedes Jahr kommen und trotz respektabler Anzahl reichlich Gelegenheit finden, einmal allein auf weiter Flur oder an irgendeinem der zauberhaften Strände zu sein. Bornholm ist vielmehr Siedlungsland seit der Altsteinzeit und eine der in archäologischer Hinsicht am dichtesten dokumentierten Regionen Nordeuropas. Die frühesten sichtbaren Bodendenkmäler stammen immerhin schon aus der Bronzezeit. Es sind die seltsamen Bautasteine, schlanke Stelen aus Granit oder Platten aus Gneis, die man früher ähnlich wie die

A+B: Bautasteine – C: Helleristning – D+E: Grabhügel-Ensemble
F: Gletscherschrammen

bretonischen Menhire zur Bezeichnung besonderer Landmarken aufgestellt hat. Das schönste Ensemble mit rund 70 Bautasteinen liegt im Wäldchen von Louisenlund auf halber Strecke der Straße von Østermarie nach Svaneke oder der Parkplatz am Ekkodalshuset. Überall auf der Flur finden sich (oft baumbestandene) Hügelgräber aus vorgeschichtlicher Zeit. Eine Besonderheit ersten Ranges sind natürlich die bronzezeitlichen Felszeichnungen (helleristninger) – die bei weitem größte Ansammlung mit Schiffsbildern, Fußumrissen, Sonnensymbolen und Kreuzrädern trägt der Granitfelsen Madsebakken bei Allinge, dem die Eiszeit sichtlich den letzten Schliff gab. Aus der Wikingerzeit stammen die Steinsetzungen in Schiffsrumpfform von Egeby nahe der Straßenkreuzung Åkirkeby – Neksø/Østermarie – Pedersker.

INFO

Megalithkultur

Der Begriff Megalith leitet sich von den griechischen Wörtern *mega* = besonders groß und *lithos* = Stein ab. Man bezeichnet damit die ältesten vom Menschen erbauten Steinmonumente aus der Jungsteinzeit und der Bronzezeit, die damit durchweg 1000 bis 2000 Jahre älter sind als die ägyptischen Pyramiden. Megalithbauten sind in Europa vor allem küstenparallel verbreitet. Auffällige Zentren mit einem besonders vielfältigen und relativ dichten Denkmalbestand sind Irland/Schottland/England, die Bretagne sowie der Ostseeraum von Norddeutschland, Dänemark und Südschweden. Eindrucksvolle Beispiele für Megalithbauten finden sich aber auch in Nordafrika, auf Korsika und Sardinien sowie auf Malta und Gozo. Im Mittelmeerraum sind die Megalithmonumente oft Tempelanlagen (Malta) oder Wohnbauten (Burg von Mykene, Nuraghen auf Sardinien), während sie im westlichen und nördlichen Europa fast ausschließlich Grabanlagen darstellen. Sie alle repräsentieren trotz der zusammenfassenden Bezeichnung „Megalithkultur" keine einheitliche Kultur, zumal sich diese Monumente über einen Zeitraum von rund drei Jahrtausenden verteilen.

Während man in Süd- und Westeuropa überwiegend das lokal anstehende Gestein für die Errichtung der Megalithmonumente verwendet hat, fiel die Materialwahl in Norddeutschland und Dänemark, in denen abbauwürdige Festgesteine weitgehend fehlen, fast ausschließlich auf die Findlinge (erratischen Blöcke) aus Graniten und Gneisen vor allem schwedischer Herkunft. Später hat man Findlinge auch im Fundament von Dorf- und Stadtkirchen verwendet, während deren übriges aufgehendes Mauerwerk aus roten Feldbrandziegeln besteht und beispielsweise die unter Kunstliebhabern zu Recht besonders geschätzte norddeutsche Backsteingotik begründete.

Bemerkenswerte Beispiele finden sich in allen ehemaligen Hansestädten von Lübeck bis Greifswald.

In Norddeutschland und Südskandinavien gehören die Megalithanlagen nach Ausweis der bei Grabungen gefundenen charakteristischen Keramik innerhalb der jüngeren Jungsteinzeit zur so genannten Trichterbecherkultur (seit etwa 4000 v. Chr.), die vor allem im westlichen Ostseeraum weit verbreitet war. Hier verwendeten die Erbauer der Megalithanlagen fast ausschließlich Findlinge (erratische Blöcke) aus Granit oder Gneis, die mit den Gletschervorstößen der nordischen Inlandvereisung von Südskandinavien bis weit in das nördliche Mitteleuropa verlagert wurden. Auf den Britischen Inseln und in der Bretagne ist dagegen meist autochthones (= vor Ort entstandenes) Gestein aus der Nähe des Aufstellungsortes der Bauten verarbeitet worden.

In Mecklenburg-Vorpommern sind 1145 Megalithdenkmäler dokumentiert, die heute allerdings nicht mehr alle im Gelände aufzufinden sind. Angesichts des Mangels an anstehendem Festgestein, das man für Bauzwecke nutzen konnte, hat man in der Vergangenheit Megalithanlagen ebenso in Kleinportionen zerlegt wie die ursprünglich sicher zahlreicheren Findlinge. Heute stehen alle noch erhaltenen Megalithbauten jedoch grundsätzlich unter Denkmalschutz.

Ursprünglich befanden sich wohl alle Dolmen unter einem Erdhügel (= Tumulus) auf kreisförmigem Grundriss. Etliche norddeutsche Dolmen weisen die Besonderheit auf, dass sie von einer ovalen oder rechteckigen Steinumfassung zaunartig umgeben sind. Für diese oft 50–90 m langen Umfassungen ist die Bezeichnung Hünenbett üblich. Auf Rügen findet sich davon ein eindrucksvolles Beispiel bei Nobbin nahe Kap Arkona. Hier ließ sich auch durch genauere Vermessung nachweisen, dass der durchschnittliche Abstand zwischen den Umfassungssteinen 83 cm beträgt – jene berühmte „megalithische Elle", die der britische Archäologe A. Thom bei großzügiger Statistik für viele Megalithdenkmaler in Westeuropa ermittelt hat.

Generell ist anzumerken, dass vielen Steinensembles (Alignements, Cromlechs, Steinumfassungen und anderen hier nicht weiter berücksichtigten Konstruktionen) erstaunlich exakte Geometrien zugrunde liegen. Vielfach sind auch astronomische Bezüge (nämlich Peillinien zu bestimmten Konstellationen der Himmelskörper) darstellbar. Diese bilden den Forschungsgegenstand einer eigenen Spezialdisziplin, der Archäoastronomie.

Anmerkungen zur Pflanzenwelt

Was wäre ein Bornholmer Bilderbogen ohne einen Blick auf die artenreiche und ungemein blumige Pflanzenwelt. Mit dem imposanten Meerkohl an den

Strand-Platterbse

Scharfer Mauerpfeffer

grobkiesigen Stränden der Westküste beginnt der erlebniswerte Reigen und endet mit den zumindest stellenweise herrlich verkrauteten Getreideäckern voller Kornblumen, Klatsch-Mohn, Kamillen oder Gelber Wucherblume – die Fülle des Sommers, wie man ihn so weit nördlich im Grunde gar nicht mehr erwartet. In den Wäldern von Slotslyngen im Norden steigt im Sommer zuverlässig intensiver Knoblauchgeruch in die Nase, als habe jemand heftig Vorsorge gegen Vampire getroffen. Klare Duftquelle sind hier die allmählich bei ihrem sommerlichen Rückzug zerfallenden Blätter aus dem Bestand bildend vorkommenden Bär-Lauch. Vor heimtückischen Kobolden oder Trollen braucht man sich hier aber ebenso wenig zu schützen wie anderswo in Skandinavien. Der schalkhafte und geradezu typologisch vereinnahmte Krølle Bølle ist nämlich auch auf Bornholm längst auf die Dimension eines harmlosen und sympathischen Werbeträgers geschrumpft.

Erlebnistour 6

Rund um den Hammeren (4 h)

Eine massiv knollige Nase aus überwiegend grauem Granit reckt Bornholms Nordspitze gegen Schweden – den Hammeren. Als Ausgangspunkt für eine Umrundung (etwa 5 km) bietet sich das Friluftsbad in Sandvig an, von wo der Weg zur Hammerodde mit ihrem markanten Leuchtfeuer beschildert ist. Er führt vorbei an großflächiger Krähenbeeren-Wacholder-Heide und erreicht bald den nördlichsten Küsten-

Hammerodde-fyr

Hammeren-Landschaft

Kristallsöen

Kartäuser-Nelke

Flechtenbänder an der Wasserlinie

punkt, den auch der rund um Bornholm führende und vorbildlich markierte Küstensteig (Kyststi) berührt. Hier kann man schön entwickelte Salzröhrichte und Salzwiesen sehen und auf den Granitblöcken im Wasser auch die so genannte Schwarze Zone wahrnehmen – eine überwiegend von Krustenflechten dominierte Lebensgemeinschaft salzfester Meeres- und Landorganismen, die den Grenzsaum zwischen Land und Meer festlegt. In die Heide des weiteren Wegverlaufes sind immer wieder bemerkenswert blumige Magerrasenstücke mit Sonnenröschen, Nelken- und Labkraut-Arten eingeschaltet. Der Rückweg berührt alte, tief smaragdgrüne Steinbruchseen (Kristallsø, Hammersø), in deren Uferbewuchs interessante Pflanzen (z. B. die recht seltene Schwanenblume) vorkommen.

Erlebnistour 7

Im Almindinger Wald (4 h)

Einer der größten dänischen Wälder, zum Schutz gegen frei laufendes Weidevieh der früheren dörflichen Gemeinschaftsweiden (= Allmende) von einer kilometerlangen Mauer umgeben, ist der Almindinger Wald – ein an Natur-

Getreidefeld mit Klatsch-Mohn

Acker mit Ringelblumen

Harfen-Fichte

schönheiten überaus reiches und durch Wege hervorragend erschlossenes Wandergebiet. Als Ausgangspunkt empfiehlt sich einer der Parkplätze an der Straße von Rønne nach Svaneke. Lohnend ist der Weg zum 162 m hohen Rytterknægten (mit Aussichtsturm) oder weiter zur Loklippe, von wo man besonders schön das größte Bornholmer Moor (Vallensgård Mose) und den gletschergeglätteten Südteil der Insel überblickt. Vorbei am Ekkodalen (Echotal), einem der eindrucksvollsten Spaltentäler, erreicht man nach etwa 2 km die Gamleborg, die mit Abstand größte Fluchtburg aus der Wikingerzeit. Wendet man sich vom Ausgangspunkt in den nördlich der Straße gelegenen Waldteil, trifft man inmitten stiller Waldmoore und -seen den Rokkesten, einen gewaltigen Findling (Granit) aus der Gletscherfracht der letzten Eiszeit. Die Rundwege sind bestens beschildert. Ähnlich ergiebig ist das Wandergebiet von Paradisbakkerne bei Nexø.

Moderne und Tradition liegen auf Bornholm oft erstaunlich eng beisammen, vieles sehr vertraut, anderes ein wenig avantgardistisch, aber immer mit einem Hauch zwischen Poesie und Puppenstube. Wo man auch hinsieht, bleibt alles durchaus behaglich. Anmutig und beschaulich wie die Städtchen und Inseldörfer präsentiert sich auch die Landschaft selbst. Auf Bornholm fehlen übertriebene Kontraste, protzhafte Pracht oder beinahe unerträglich spektakuläre Szenerien. Aber dennoch bringt die Insel unglaublich starke Bilder zuwege. Fast jeder Winkel erscheint reif für ein Kalenderblatt. Ob Kamera oder Malblock – die bildliche Ausbeute kann also leicht ins Unermessliche gehen.

Tipps – nicht nur für schlechtes Wetter

Bornholms Rundkirchen

Wehrhafte Rundkirchen sind Bornholms wohl berühmteste Beispiele mittelalterlicher Sakralarchitektur, die möglicherweise auf lokal vorhandene heidnische Tempelanlagen zurückgriff. Die Østerlarskirke (Laurentiuskirche im Osten) ist die größte – sie schmückt sich mit wunderschönen Wandfresken und mehreren Runensteinen. Die Olskirke (Olafkirke) erlaubt einen Blick in den imposanten Dachstuhl aus Holz, der viele konstruktive Elemente aus dem Schiffbau aufgreift. Neben der Nylarskirke (Nikolauskirche) steht ein Glockenturm mit Feldsteinfundament und Fachwerkaufsatz. Die Nykirke (Neukirche) besteht als einzige nur aus einem eingeschossigen Rundturm. Auch die übrigen romanischen Dorfkirchen (u.a. Pederskirke, Povlskirke, Rutskirke, Bodilskirke) sind einen Besuch wert – auch wegen des überaus prächtigen Flechtenaufwuchses der alten Grabsteine. In allen Kirchen sollte man auf den Bodenbelag achten: Er besteht häufig aus Platten aus paläozoischen Sedimentgesteinen, in denen sich wunderschöne Fossilien von Orthoceren finden – fossile Vertreter einer Weichtiergruppe, deren Gehäuse noch nicht spiralig gerollt waren wie bei den späteren Ammoniten, sondern eine längsachsig gestreckte, gekammerte Röhre waren.

Das Landwirtschaftsmuseum Melstedgård bei Gudhjem zeigt in einem alten Vierseithof Geräte und Anbautechnik der traditionellen Bornholmer Landwirtschaft. In Ställen und Scheunen findet man auch alle Tiere, die zu einem richtigen Bauernhof gehören – vom Ackerpferd bis zur rothaarigen Tigerkatze.

Nykirke in Nyker

Das Nexø-Museum ist in einem alten Wachthaus am Hafen dieses Ortes untergebracht und zeigt eine kleine heimatgeschichtliche Sammlung vor allem aus den Themenbereichen Seenotrettungswesen und Fischerei.

Bunte Bornholmer Räucherbuden

Das Bornholm-Museum in Rønne (Scl. Mortensgade 29) beherbergt umfangreiche natur- und kunstgeschichtliche Sammlungen. Äußerst informativ ist die Präsentation im Erdgeschoss zur Inselgeologie, zur heimischen Tierwelt und zur Vorgeschichte. In der Laxegade 7 kann man den Erichsens Gård, einen typischen Bornholmer Kaufmannshof des 19. Jahrhunderts, besuchen. Besonders beeindruckend ist der schöne Garten, der betonte Nützlichkeit in bemerkenswerter Weise mit beeindruckender Zierde verbindet und damit klar in der Tradition alter Kloster- und Bauerngärten steht.

Die Windmühle von Årsdale, eine 1877 erbaute Holländermühle mit drehbarer Turmkappe, ist noch betriebsfähig und kann werktags besichtigt werden. Der Duft von frisch vermahlenem Getreide ist eine wichtige Urerfahrung und gehört ebenso zu einem abgerundeten Inselerlebnis wie Fischbrötchen oder Krølle-Bølle-Eis.

Unterdessen hat in einigen früheren Fischräuchereien Künstlerisches das Kulinarische ersetzt – Töpfer und Glasbläser schaffen vor den Augen des staunenden Publikums überaus ansehnliches Hand- und Mundwerk.

INFO

Ostseehering

Bornholmer heißen nicht nur die überwiegend betont dänisch blonden Inselbewohner, denen man (übrigens zu Unrecht) bedrückende Wortkargheit nachsagt, sondern auch die äußerst beliebten, weil hinreißend gut schmeckenden (allerdings ziemlich fetten) Räucherfische. Als silberne Heringe kommen sie paarweise verhakt auf große Gestelle, als goldglänzende Bücklinge verlassen sie dreieinhalb Stunden später den mit Erlenholz befeuerten Räucherkamin. Überall von Hasle über Allinge bis Snogebæk sieht man in den kleinen Häfen die inseltypischen Fischräuchereien mit ihren unverkennbaren Rauchabzügen.

Der Hering (*Clupea harengus*) ist eine im Nordatlantik weit verbreitete und formenreiche Art. Von der ziemlich ähnlichen Sprotte unterscheidet man ihn am besten mithilfe des Bauchflossenansatzes: Dieser liegt deutlich hinter der Vorderkante des Rückenflossenansatzes. Heringe sind typische Schwarmfische, die bis in 200 m Tiefe vorkommen – ihre Schwärme umfassten früher eventuell mehrere tausend Tonnen Fische. Trotz Quotenvergabe und Empfehlungen des Internationalen Rates (ICES) wurden die Bestände dezimiert, weil die Empfehlungen nicht immer 1:1 umgesetzt werden. – Der Hering wurde vom Grundnahrungsmittel zur Delikatesse. Unterdessen hat sich die wirtschaftliche Seite zumindest für den Ostseehering umgekehrt: Da für ihn immer noch keine Ökozertifizierung vorliegt, sind Ostseeheringe in Deutschland kaum abzusetzen. Das führt zum Preisverfall und tragischerweise schließlich auch zur Existenzbedrohung der Berufsfischer.

In der westlichen Ostsee sind die Heringe typische Frühjahrslaicher. Um Rügen und Bornholm laicht der Hering zwischen März und Mai und zieht dann auf eine ausgiebige Fresswanderung in den Skagerrak und in die östliche Nordsee. Die Überwinterung findet in den flachen Sunden Dänemarks statt, ehe die laichreifen Tiere in die Ostsee zurückkehren. Wichtigster Laichplatz ist der Greifswalder Bodden, dem somit schon allein aus fischereiwirtschaftlichen Gründen eine erhebliche Bedeutung zukommt.

Die Heringe der östlichen Ostsee, die vor allem in den finnischen Gewässern befischt werden, sind gewöhnlich kürzer als 25 cm (meist 15 – 20 cm) und gehören einer eigenen Unterart *Clupea harengus membras* an. Die Schwärme halten sich vorwiegend nachts im Oberflächenwasser auf und wandern tagsüber in die Tiefe ab.

Heringslaich – angeklebt an Pflanzenstängel

Deutschland – Vielfalt der Küstenformen

An den immerhin über 22000 km Gesamterstreckung der Ostseeküsten, welche die Küstenlänge der Nordsee bei Weitem übertreffen, hat Deutschland aus geographischen sowie politisch-historischen Gründen nur einen relativ bescheidenen und somit überschaubaren Anteil: Rund 400 km Küstenlänge misst die schleswig-holsteinische Fördenküste von der Flensburger bis in die Lübecker Bucht (unter Einschluss der Insel Fehmarn), während die mecklenburgisch-vorpommersche Außenküste (Buchten-, Bodden- und Ausgleichsküste in gerader West-Ost-Linie) auf etwa 350 km kommt, aber unter Berücksichtigung aller Einbuchtungen und vor allem der inneren Küstengewässer tatsächlich etwa 1700 km lang ist.

Diese minimale Metrik mag missmutig stimmen, weil auf unser Land damit allenfalls 10% der Ostseeküsten entfallen. Das Zahlenwerk allein besagt aber noch nichts über die landschaftliche Großartigkeit der deutschen Ostsee-Abschnitte. Von der Flensburger Förde im hohen Norden der Bundesrepublik bis zur Insel Usedom vor der polnischen Küste präsentiert sich eine unvergleichlich abwechslungsreiche Palette von Landschaftseindrücken, die man so an den anderen Abschnitten der Ostsee kaum oder allenfalls in Ansätzen erfahren kann. Tief in das Land eingeschnittene, von Gletscherzungen ausgeschürfte Becken wechseln mit sandigen Flachküsten und steilen Hochufern ab, an denen sich jeden Tag die beeindruckende Geodynamik von Material-

Zwischen Flensburg und Ahlbeck liegt der abwechslungsreichste Abschnitt der südlichen Ostsee – ein ständiger Wechsel von Hoch- und Flachufern (Rügen, Mönchgut).

abtrag und -versatz vollzieht. Die Folgen der zurückliegenden Eiszeiten sind hier überall zu sehen – sie bestimmen immer noch das spezifische Gesicht der heutigen Landschaft und belegen, dass auch nach erdgeschichtlichen Maßstäben relativ kurze Zeiträume von nur ein oder zwei Jahrzehntausenden beträchtliche Veränderungen hervorrufen können.

Der Strand mit dem Tosen der Brandung, eine Kliffküste mit ihren Steilabbrüchen und der fast immer grenzenlos aufgespannte Himmel aus Wasser und Wolken sprechen die Sinne ganz anders an als Wald und Wiese zu Hause. Trotz Wellenschlag und Windgebraus bleibt diese Szenerie unaufdringlich, wirkt aber selbst dann noch atemberaubend, wenn Wind und Wetter die Konturen nur noch zu Schattierungen in tonlosem Schiefergrau verschwimmen lassen. Diese beeindruckende Palette ist auch an den deutschen Anteilen der Ostsee fast jeden Tag und vor allem zu jeder Jahreszeit zu erleben. Wer es außerhalb der größeren Städte und vor allem der gelegentlich ziemlich lärmenden Touristikzentren leiser und beschaulicher, aber dennoch nicht weniger eindringlich haben möchte, findet zwischen Flensburg und Usedom viele Küstenabschnitte von unglaublicher Schönheit und Einzigartigkeit. Glücklicherweise haben der fallweise unsägliche Touristikkommerz oder die sonstige technisch-zivilisatorische Überformung die Südwestgestade der Ostsee noch nicht erreicht bzw. nicht gänzlich ruiniert.

Fördenküste in Schleswig-Holstein

Besondere Erlebnisinhalte: weit ins Land reichende, teils stark geschlängelte und dann buchtenreiche, teils breit trichterförmige Förden, Jungmoränenland mit Seenplatten, aktive Kliffs, Strandwälle und kurze Nehrungen

Schleswig-Holstein liegt größtenteils auf einer Halbinsel zwischen der südlichen Nordsee und der westlichen Ostsee. Nicht allein wegen der gänzlich abweichenden Natur dieser beiden Meere sind auch die jeweiligen Küstenstreifen und ihr direkt angrenzendes Hinterland unterschiedlich. An der Verschiedenartigkeit der Landschaftsaspekte ist auch die jüngere Erdgeschichte dieses Raumes unmittelbar beteiligt. Das Fördenland ist erwiesenermaßen ein Erbe der Eiszeit: Das heutige Relief des nördlichsten Bundeslandes ist wesentlich von den Wirkungen der letzten beiden Eiszeiten geprägt. Die vorletzte Eiszeit (Saale-Kaltzeit) dauerte etwa von 300 000 – 125 000 Jahren vor der Gegenwart. Sie modellierte bei ihren weitesten Gletschervorstößen im Warthe-Stadium mit den Altmoränen bzw. den Geschieben der Hohen Geest die Oberflächenformen westlich der Linie Flensburg – Rendsburg – Bad Segeberg – Oldesloe – Mölln – Zarrentin. Der Geest ist entlang der Nordsee das junge Marschland vorgelagert.

Das östliche Hügelland, das sich entlang der benannten Städtelinie zur Ostsee erstreckt, wurde dagegen von der letzten Eiszeit (Weichsel-Kaltzeit, etwa 115000 – 10000 vor der Gegenwart, vgl. S. 107) geformt und ist demnach ein ausgeprägtes Jungmoränenland. Die Gletscher dieser Eiszeit reichten nicht mehr so weit nach Westen bzw. Südwesten wie in der vorangegangenen Saale-Eiszeit. Die höchste der hier aus Lockermaterial bzw. glazialem Erosionsschutt aufgeschobenen Kuppen ist der knapp 167 m hohe Bungsberg an der Basis der Halbinsel Wagrien. Die geschwungenen Hügelketten markieren in der Landschaft ablesbar die weitesten Vorstöße der Gletscherfront. Durchschnittlich 40 km breit ist dieses erdgeschichtlich junge Reliefgebiet zwischen der heutigen Ostseeküste und den westlich anschließenden Sandern bzw. Geestrücken. Nördlich der Lübecker Bucht ist das Jungmoränengebiet sogar ungefähr 80 km breit. Bei Kiel beträgt die Schichtmächtigkeit der glaziogenen Ablagerungen etwa 250 m, bei Flensburg noch rund 145 m. Aus diesen Lockermassen ragt der vorquartäre Untergrund nur an wenigen Stellen und ausschließlich bedingt durch Son-

An der Flensburger Förde (Holnis)

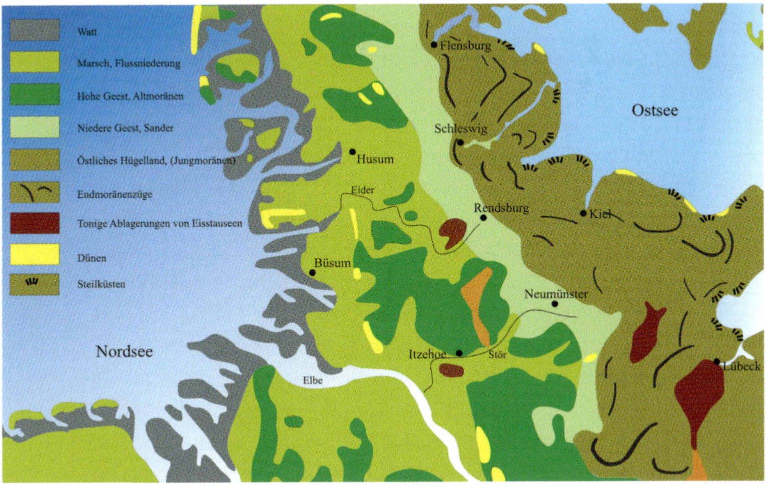

Schleswig-Holstein zwischen Geest und Moränen

Blick vom Bungsberg in Ostholstein

derprozesse wie die Aufpressung durch mobile Salzstöcke auf. Bekannt sind beispielsweise der Segeberger Gipsblock aus der Zechsteinzeit oder der helle Kreidekalk von Lägerdorf.

Den unruhigen, von der Eiszeit herrührenden Oberflächenformen mit ihren tiefen Mulden verdankt das Östliche Hügelland von Schleswig-Holstein seinen Seenreichtum, der sich auf vier Gebiete verteilt: Zwischen Eckernförder Bucht und Kieler Förde sind es eher Einzelseen wie der Westensee. In der Probstei mit dem Selenter Seengebiet, in der Holsteinischen Schweiz, in der Pönitzer sowie in der Ratzeburger Seenplatte sind es dagegen jeweils Ensembles von Stillgewässern unterschiedlicher Größe und verschiedenen Charakters sowie mit einzigartigen Lebensgemeinschaften.

Neben den landschaftlich reizvollen Seen sind die Förden entlang der westlichen Ostseeküsten ein hervorhebenswertes landschaftsmorphologisches Element. Das deutsche Wort Förde und der skandinavische Begriff Fjord haben zwar die gleiche sprachliche Wurzel, bezeichnen aber nach geo(morpho)logischen Kriterien unterschiedliche Erscheinungen, obwohl in beiden Fällen der lange Zeit unaufhaltsame Gletscherschub die bis heute nachwirkenden und buchstäblich einschneidenden Maßnahmen einleitete. Die Fjorde wurden während der Eiszeiten jeweils durch die besonders massiven Gebirgsgletscher gegraben und gingen hervor aus rückwärts in Richtung Nährgebiet der Eismassen ausgeschürften Karen (breite Hochtäler). Die Förden wurden dagegen während der Weichsel-Eiszeit in schon flachem Ge-

INFO

Gliederung des Quartärs in Norddeutschland

Der weitaus größere Teil des Quartärs entfällt auf das Eiszeitalter (Pleistozän). Die Bezeichnungen der einzelnen Abschnitte erfolgte überwiegend nach Lokalitäten, an denen die Wirkungen typhaft entwickelt sind oder erstmals erforscht wurden.

Geologische Gliederung				Beginn vor heute (Jahre)	Ablagerungen	archäologische Gliederung
Quartär	Holozän		Subatlantikum Subboreal Atlantikum Boreal Präboreal	10000	Auenlehm und -sand, Hoch- und Niedermoore, jüngerer Flugdeckensand, jüngere Dünen	Eisenzeit Bronzezeit Neolithikum Mesolithikum
	Pleistozän	Weichsel-Kaltzeit	Spätglazial Hochglazial Frühglazial	115000	älterer Flugdeckensand, ältere Dünen, Löss, Fließerde, Uferwälle, Hochflutlehme, Flussschotter der Niederterrassen	Jung-paläolithikum
		Eem-Warmzeit		125000	Schluff, Ton, Torf	Mittel-paläolithikum
		Saale-Kaltzeit	Warthe-Stadium		Sander, Kiese, Moränen; Sande und Schotter der jüngeren Mittelterrasse	
			Groß-Interglazial			
			Drenthe-Stadium	350000		
		Holstein-Warmzeit		370000	Sand, Ton, Torf	Alt-paläolithikum
		Elster-Kaltzeit Cromer-Komplex Bavel-Komplex Menap-Kaltzeit		400000 640000	ältere Mittelterrassen	
		Waal-Warmzeit		1400000	Flussschotter, Sand, Ton Hauptterrassen	
		Eburon-Kaltzeit				
		Tegelen-Warmzeit				
		Prätegelen		2200000		

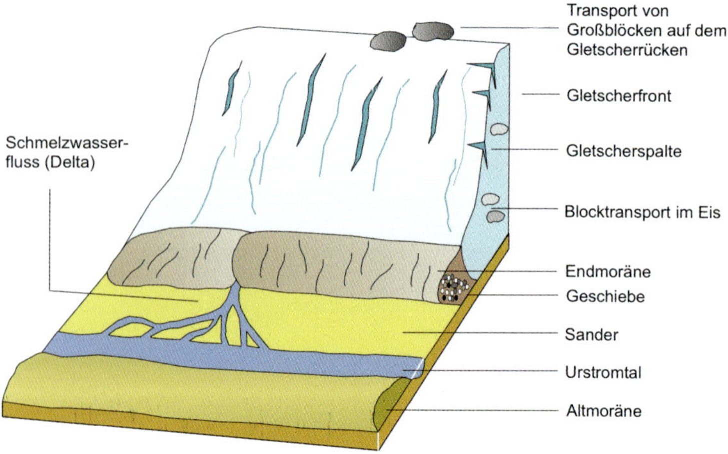

Gletscherschub formte die Landschaft

A: An der Schlei – B: Schleswiger Dom von der Wasserseite – C: Realer Gletscher auf Grönland – D: Gletschertor. Ähnlich sah es an der Ostsee im Spätglazial vor 12 – 15.000 Jahren aus.

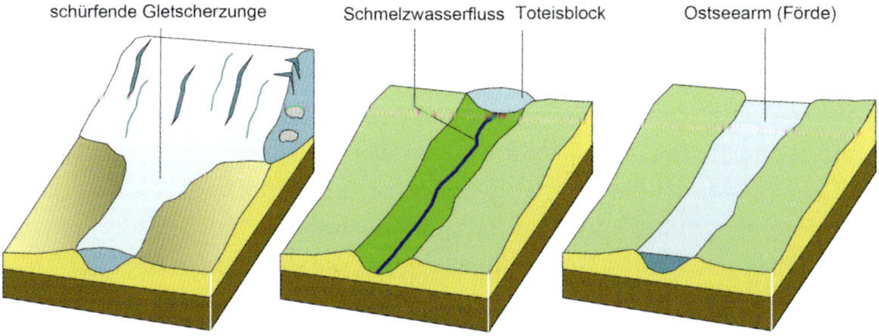

Entstehung einer Förde

lände von einzelnen Zungen des hier nur noch etwa 250–400 m mächtigen Eisrandes gegraben. Sie enden jeweils in einer Grundmoränenlandschaft und haben meist keine Seitentäler, wie sie neben den typischen Hängetälern für Fjorde kennzeichnend sind.

Vier Förden reihen sich an der Ostseeküste Schleswig-Holsteins auf:

- Durch die fast 50 km lange und bis 17 km breite Flensburger Förde verläuft die dänisch-deutsche Grenze. Sie öffnet sich mit einem etwa 3 km breiten Zugang zwischen einem Zipfel der dänischen Insel Alsen und der Landspitze Geltinger Birk. Ihre Wassertiefe erreicht stattliche 19 m.
- Die bis Schleswig reichende etwa 43 km lange Schlei ist die schmalste, aber geschwungenste der deutschen Förden. Wegen ihrer besonderen Gestalt mit Engen und Weiten wird unter Fachleuten diskutiert, ob sie tatsächlich von einer Gletscherzunge angelegt wurde oder vielmehr eine zwischen- bzw. nacheiszeitliche Schmelzwasserrinne darstellt. Die durchschnittliche Tiefe beträgt 3 m, in strömungsreichen Rinnen werden Wassertiefen von über 10 m erreicht, z. B. in Kappeln mit 12 m und bei Rabelsund mit 16 m.
- Die rund 10 km lange Eckernförder Bucht ist wiederum eine unzweifelhaft vom Gletschereis ausgeschürfte, breit trichterförmig nach Osten geöffnete Förde. Der Stadtnamensbestandteil -förde bezeichnet hier aber nicht die Meeresbucht, sondern soll auf eine Furt am Fördenende zurückgehen.
- Die Kieler Förde ist ebenfalls etwa 10 km lang und öffnet sich fast süd-nördlich in die Kieler Bucht. Die Wassertiefe der Kieler Bucht erreicht 24–14 m.

Daneben bestehen noch zwei ehemalige Förden:

- Die ehemalige Hemmelsförde bei Nienburg ist heute durch einen schmalen Dünenstreifen, der sich aus der nacheiszeitlich küstenparallelen Versandung entwickelt hat, von der offenen Lübecker Bucht abgetrennt und zum Hemmelsdorfer See geworden. An seinem Boden befindet sich mit 40,5 m unter NN die tiefste Stelle des landfesten Deutschlands.

- Die frühere Traveförde wird durch den Nehrungshaken Priwall von der Lübecker Bucht abgeriegelt. Die Pötenitzer Wiek ist ihr offen gebliebener Restanteil. Dieses mesohaline Gewässer steht nur noch über die bemerkenswert schmale Untertrave in Verbindung mit der Ostsee. Ein anderer vom Priwall abgeschnürter Teil ist das Naturschutzgebiet Dassower See. Der östliche Hügel von Buchhorst bietet einen wunderbaren Einblick in das Gebiet, das als bedeutender Überwinterungsplatz für Tauchenten, Taucher, Singschwäne und Gänse gilt. Nicht selten ist hier auch ein Seeadler zu beobachten.

Auch die jütländische Küstengestalt wurde durch die gleichen erdgeschichtlichen Vorgänge geformt wie im Fördenland an der deutschen Ostseeküste. Daher findet sich in Dänemark ebenfalls eine Anzahl von Förden im geomorphologischen Sinne, die aber in Dänemark überwiegend Fjorde genannt werden. Es sind dies von Norden nach Süden:

- Langerak (32 km)
- Mariagerfjord (35 km)
- Randers Fjord (30 km)
- Nørsminde Fjord (nach Landgewinnung nur noch 3 km)
- Hørsens Fjord (16 km)
- Rands Fjord (3 km, heute Süßwassersee)
- Kolding Fjord (10 km)
- Haderslev Fjord (15 km)
- Aabenraa Fjord (10 km)
- Alsfjord (12 km)

In historischer Zeit bot die Fördenküste von Flensburg bis Laboe optimale Voraussetzungen für Landwirtschaft und Fischerei. Zudem entstand an jedem Fördenende ein Hafen als Ausgangspunkt bedeutender heutiger Handels- und Kulturzentren. Schleswig ging aus der bedeutenden Wikingerstadt Haithabu hervor. An der Kieler Förde ist die Küstenlandschaft gänzlich von städtischer Bebauung vereinnahmt. Fast alle leicht erreichbaren Sandstrände im Fördenland und vor allem diejenigen an der Nordflanke der Lübecker Bucht sind heute zu Tourismuszentren ausgebaut, meist mit landschaftsästhetisch weniger gelungenen Akzenten und Zutaten.

INFO

Das besondere Artporträt

Schiffsbohrwurm

Antje Ràvic Strubel, eine Autorin aus einer kleinen Hafenstadt an der Ostsee, hat eine sehr zu empfehlende *Gebrauchsanweisung für Schweden* verfasst. Unter anderem bewundert sie darin das berühmteste schwedische Schiff, die *Wasa*, das den Schweden im Dreißigjährigen Krieg zur absoluten Seemacht über die Ostsee verhelfen sollte. Es kam anders: Das überdimensionierte Schiff kippte bei der Jungfernfahrt 1628 nach wenigen 100 m Fahrt im Hafen von Stockholm und versank. Erst Anfang der 1960er Jahre gelangte es wieder an die Oberfläche, wurde aufwendig präpariert und steht der staunenden Öffentlichkeit im Vasa-Museum in Stockholm heute zur Verfügung. Die Autorin staunt nun darüber, dass der sonst so gefräßige Schiffsbohrwurm es in fast 300 Jahren nicht geschafft hat, das hölzerne Wrack auf dem Meeresgrund zu zerstören. Die Lösung dieses Rätsels ist einfach: Schiffsbohrwürmer sind marine Arten, und Kälte lieben sie auch nicht. Sie nagen gerade mal noch an den Buhnen von Dranske im Norden von Rügen, können aber schon im Süden vor Sassnitz das zu salzarme Wasser nicht mehr ertragen. Vor Stockholm ist der Salzgehalt noch geringer. Der Schiffsbohrwurm gelangt nicht in diese Gegend.

Vom Bohrwurm zerfressene Buhnen

Schiffsbohrwürmer im Buhnenpfahl

Trotz des griffigen Namens ist diese Tierart kein Wurm, sondern eine stark umgestaltete Muschel mit wurmförmigem, bis zu 20 cm langem Körper und einer reduzierten, um 1 cm langen zweiklappigen Schale. Zutreffender ist also die zoologisch korrekte Bezeichnung Schiffsbohrmuschel (*Teredo navalis*). Die Schale dient ihr aber nicht wie bei gewöhnlichen Muscheln zum Schutz ihrer weichen Körperteile, sondern wird zum Bohren im Holz von Schiffsplanken, Buhnenpfählen oder Treibgut eingesetzt. Hier fräst die Muschel bis etwa 1 cm dicke Gänge und kleidet diese mit einer weißen Kalkschicht aus. Die Zellulose des abgeraspelten Holzes dient ihr als Nahrung. Die zum Aufschluss der sonst für die meisten Tiere unverdaulichen Zellulose erforderlichen Enzyme stammen vermutlich von Bakterien, die als Symbionten im Bereich der Kiemen leben. Unklar ist bislang, wie diese Enzyme in den Verdauungstrakt der Muschel gelangen.

Die Schiffsbohrmuschel kommt weltweit bis in die gemäßigten Zonen vor. Die Familie der Schiffsbohrwürmer hat ihren Ursprung in warmen, tropischen Meeren. Nur wenige Arten schaffen es bis in die temperierten Meere. *Teredo* erträgt Temperaturen bis zum Gefrierpunkt und auch Brackwasserbedingungen bis zu 9‰ (psu), so dass sie zeitweilig auch in die Ostsee bis Rügen vordringen kann. Die Tiere sind Zwitter und produzieren in einem Jahr bis zu 5 Mio. Eier. Die winzigen Larven halten sich nur wenige Wochen im Plankton auf, setzen sich dann auf einem geeigneten Substrat fest und beginnen sofort sich einzubohren. Ihren anfangs noch dünnen Bohrkanal kleiden sie mit Kalk aus. Aus den winzigen Löchern zur Außenwelt ragen nur die beiden Atemschläuche hervor, die das Tier mit sauerstoffreichem Wasser versorgen. Der Befall eines Holzstücks ist daher von außen kaum zu sehen und ist erst dann zu bemerken, wenn es schon zu spät ist.

Zerstörter Buhnenpfahl

Bereits in der Antike waren die von Schiffsbohrmuscheln verursachten Schäden an den hölzernen Schiffsrümpfen bekannt. Die Römer schützten ihre Galeeren im Unterwasserbereich mit Metallblechen (was jedoch nichts nützt). Dieses Wissen ging jedoch offenbar wieder verloren, denn Christoph Kolumbus berichtet in seinen Logbüchern, dass seine Schiffe aus nicht bekannten Gründen urplötzlich auseinanderfielen. Auf seinen vier Reisen verlor er auf diese Weise neun Schiffe. In den Niederlanden hatten Schiffsbohrwürmer die hölzernen Deichtore zerfressen, so dass sie 1731 bei einer schweren Sturmflut brachen. Außerdem wurden Hafenanlagen „zerfressen", so dass der Handel der Holländer mit der Welt stark eingeschränkt war. Das Sprichwort „da ist Holland in Not" wird auf die Zerstörung der Hafenanlagen durch den Schiffsbohrwurm zurückgeführt, nicht auf Sturmfluten.

Seit 1993 hat sich *Teredo navalis* in der westlichen Ostsee bis Rügen außerordentlich stark vermehrt und an hölzernen Küstenschutz- und Hafenbauten erhebliche Schäden in Millionenhöhe verursacht. Vor der Küste von Mecklenburg-Vorpommern wurden Buhnenreihen aus dem Holz einer südafrikanischen Eukalyptus-Art ersetzt, das gegen den Schiffsbohrwurm weitgehend resistent sein soll. Auch werden versuchsweise Buhnen aus recycelter Plaste eingesetzt, um generell von Holz wegzukommen.

An seiner Ostseeküste weist das Land Schleswig-Holstein keinen Nationalpark und keine Biosphärenreservate auf. Auch die bisher eingerichteten Naturparke Hüttener Berge, Westensee, Aukrug und Holsteinische Schweiz weisen keine Küstenanteile auf, sondern dienen der Inwertsetzung der eiszeitlich geprägten Kulturlandschaft mit Knicks, Seen, Auen, Alleen, Restwäldern und Wiesen. Der 2008 gegründete und rund 500 ha große Naturpark Schlei grenzt jedoch bis an das Ostseeufer. Er schließt nördlich und südlich

Landschaft an der Schlei (Schleimünde, Leuchtturm)

der Schlei ein Band von Landschafts- und Naturschutzgebieten ein. Nördlich der Schlei zeugt die Knicklandschaft Angelns mit ihren oft reetgedeckten Dreiseithöfen und den hübschen Dörfern davon, wie sich das Land unter den Bedingungen einer freien Bauernschaft entwickeln konnte. Südlich der Schlei findet sich mit Herrenhäusern und ansehnlichen Landsitzen dagegen eine typische Gutslandschaft.

Erlebnistour 8

Geltinger Birk und Geltinger Noor (2–4 h)

Anfahrt: A7 bis Ausfahrt Tarp, dann Richtung Sterup und Steinbergskirche bis Gelting, hier Richtung Pommerby und hinter dem Ort nach Nieby/Beveroe abbiegen.
GPS Parkplatz Mühle Charlotte: 54°46'08,02" N, 9°54'28,12" O. An den Endpunkten der Zufahrtstraßen, am Geltinger Noor und an der Ostseeküste bei Falshöft, befinden sich Parkplätze. Auf ausgeschilderten 6- bis 15-km-Wanderwegen gelangen Sie an alle Sehenswürdigkeiten.

Ein naturkundlich besonders interessantes Gebiet am Ausgang der Flensburger Förde ist das mit 773 ha größte Naturschutzgebiet in Schleswig-Holstein „Geltinger Birk". Das Gebiet ragt als Halbinsel (hier auch Höft genannt) in die Außenförde und grenzt die zur Förde gehörende Geltinger Bucht von der offenen Ostsee ab. In seiner heutigen Gestalt geht die Birk im Wesentlichen auf Entwicklungen seit dem 17. Jahrhundert zurück. Die Ostsee trug damals von der Steilküste bei Falshöft Lockermaterial ab und deponierte es wieder weiter nördlich. Auf diese Weise wuchsen Nehrungsarme in die Förde, die schließlich die vorgelagerte Insel Beveroe (= Biberinsel) erreichten und ein größeres Flachwassergebiet als Beveroer Noor einschlossen. Mit Noor (dänisch Nor) bezeichnet man in dieser Region eine flache, von der Förde deutlich abgesetzte Bucht.

Der Küstenausgleich setzt sich hier bis heute fort – die Nordspitze der Birk (= Birknack) wächst auch weiterhin in die Förde. Zur Landgewinnung wurde das Beveroer Noor im 19. Jahrhundert durch einen Deich von der Geltinger Bucht getrennt. Holländer-Windmühlen entwässerten früher die zugewonnenen Flächen für die Landwirtschaft. Von den früheren Pumpanlagen besteht nur noch die 1824 erbaute Charlotte-Windmühle. Verblieben ist die Brackwasserbucht des Geltinger Noors, das durch Nehrungshaken von der Förde abgeschnitten wird.

An die abgedeichte Grünlandniederung schließen sich im Norden Strandwälle sowie Kies- und Sandstrände an. Nach Westen erstrecken sich Seegras- und Salzwiesen. Im Grünlandkern liegen Waldstücke, unter anderem ein wegen seiner eigenartigen Baumgestalten „Gespensterwald" genannter Eichenniederwald-Bestand.

Die Birk ist bekannt für ihre arten- und individuenreiche Vogelwelt. Im Laufe eines Jahres kann man hier rund 200 Arten beobachten, darunter auch Seeadler. Zu den ca. 90 Brutvogelarten gehören Knäkente, Mittelsäger, Tüpfelralle sowie Küsten-, Zwerg- und Brandseeschwalbe, aber auch Dorngrasmücke, Feldschwirl und Neuntöter. Für Vogelbeobachter ist das Gebiet aber nicht nur zur Brutzeit, sondern ganzjährig interessant, weil sich hier zahlreiche Rastvögel aufhalten. Das Naturschutzgebiet und die angrenzenden Flächen befinden sich im Besitz der Stiftung Naturschutz Schleswig-Holstein.

A

B

A: und B: Geltinger Birk
C: Koniks in der Geltinger Birk
D: Charlotten-Windmühle

C

D

Der Naturschutzbund Deutschland (NABU) betreut das Gebiet. Ein wichtiger Anlaufpunkt ist die NABU-Infohütte, an der von April bis Oktober regelmäßig Führungen starten (Details unter www.NABU-Geltinger-Birk.de). Ein 12 km langer küstenparalleler Wanderweg erschließt das Gebiet, das wegen seiner gesamteuropäischen Bedeutung zu den Natura-2000-Flächen gehört.

Bemerkenswert ist eine außergewöhnliche Naturschutzmaßnahme: Um die besondere Strukturvielfalt der Feuchtgebiete zu fördern, wurde neben Hochlandrindern eine Herde wild lebender Konik-Pferde ausgesetzt. Mit einem Stockmaß von nur etwa 130 cm sind die Koniks zwar ziemlich klein, aber bemerkenswert robust. Sie sind das ganze Jahr draußen und brauchen weder Stall noch Zufütterung (Information unter www.NABU-sh.de). Um die Tiere als wildlebende Landschaftspfleger zu erhalten, dürfen sie nicht an den Menschen gewöhnt und von den Besuchern auch nicht gefüttert werden.

Auf der Ostseite der Halbinsel befindet sich die Integrierte Station Geltinger Birk, die der NABU, die Gemeinde Nieby und das Landesamt für Landwirtschaft, Umwelt und ländliche Räume gemeinsam betreuen. Hier ist eine informative Ausstellung zur Thematik Geltinger Birk und zu den geplanten Naturschutzvorhaben zu erleben.

Kontakt: NABU Schutzgebietsreferent Michael Fischer, Steinberghaff 16, 24972 Steinberg. Tel. 04632-875916, Naturschutzwärterhütte Tel. 04643-189474, Geltinger.Birk@NABU-SH.de

Am Wegesrand

Halbinsel Holnis (3 h)

Anfahrt: von Flensburg über Glücksburg und weiter nordöstlich über Bockholm. Parkmöglichkeit besteht direkt am Naturschutzgebiet. Die Halbinsel Holnis liegt etwa 8 km nordöstlich am Rande der Flensburger Förde.

Kontakt: NABU Schutzgebietsreferent, Hans Knöll, An der Steilküste 20, 24960 Glücksburg. Tel.: 04631-2973, Naturschutzhütte Holnis Tel.: 04631-441688, Holnis@NABU-SH.de

Vor etwa 1000 Jahren war der nördliche Teil der heutigen Holnis nördlich von Glücksburg noch eine eigenständige Insel in der Flensburger Innenförde. Die ausgeprägte Materialdynamik der Ostsee mit ihren ständigen Sedimentumlagerungen ließ Strandwälle entstehen, die sich nach und nach zu Nehrungen fortentwickelten und die Insel schließlich an das Festland anbanden.

An ihrer Nordspitze ist die ursprüngliche Küstenszenerie der Ostseeförden mit ihrem eindrucksvollen Kliffabbruch und Sedimentverdriftung immer noch zu erleben. Ursprünglich gehörten zum Gebiet auch zahlreiche flache Strandseen, die man aber für die Landwirtschaft mehrheitlich trockenlegte. Im Jahre 2002 erhielt das Kleine Noor durch einen Deichdurchstich wieder eine Direktverbindung zur Förde, wodurch ein kleines Gewässer entstand.

Etwas mehr als 370 ha der Holnis sind seit 1993 Naturschutzgebiet (NSG), das vom Naturschutzbund Deutschland (NABU) betreut wird. Eine NABU-Informationshütte an der Nordseite des Kleinen Noors ist Ausgangspunkt für Führungen. Im Westen des NSG Holnis ragt die Kliffküste etwa 20 m hoch auf und ist gleichzeitig ein geologisches Naturdenkmal. In seinen Wänden brü-

An der Holnis

Rastplatz von Graugänsen an der Holnis

ten Uferschwalben in ihren selbst gegrabenen Höhlen. Möglicherweise verursacht durch Besucherdruck gehen die Bestände bedauerlicherweise zurück.

Im Übrigen finden sich auf der ganzjährig erlebniswerten Holnis Salzwiesen, Röhrichte und Knicks. Vor allem die Salzwiesen und Strände bieten zahlreichen Küstenvögeln Brut- und Rastplatz.

Naturschutz an der Schlei-Mündung (2 h)

Anfahrt: B199, nördlich von Kappeln abbiegen nach Maasholm und dort der Ausschilderung „Naturerlebniszentrum" folgen. Fahren Sie mit dem Auto bis Exhöft und gehen von hier zu Fuß oder mit dem Rad bis zur Vogelfreistätte Oehe-Schleimünde. Weitere Informationen unter www.jordsand.de sowie www.naturerlebniszentrum.de.

Schleswig-Holsteins längste Förde, die 43 km lange Schlei, mündet bei Kappeln in die Ostsee. Sie trennt die beiden Landschaften Angeln und Schwansen. Weil sie als enger Ostseearm keine Strömung aufweist, verdankt sie ihre heutige Gestalt überwiegend den vom Wind mitverursachten Meeresströmungen und deren Materialverlagerungen. Vor allem am Eingangsbereich der Schlei wurde von der weiter südlich gelegenen Kliffküste bei Schönhagen mengenweise Lockermaterial abgetragen und an der Schleimündung abgesetzt. Von beiden Seiten wuchs die Öffnung immer mehr zu und drohte, die Förde gänzlich abzuriegeln. Damit hätte Schleswig seinen Hafen verloren. Folglich wurde schon im Jahre 1796 weiter südlich mit einem künstlichen Durchstich die Öffnung zur Ostsee wieder hergestellt. Die alte Schleimündung verlandete schließlich ganz. Daher erstreckt sich hier eine lange und 112 ha große Nehrung, die den Eindruck erweckt, als sei sie von Norden nach Süden gewachsen. In Wirklichkeit verlief die Entwicklung aber in umgekehrter Richtung. Auf der Spitze der Nehrung steht der Leuchtturm Schleimünde. Die bogig verlaufende östliche Küstenlinie zeigt sich als typische Flachküste mit Strand, Dünen, Strandwällen und Trockenrasen. An ihrer Westflanke finden sich mehrere Nehrungshaken und Buchten mit ausgeprägten Windwatten, die nur bei anhaltendem Westwind trockenfallen.

Die Nehrungshalbinsel ist Naturschutzgebiet (Vogelfreistätte Oehe-Schleimünde) und wird vom Verein Jordsand betreut. Das Gebiet darf nicht betreten werden. Nach einem Besuch im Naturerlebniszentrum Maasholm kann man sich aber auf einen themenreichen Lehrpfad bis zur Infohütte des Vogelwarts begeben und unter seiner kompetenten Führung weitere Teile der Nehrung kennenlernen. Schon von der Hütte aus sind große Teile der Nehrung zu überblicken und – per Fernglas bzw. Spektiv – sicher auch die

Strandwall an der Schleimünde mit Meerkohl

hier noch erfreulich üppigen Bestände von Meerkohl und Stranddistel zu bewundern.

INFO

Das besondere Artporträt

Stranddistel

Das Erscheinungsbild dieser ungemein attraktiven und daher recht auffälligen Pflanze erinnert zweifellos an eine „unfassbare" Distel aus der Verwandtschaft der Korbblütengewächse, aber nach botanischen Kriterien gehört sie tatsächlich und unstrittig zur Familie der Doldenblütengewächse (Apiaceae). Sie ist daher eine enge Verwandte von Dill, Fenchel und Petersilie. Die Stranddistel ist zwei- bis mehrjährig, wird etwa 30–70 cm hoch und verankert sich mit einer bis zu 2 m tief reichenden verdickten Pfahlwurzel im lockeren Sandboden von Weiß- und Graudünen. Die nur wenig verzweigten

Stranddistel

und ziemlich starren Stängel tragen unregelmäßig halbkreisförmige und buchtig-gelappte, lederig-derbe Blätter, die randlich in lange und unverschämt stechende Dornspitzen auslaufen. Nur die Grundblätter sind gestielt; die oberen Blätter sitzen mit ihrer Spreite direkt dem Stängel an.

Ein besonders auffälliges Kennzeichen ist die weiße bis bläuliche Bereifung aller Oberflächen durch eine erstaunlich stabile und kaum abstreifbare Wachsschicht. Im Bereich der kopfigen Blütenstände, die von kleineren Blättern sternförmig umstellt sind, erscheint der Wachsbelag mitunter auch stahlblau. Die Einzelblüten sind meist amethystblau gefärbt. Den dicken Wachsbelag und die derbe Ausstattung ihrer Oberflächen deutet man als eine der Wasserökonomie dienende Verdunstungsbarriere und als Schutz vor Flugsand, der an ihren Standorten wirkt wie ein heftiges Sandstrahlgebläse. Die aparte Ausfärbung, die neben der ungewöhnlichen Gesamterscheinung den hohen dekorativen Wert ausmacht, ist der heute streng geschützten Pflanze an vielen Stellen zum Verhängnis geworden, weil man sie unbedacht und in Mengen für Trockensträuße von ihren Wuchsplätzen entnommen hat. Während sie in Westeuropa noch recht häufig vorkommt, ist sie an der Nord- und Ostsee selten geworden und regional bereits völlig verschwunden. Nach der Roten Liste gilt sie sogar als stark gefährdet. Ihre Seltenheit geht aber fallweise auch auf den Verbiss durch die in den Dünen fast überall vorkommenden Kaninchen zurück, die gerne zumindest die jungen Triebe wegknabbern.

Bewaldete Düne bei Noer (2 h)

Anfahrt: Von der B76 südlich Eckernförde auf die B503 abbiegen und in Noer zum Campingplatz „Grönwohld" orientieren.

Auf der Südflanke der unbedeichten Eckernförder Bucht wechseln flache Strandabschnitte, Strandwälle und niedrige Dünen mit aktiven Kliffs ab, die bei Stohl bis 30 m hoch sind. Die hier angrenzende und bis zur Kieler Förde reichende Landschaft ist der Dänische Wohld. Die politische Großgemeinde trägt dagegen den bezeichnenden Namen Schwedeneck.

Nahe bei der Ortschaft Noer und zugebenermaßen recht unglücklich eingezwängt zwischen zwei hässliche Campingplätze (so funktioniert eben mitunter der Naturschutz in Deutschland…) findet sich eine für Schleswig-Holstein bemerkenswerte Düne, die alle Entwicklungsstadien von der niedrigen Vordüne am Strand bis zum artenreichen Dünen(laub)wald mit knorrigen und von der Windschur geprägten Baumgestalten mit den für diesen Teil der Ostsee typischen Baumarten Stiel-Eiche und Rot-Buche zeigt. Dieses auch landschaftlich schöne Dünenareal darf aus nachvollziehbaren Gründen nicht betreten werden. Man kann es aber auf einem eigens angelegten Weg umwandern, dabei überall Einblick nehmen und dennoch mit einer längeren Artenliste zum Ausgangspunkt bei Noer zurückkehren.

Für eine ausgedehnte Wanderung an der Fördenküste eignet sich auch die Spitze des Dänischen Wohld, das so genannte Schwedeneck. Zwischen Krusendorf und dem Bülker Leuchtturm erstreckt sich eine Abbruchküste mit einem hohen Sandkliff, das teilweise sogar mit alten Laubwäldern bestanden ist. Die nahe am Strand im Flachwasser lagernden Steine sind häufig von Braunalgen besiedelt, die zahlreichen Krebs- und Fischarten einen Lebensraum bieten. Bei einem frühmorgendlichen Spaziergang kann man hier im April/Mai sogar beobachten, wie die Gänsesäger-Weibchen ihre Küken ausführen.

Sehlendorfer Binnensee (3 h)

Anfahrt: B202 zwischen Kiel und Oldenburg, in Kalköhl abbiegen nach Hohwacht oder Sehlendorf.

Westlich der Kieler Förde ändert sich der Charakter der Ostseeküste: Die Fördenküste geht hier allmählich in einen Küstenstreifen mit kleineren Buchten über. In der Hohwachter Bucht, auf der Höhe von Lüthjenburg, finden sich mit dem Großen Binnensee und dem Naturschutzgebiet Sehlendorfer Binnensee zwei der wenigen Beispiele von Strandseen, die noch eine direkte Verbindung zur Ostsee aufweisen und insofern ein besonderes landschaftliches Phänomen darstellen. Beide Seen waren ursprünglich offene Ostseebuchten.

Blick auf den Sehlendorfer Binnensee

Immer eine elegante Erscheinung: Säbelschnäbler

Von den benachbarten Steilufern wurden Lockermaterialien abgetragen, so dass der sich entwickelnde Nehrungshaken die Bucht schließlich fast vollständig abriegelte. Der im Durchschnitt nur 70 cm tiefe und etwa 76 ha große Sehlendorfer Binnensee steht nur noch über einen schmalen Abfluss, dem Broeck, im Direktkontakt mit der offenen Ostsee. Bei starkem Ostwind strömt Ostseewasser durch diese Rinne in den See und flutet eventuell auch die angrenzenden Wiesen. Da von der Landseite ein kleiner Bach, die Mühlenau, in den See mündet, wird das Wasser im jahreszeitlichen Ablauf auch wieder ausgesüßt. So entsteht ein bemerkenswertes mixohalines Gewässer mit ständig wechselndem Salzgehalt, ablesbar auch an der Ausdehnung der Salzwiesen mit Bottenbinse, Strand-Dreizack, Strand-Wegerich und Milchkraut sowie den imposanten Brackwasserröhrichten mit Strandsimse und Salz-Teichsimse. Hervorhebenswert ist ein recht großes Vorkommen des salztoleranten Echten Eibischs, einer in Schleswig-Holstein extrem seltenen Art, deren Bestände sich aber in der jüngeren Vergangenheit stark ausgebreitet haben. Die schmucke Pflanze wächst unmittelbar neben der Beobachtungsplattform am Broeck.

Das vom Naturschutzbund Deutschland (NABU) betreute Naturschutzgebiet ist von einem Wanderweg aus zu erleben. Er startet am Parkplatz Sehlendorfer Strand, führt an der Platenbucht entlang, quert den Broeck auf einem Holzsteg und führt bis zum Badeort Hohwacht. Die zur Ostsee abriegelnden Strandwälle sind nicht zugänglich, aber von einer Aussichtsplattform gut einzusehen. Während einer solchen Wanderung sind natürlich zu allen Jahreszeiten auch interessante Vogelbeobachtungen möglich. Sogar Kraniche fallen hier auf dem Weg zu oder von ihren Überwinterungsgebieten ein. Nicht selten zeigt sich auch der Seeadler, woraufhin die Enten und Gänse mit Panik reagieren.

Der weiter nordwestlich gelegene Große Binnensee ist nicht zugänglich. Er bietet im Wesentlichen die gleichen Natureindrücke, die man auch am Sehlendorfer Binnensee erleben kann. Das Gleiche gilt für das nördlich davon bei Behrensdorf gelegene Naturschutzgebiet Kleiner Binnensee mit angrenzenden Salzwiesen.

Brodtener Ufer (3 h)

Anfahrt: Für die Erkundung dieses interessanten Küstenabschnitts fährt man am besten frühmorgens (!) den Strandparkplatz am Nordende von Travemünde an und geht dort zum Strand herunter. Wenn es der Wasserstand der Ostsee zulässt, kann man entlang der Wasserlinie Richtung Niendorf wandern, bis man über eine Holztreppe zur Kliffkante steigt. Von dort geht es über den Klippenrandweg zum Ausgangspunkt zurück.

Zwischen Travemünde und Niendorf im innersten Winkel der Lübecker Bucht befindet sich mit dem 4 km langen und bis zu 20 m hoch aufragenden Brodtener Ufer eine der längsten und eindrucksvollsten aktiven Kliffküsten Schleswig-Holsteins. Im Prinzip handelt es dabei um einen Geschiebesporn, also eine eiszeitlich entstandene Landzunge, zwischen der Lübecker Bucht und der früheren Trave-Förde, die seit dem Einsetzen der Littorina-Transgression vor etwa 7000 Jahren von der Ostsee angeschnitten wird und während dieser

Am Brodtener Ufer

Uferschwalben-Nisthöhlen

Junge Uferschwalben an der Nisthöhle

Zeit um etwa 6 km verkürzt wurde. Bis heute ist das Brodtener Ufer ein aktives Kliff: Bei Sturmfluten nagt die Ostsee an der Basis der steil aufragenden Wand, und ihre Wellen unterhöhlen die Hangendschichten aus Sand und Geröll. Die oberen Schichtlagen geraten dabei – und ebenso nach längeren Starkniederschlägen – ins Rutschen und landen an der Strandlinie. Jährlich weicht das Brodtener Ufer um bis zu 1 m zurück und verliert dabei etwa 17 000 m^3 Lockermaterial, das in Teilen am Priwall an der Travemündung oder an der mecklenburgischen Küste wieder angelandet wird. Die gröberen, durch Wasser nicht transportfähigen Steine bleiben als unsortiertes Blockwerk vor dem

Ufer liegen. Der ständige Abbruch legt auch zahlreiche Fossilien frei, weshalb das Gebiet bei Sammlern schon seit langem sehr beliebt ist. Schöne Fundstücke kann man beispielsweise im Museum für Natur und Umwelt in Lübeck (s. S. 130) bewundern.

In den anstehenden Sedimenten am Brodtener Ufer hat sich eine Uferschwalben-Kolonien angesiedelt. Mehr als 2000 Brutpaare dieser selten gewordenen Vogelart graben ihre bis 70 cm langen Brutröhren in die Steilwand. Die Vögel ernähren sich überwiegend von Insekten, aber auch von Strand"flöhen" (Kleinkrebse aus der Verwandtschaft der Flohkrebse), die sie im Tiefflug auf dem Strand erbeuten. Diese Uferschwalben-Kolonie ist eine der größten Europas. Weite Teile des Brodtener Ufers sind daher ein Schutzgebiet nach der Europäischen Vogelschutz-Richtlinie.

Tipps – nicht nur für schlechtes Wetter

Naturwissenschaftliches Museum Flensburg

Wenn man schon im Umfeld der nördlichsten deutschen Förde unterwegs ist, empfiehlt sich unbedingt ein Besuch dieser Institution in der Flensburger Innenstadt. Die umfangreichen naturkundlichen Schausammlungen befinden sich im Erdgeschoss des Heinrich-Sauermann-Hauses. Die Pflanzen- und Tierwelt sowie die Erdgeschichte des nördlichen Schleswig-Holsteins und der benachbarten Ostseeregionen (vor allem des dänischen Südjütlands) werden hier in einer ansprechenden, spannenden und modernen Ausstellung präsentiert. Die im 19. Jahrhundert angelegten, qualitativ und quantitativ bedeutenden Sammlungen des Hauses sind ein einzigartiges Sachzeugenarchiv von herausragender Bedeutung.
Geöffnet: Di – So 10 – 17 h

Das Eiszeit-Haus ist eine eigene Museumsabteilung und zeigt beachtliche Sammlungen zur Geschiebeforschung und Paläontologie. Es befindet sich vom Museumsberg 5 Gehminuten entfernt im ehemaligen Wirtschaftsgebäude des denkmalgeschützten Christiansenparks (Mühlenstraße 7). Um das Gebäude ist ein Findlingsgarten angelegt. Hier ist u. a. ein 11 t schwerer und 1,7 Mrd. Jahre alter Småland-Granit aus Mittelschweden aufgestellt, der einen rund 600 km weiten Weg im oder auf dem Inlandeis hinter sich hat. Man fand ihn 2007 bei Straßenbauarbeiten im nördlichen Flensburg.
Geöffnet Mi und So 10.30 – 17 h

INFO

Findlinge

Während man das in Mengen herumliegende Kleinmaterial und von den skandinavischen Gletschern transportierte Material als Geschiebe bezeichnet, nennt man die größeren, einzeln herumliegenden Steine ab etwa 1 m^3 Rauminhalt Findlinge oder erratische Blöcke. Deren Herkunft war lange Zeit gänzlich rätselhaft. Vor dem 18. Jahrhundert nahm man einfach ganz naiv an, die großen Blöcke, die so gar nicht in die sonstige – wenn überhaupt vorhandene – Gesteinswelt der Gegend passen, seien von Teufel- oder zumindest von Riesenhand an ihren heutigen Liegeplatz geschleudert worden. Erst in der Mitte des 19. Jahrhunderts wurde allmählich klar, dass diese beeindruckenden Blöcke ein Erbe der Eiszeit sind. Ihre Verfrachtung in ein völlig anderes Gebiet verdanken sie tatsächlich dem jahrtausendelangen Gletscherschub bzw. der passiven Mitführung auf den Gletscherrücken. Diese zweifellos zutreffende moderne Erklärung löst auch das Rätsel, weshalb die Findlinge immer aus skandinavischen Gesteinen (meist Granit oder Gneis) bestehen. Den zeitweilig auch diskutierten Transport der Findlinge durch reißende Flüsse hat man schon relativ lange aufgegeben, weil die Transportkraft des fließenden Wassers angesichts der Massenverhältnisse selbst der kleineren Findlinge als Erklärungsansatz einfach nicht ausreicht. Unterdessen sind mehr als 50 ganz genau definierte Herkunftsgebiete für Findlinge oder gröbere Geschiebekomponenten bekannt.

In der an anstehendem Festgestein bemerkenswert armen norddeutschen Niederungslandschaft hat man die in der freien Flur herumliegen-

Findlinge aus der Flensburger Sammlung: Der 11 t schwere Findling aus Vaxjö-Granit stammt aus Südostschweden. Über rund 500 km hat ihn ein Gletscher vor etwa 20000 Jahren im Flensburger Boden abgelegt.

den Findlinge nach Zerkleinerung vor Ort schon relativ früh als willkommenes Baumaterial verwendet. Dabei dürfte auch so manche bedeutende Megalithanlage (siehe S. 91) (un)wissentlich zerstört worden sein. Heute sind größere Findlinge in situ automatisch als Naturdenkmäler geschützt.

Der größte Findling Schleswig-Holsteins, bezeichnenderweise Düvelstein („Teufelstein") genannt, befindet sich direkt neben der K92 von Großkönigsförde nach Revensdorf in der Gemeinde Lindau am Originalfundort. Er wiegt etwa 200 t und ist damit ungefähr so schwer wie zwei Blauwale.

Die größten Findlinge Deutschlands finden sich rund um Rügen: Etwa 300 m vor der Küste bei Göhren liegt der Buskam. Mit 600 m^3 Volumen und etwa 1600 t Masse ist er der größte Findling Norddeutschlands. Der berühmte Siebenschneiderstein am Gellort auf Rügen weist immerhin eine Masse von 165 t auf. Der Uskam oder Klein Helgoland genannte erratische Block befindet sich an der nördlichen Strandpromenade von Sassnitz auf Rügen. Der Stein wiegt etwa 110 t. Ein beeindruckender Findling von etlichen Tonnen Masse ist übrigens in der Ausstellung des Nationalparkhauses auf der Stubnitz/Rügen an starken Stahlseilen aufgehängt. Man kann sich unter ihn legen, während andere ihn an seiner Aufhängung schwingen lassen. In der Nähe von Kap Arkona befindet sich der nördlichste Punkt von Mecklenburg-Vorpommern, an dem der Siebenschneiderstein liegt, der viertgrößte Findling von Rügen.

Mutprobe: Liegeplatz unter dem hängenden Ausstellungsfindling

Der etwa 1120 t schwere Findling musste 12 km vom Fundort bei Elmenhorst bis Heiligendamm transportiert werden.

Dem Herzog Friedrich-Franz von Mecklenburg-Schwerin wurde von seinem Medicus geraten, die heilende Wirkung salzhaltiger Seeluft auf sich einwirken zu lassen und sich ein Badehaus in Heiligendamm bauen zu lassen. Das ließ er dann auch ausführen. Sein Enkel Friedrich Franz II. hielt diese Tat für eine große und ließ dem Gründer und Großvater ein Denkmal setzen. Immerhin war hier Deutschlands erstes Seebad entstanden. Der Größe der Tat entsprechend musste ein sehr großer Stein gefunden werden. Sein Hofbaurat Demmler entschied sich für einen Block mit den Maßen 4,8 × 4,8 × 3 Metern. Der lag 12 km entfernt bei Elmenhorst in der Nähe von Warnemünde und hatte ein Gewicht von ungefähr 1120 Tonnen. Demmler bezeichnete den Transport als eines der „überaus sorgenvollsten, schwierigsten Geschäfte", die ihm jemals übertragen wurden. Es lief wie folgt: In den Stein wurden 24 Löcher in drei Reihen gebohrt, in die Stangen gesteckt wurden. An einer Holzkonstruktion wurde der Block an diesen Stangen aufgehängt und dann unten frei gelegt. Unter den Stein konnte nun ein gewaltiger Schlitten geschoben werden, deren Basis aus 2 Holzbohlen bestand. Die Bohlen hatten an der Unterseite halbkreisförmige Rinnen, die mit Metall ausgekleidet waren. In diesen Rinnen liefen auf jeder Seite 14 Metallkugeln mit einem Durchmesser von 13 cm. Darüber befand sich der Schlitten, dessen Basisschienen ebenfalls mit Kugeln ausgelegt waren und darauf ruhte der Block. 230 Pferde zogen dieses Gefährt über eine Schlittenlänge. Die hinten frei werdenden Schienen wurden nach vorne gelegt, und so schleppte man vom 13. Juli bis 19. Oktober 1843 den

Stein an seinen gewünschten Platz in Heilgendamm. Die Konstruktion des Transportgerätes ist in den „Streifzügen durch die Geologie des Landes Mecklenburg-Vorpommern“ des Geologen Werner Schulz abgebildet.

Archäologisches Landesmuseum Schloss Gottorf

Natur- und Kulturgeschichte hängen aus mancherlei Gründen eng zusammen. Schon allein vor diesem Hintergrund sollte man eine Erkundung der Schlei mit einem Besuch der Stadt Schleswig und dem dortigen Landesmuseum im eindrucksvollen Schloss Gottorf verknüpfen.
Die archäologischen Sammlungen dieses Hauses gehören mit ihren über 3 Mio. Fundstücken zu den bedeutendsten weltweit. Sie führen eindrucksvoll durch die gesamte Kulturgeschichte Nordeuropas von der Altsteinzeit über die ersten bäuerlichen Kulturen der Jungsteinzeit und die Entwicklungen in den Metallzeiten bis ins hohe Mittelalter. Eine besondere Abteilung widmet sich der Thematik Moorarchäologie und zeigt einige beeindruckende Moorleichenfunde.
Geöffnet Apr – Okt Mo – Fr 10 – 17 h, Sa+So 10 – 18 h;
www.schloss-gottorf.de/archaeologisches-landesmuseum

Schleswig-Holsteinisches Eiszeitmuseum in Lütjenburg

Ein kleines, aber besonders erlebniswertes naturhistorisches Museum, nur wenige Kilometer vom Ostseestrand der Hohwachter Bucht entfernt zwischen Lütjenburg und Schönberg an der L165 gelegen, erläutert die spannenden landschaftsgenetischen Vorgänge, die zur heutigen Oberflächengestalt von Schleswig-Holstein mit seiner hügeligen Ostküste, der sandigen Mitte und der niedrigen Küstenstreifen entlang der Nordsee führten. Zum Sammlungsbestand gehören schöne Schaustücke von Fossilien, Mineralien und Gesteinen aus den eiszeitlichen Geschieben. Ferner umfasst das Informationsangebot auch Themen aus der eiszeitlichen Pflanzen- und Tierwelt sowie zum Leben der Menschen in jener Zeit. Besonderen Wert legt man auf eine erlebnispädagogisch geschickte Vermittlung der Inhalte.
Geöffnet: Okt – Apr Di – So 11 – 17 h, Mai – Sep Mo – So 10 – 18 h;
http://www.eiszeitmuseum.de/

Haus der Natur in Cismar

Kunst- und Kulturhistorikern ist der kleine Ort Cismar vor allem als Standort des 1245 von Lübeck hierher verlagerten Benediktinerklosters mit seiner bis

Haus der Natur in Cismar

Islandmuschel in Cismar

Baltische Plattmuschel und Pelikanfuß

heute erhaltenen Klosterkirche bekannt. Das Kloster selbst wurde im Zuge der Reformation säkularisiert.

Für naturkundlich interessierte Besucher ist eher das 1979 eröffnete Privatmuseum „Haus der Natur" ein empfehlenswerter Anlaufpunkt. Auf mehr als 500 m^2 Ausstellungsfläche präsentiert das Haus außer den üblichen einheimischen und exotischen Ausstellungsstücken eines Naturmuseums (Mineralien, Versteinerungen, präparierten Vögeln und Säugetieren, Insekten, Krebstieren, Korallen) vor allem das Spezialgebiet Schnecken und Muscheln (Mollusken). Die Sammlung ist ungewöhnlich reich an besonderen Stücken und mit mehr als 5000 präsentierten Exemplaren Deutschlands größte Ausstellung dieses Themengebietes. Sie bietet einen übersichtlichen Einblick in die fast unermessliche Vielfalt des zweitgrößten Stammes des Tierreichs mit

Schalen von Sandkorngröße bis zu 1 m Länge in allen Farben und Formen. Viele der hier gezeigten Schnecken und Muscheln sind echte Raritäten und zum Teil einzigartig in Europa. Außer der Schausammlung gibt es eine Forschungskollektion mit mehr als 3 Mio. Stücken.
Geöffnet Mo – So 10 – 19 h; www.hausdernatur.de/
Anfahrt: B 501 bis zum Ortskern von 23743 Cismar, Bäderstraße 26

Sea Life Zentrum Timmendorfer Strand

Zwar ermöglicht diese Institution einen dem normalen Ostsee-Besucher so nicht möglichen Blick in die interessante marine Unterwasserwelt, aber wir empfehlen den Besuch solcher Schau- und Show-Aquarien wegen ihres nur durch permanente Entnahme aus der Natur verursachten ständigen Tierverbrauchs aus naturschützerischen Gründen ausdrücklich nicht.

Museum für Natur und Umwelt in Lübeck

Auf drei Etagen bietet dieses Haus faszinierende Einblicke in die Naturgeschichte Schleswig-Holsteins und speziell in die Lebensräume des Lübecker Raumes mit ihrer artenreichen Flora und Fauna. So präsentiert die Naturer-

Fossiler Wal im Lübecker Museum für Natur und Umwelt

lebnis-Ausstellung „Im Reich des Wassermanns" die beiden Flüsse Trave und Wakenitz sowie die nahe Ostsee. Die Natur zu verstehen und mit Freude zu vermitteln, war schon das besondere Anliegen des Lübecker Arztes Johann Julius Walbaum, dessen Nachlass 1799 den Grundstock für dieses Naturkundemuseum lieferte. Auch heute stehen die kompetente Vermittlung von naturkundlichem Wissen und die Anregung zu vielfältigem Naturerleben in den Aktivitäten dieses Hauses klar im Vordergrund. Zu den spektakulärsten Exponaten gehören die europaweit einzigartigen fossilen Skelette von verschiedenen Walen und einem Hai aus der Kiesgrube von Groß Pampau im Herzogtum Lauenburg – Zeugnisse von Meerestieren, die vor rund 11 Mio. Jahren im damaligen Miozän-Meer schwammen. Eindrucksvoll ist aber auch ein Riesenhirsch aus der Eiszeit, dessen versteinerte Überreste in einem Lübecker Stadtteil gefunden wurden. In einem gläsernen Anbau ist das 14 m lange Skelett eines Pottwals ausgestellt, der an der dänischen Insel Rømø strandete.

Museum für Natur und Umwelt, Musterbahn 8, Lübeck, geöffnet Jan–Dez Di–Fr 9–17 h, Sa + So 10–17 h; www.museum-fuer-natur-und-umwelt.de

Fehmarn – die einzig(artig)e Ostsee-Insel Schleswig-Holsteins

Besondere Erlebnisinhalte: niedrige Kliff- und Blockstrandküste; einzigartige Wasservogelreservate vor allem an der West- und Nordküste, junge und dynamische Nehrungsbildungen, Sprungbrett nach Skandinavien

Die Landkarte verrät es sofort: Auch die an das schleswig-holsteinische Fördenland anschließende und in unmittelbarer Nachbarschaft der dänischen Inselwelt liegende Küste der südlichen Ostsee ist buchtenreich gegliedert. An die Kieler Bucht, welche sozusagen den Schlussstrich unter die jütländische Ostküste zieht, schließt sich ostwärts die weit geschwungene Mecklenburger Bucht an, die man in etwa mit den Fixpunkten Fehmarn – Lübeck und Rostock markieren kann. Der innere (südwestliche) Teilbereich dieser Bucht ist die Lübecker Bucht. Fast könnte man sie als eine besonders breit geratene, nach Osten geöffnete Förde auffassen.

Die nach dem slawischen Volksstamm der Wagrier benannte Halbinsel Wagrien mit der von Gletschern geformten und landschaftlich außerordentlich reizvollen Seenplatte der Holsteinischen Schweiz zwischen Preetz und Eutin setzt sich nach Nordosten in die direkt vor dem schleswig-holsteinischen Festland liegende Insel Fehmarn fort. Diese heute nur in ihrem südöstlichen Teil etwas stärker zerklüftete Insel misst insgesamt etwa 185 km^2 Flächeninhalt bei nur 78 km Küstenlänge. Sie ist damit zwar deutlich größer als die in der benachbarten Wismar-Bucht gelegene Insel Poel (37 km^2), aber wesentlich kleiner als das rund 926 km^2 messende und somit fünf Mal größere Rügen. Mit der östlich von Rügen in der Pommerschen Bucht liegenden Insel Usedom (445 km^2), die in Teilen schon zu Polen gehört, endet die bemerkenswert weniggliedrige Inselkette in der südlichen Ostsee. Die nächsten nennenswerten Ostseeinseln – Saaremaa und Hiiumaa – liegen rund 900 km weiter östlich in der Rigaer Bucht im Baltikum.

Die Halbinsel Wagrien und die weitgehend waldlose und an der höchsten Stelle nur etwa 26 m ü. NN messende Insel Fehmarn trennt der heute ca. 1 km breite und damit eher schmale Fehmarnsund, der seit 1963 von der 1300 m langen Fehmarnsundbrücke überspannt wird. Ihr Mittelteil, ein breites, hohes und elegant geschwungenes Joch für den Schiffsverkehr (26 m Durchfahrthöhe), heißt im Volksmund bezeichnenderweise und etwas respektlos „Kleiderbügel". Der über die Brücke geführte Straßen- und Schienenverkehr ist Bestandteil der trefflich so bezeichneten „Vogelfluglinie" und die kürzeste Verbindung von Deutschland nach Skandinavien. Von Puttgarden auf Fehmarn

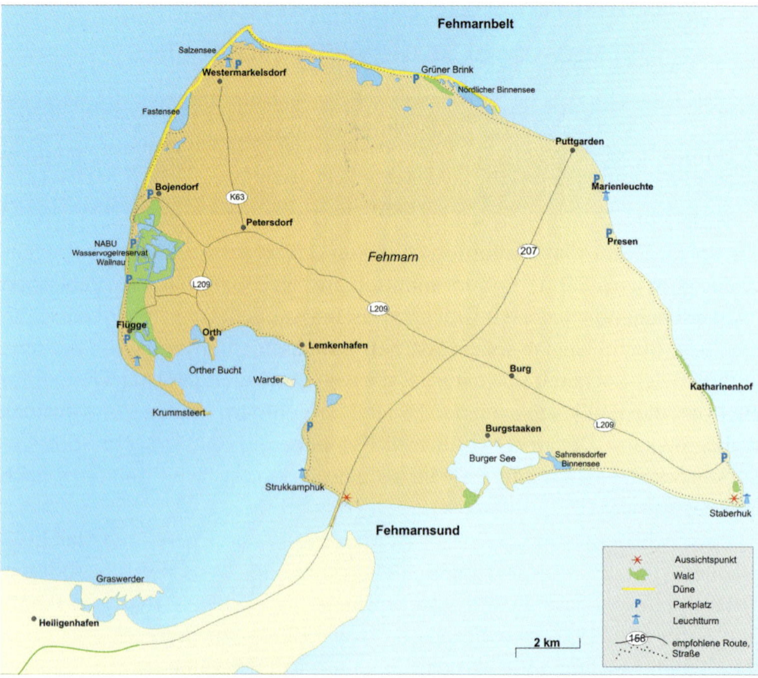

bis Rødbyhavn auf dem dänischen Lolland sind es über den Fehmarnbelt (dänisch: Femer Bælt) nur 18 km. Fähren verkehren hier in kurzen Abständen. Ehrgeizige Pläne projektieren jedoch eine Tunnelverbindung zwischen Fehmarn und Lolland. Von dort sind fast alle übrigen größeren dänischen Inseln und sogar der restliche skandinavische Festlandsblock über Straßenbrücken bequem erreichbar.

Wegen der verkehrstechnisch hervorragenden An- und Einbindung zwischen Mitteleuropa und Skandinavien ist Fehmarn in der Wahrnehmung der meisten Reisenden bedauerlicherweise immer noch eher eine flüchtige Durchgangsstation, auf der sich rechts und links der auch noch als rasch passierbare Schnellstraße ausgebauten B207 außer Raps und Rüben nicht viel Bemerkenswertes darbietet. Dieser Eindruck täuscht gewaltig: Die Insel Fehmarn präsentiert ihren spezifischen Charme natürlich nicht bei einem gelegentlichen seitlichen Blick aus dem Autofenster – das intensivere Erleben vor Ort ist selbstverständlich auch in diesem Fall durch nichts zu ersetzen. Allerdings bietet die Insel keine allzu spektakulären landschaftlichen Szenerien, aber ein Glücksfall sind ihre langen und unbebauten Strände. Nur am Burger Binnensee hat man Anfang der 1970er Jahre auf einer durch Aufspülung verbreiterten Nehrung gänzlich unsensibel eine etwas zu üppig geratene Ferienanlage platziert, die mit ihren drei 17-geschossigen Bettensilos das Landschaftsbild womöglich auf unbestimmte Zeit beeinträchtigt. Auf Fehmarn leistete man sich damit den gleichen Missgriff wie in den meisten Küstenorten nördlich von Lübeck – einfach zum Weggucken scheußlich. Da schaut man sich doch wesentlich lieber die Fachwerkensembles im Zentrum von Burg an, die sicher zu den sehenswertesten in Norddeutschland gehören.

Botanisch bietet das weitgehend waldfreie und nur ein paar gelegentliche Knicks durchgliederte Fehmarn auch an seinen Kliff- und Sandküstenabschnitten nur relativ wenig Aufregendes, aber für Vogelfreunde ist die Insel – insbesondere zu den Zugzeiten – geradezu ein Paradies und auf jeden Fall eine Topadresse. Die „Vogelfluglinie" nimmt vom März bis Mai und von August bis Oktober höchst konkrete und bemerkenswert erlebnisreiche Züge an: Über 100 Mio. Vögel ziehen jährlich auf dem küstenparallel verlaufenden „Baltic Flyway" oder über die dänische Inselwelt aus Schweden kommend über Fehmarn in ihre Überwinterungsgebiete oder zurück in die Brutregionen des Nordens.

INFO

Das besondere Artporträt

Runzelblättrige Rose oder Kartoffel-Rose

Die wegen ihrer unverkennbaren, den Kartoffelpflanzen ähnlichen Belaubung auch Kartoffel-Rose oder wegen ihres bevorzugten Standortes in den Braundünen unzutreffend auch Dünen-Rose genannte Art trägt den wissenschaftlichen Namen *Rosa rugosa*, der die runzlige Oberfläche der Blattfiedern aufgreift. Alle Stängel und Zweige sind ungewöhnlich dicht und sehr spitz bestachelt. Die bis 8 cm breiten Blüten sind meist dunkelrosa. Allerdings kommen auch (verwilderte) weißblütige Kulturformen vor. Die Hagebutten werden bis 2 cm breit und sind reif glänzend ziegelrot. Ihr Fruchtfleisch, das aus dem Achsenbecher der Blüte hervorgeht, ist orangerot, schmeckt sehr angenehm und ergibt eine köstliche Konfitüre. Angesichts ihrer Häufigkeit an allen Küsten könnte man die Runzelblättrige Rose leicht für eine heimische Art halten. Tatsächlich stammt sie aber aus Ostasien, wurde erstmalig im Jahre 1792 in Mitteleuropa als Zierpflanze verwendet, ist aber heute an vielen Stellen fest eingebürgert und mithin ein echter Neophyt. Wegen ihrer Anspruchslosigkeit eignet sie sich in besonderem Maße für nährstoffarme und leicht salzbelastete Küstenstandorte. Weil die bis über 2 m hohen, sommergrünen Sträucher auch mit unterirdischen Ausläufern wachsen, bilden sie an ihren Wuchsplätzen innerhalb weniger Jahre dichte, undurchdringliche Gebüsche.

Runzel-Rose mit üppigen Blüten

... und besonders großen Hagebutten

Aus naturschützerischer Sicht wird die Art zwiespältig beurteilt. Einerseits bieten die großen, mit zahlreichen Staubblättern ausgestatteten Blüten Bienen, Hummeln und Käfern eine reichliche Versorgung mit nahrhaften Pollenkörnern. Die ab August reifen Hagebutten sind bei Grünfinken eine beliebte Nahrung. Die dichten Bestände bieten zudem optimal geeignete und sichtgeschützte Nistplätze. Andererseits verhält sich die Runzel-Rose an vielen Stellen invasiv und konkurriert an ihren Braundünenstandorten die dort eigentlich typische und nur wenige Handbreiten hoch werdende echte Dünen-Rose (*Rosa pimpinellifolia*) – übrigens mit schwarzen Hagebutten! – weitgehend aus. Die Konsequenz für biotoppflegerische Konzepte muss also differenziert ausfallen: Aus Braundünen muss sie rigoros entfernt werden, aber an siedlungsnahen Ruderalstandorten sollte sie sich als bemerkenswert dekorative und nützliche Zutat kontrolliert entwickeln dürfen.

Anreise: Fehmarn ist über die BAB 1 via Hamburg und Lübeck äußerst bequem zu erreichen. Die Insel selbst erschließt sich über das spinnnetzartig angelegte Straßennetz, das beim Hauptort Burg zusammenläuft. Von Burg ist kein Inselpunkt mehr als 15 km entfernt. Das lässt Inselerkundungs-Aktivitäten gerade auch per Rad angesichts des kaum nennenswerten Reliefs außerordentlich attraktiv erscheinen.

Erlebnistour 9

Wasservogelreservat Wallnau (4 h)

Anreise: Verlassen Sie die B207 (E47) von S kommend links Richtung Landkirchen, fahren Sie bis Petersdorf und folgen Sie von dort der Ausschilderung.

Im Westen von Fehmarn hat man um 1900 eine Bucht abgedeicht und auf der hinzugewonnen Fläche ein Teichgut mit Fischzucht begonnen, das bis 1963 in Betrieb war. Als immer mehr deutlich wurde, dass sich diese künstlich geschaffenen Gewässer für die ziehenden Vogelarten zum wichtigen Rastplatz entwickelten, wurde das Gebiet unter Naturschutz gestellt. Der Naturschutzbund Deutschland (NABU) erwarb das ehemalige, knapp 300 ha große Teichgut und betreut es seit 1975. Um die Lebensraumqualität für die Tiere zu steigern, erhielten die früheren Teiche neue Uferlinien mit Buchten und Halbinseln. Über ein ausgeklügeltes Kanalsystem lässt sich der Wasserstand regulieren und so im Jahreslauf den Biotopansprüchen der Rast- und Brutvögel anpassen. Offene Wasserflächen, Schilfzonen, Wiesen und Gebüschinseln bieten somit ein abwechslungsreiches und gerne angenommenes Lebensraumgefüge. Wallnau erreicht man am besten mit dem Pkw von Burg über Landkirch – Petersdorf – Bojendorf. Parkmöglichkeiten bestehen vor dem Eingangsbereich am alten Gutshaus.

Im Gutshaus unterhält der NABU ein hervorragend organisiertes Informationszentrum mit Ausstellungen, Shop und Kaffeebar (siehe auch www.NABU-Wallnau.de). Von hier führen gut getarnte Wege zu verschiedenen Beobachtungshütten, so dass die anwesenden Tiere durch den Besucherbetrieb nicht gestört werden. Rund 10 ha sind für die Besucher ganzjährig zugänglich. Ein Beobachtungsturm erlaubt einen umwerfenden Blick auf das vorbildlich naturschutzgerecht hergerichtete Gebiet. NABU-Mitarbeiter bieten auf Anfrage auch Führungen an.

A: Beobachtungsturm im NSG Wallnau
B: Meerkohl auf dem Standwall am Weg zum Vogelreservat (Aufnahme Juni 2006)
C: Wallnau ist ein einzigartiges Artenparadies.
D: Auch Rotschenkel sind hier ganz aus der Nähe zu erleben.

Nehmen Sie unbedingt ein gutes Fernglas oder besser noch ein Spektiv sowie im Bedarfsfall ein Vogelbestimmungsbuch mit (Ferngläser sind gegen ein geringes Entgelt auszuleihen). Die Liste der in Wallnau im Jahreslauf zu beobachtenden Arten ist lang und umfasst derzeit rund 250 Namen, darunter auch ausgesprochene Seltenheiten wie Schwarzstorch, Odinshühnchen, Lach- und Raubseeschwalbe sowie Löffler. Etwa 80 Vogelarten brüten im Gebiet, beispielsweise Rohrdommel, Rothalstaucher, Mittelsäger, Säbelschnäbler und Zwergseeschwalbe.

Am Wegesrand

Sulsdorfer Wiek, Krummsteert und Grüner Brink (3 h)

Südlich vom Wasservogelreservat Wallnau bieten sich für Vogelfreunde noch zwei attraktive Beobachtungsstellen an: Direkt westlich von Orth und bequem einsehbar vom Weg über den Deich liegt die Sulsdorfer Wiek, ein flaches, schilfumsäumtes Gewässer an der Südwestecke von Fehmarn, das ebenfalls durch Bedeichung einer früheren Meeresbucht entstanden ist. Nur knapp 2 km weiter westlich steht man am Rande des Flügger Watts. Im Winter sind hier mitunter Tausende von Meeresenten zu beobachten, unter anderem auch Eisenten. Der Krummsteert, der das Watt nach Westen begrenzt und auf dem sich das Flügger Leuchtfeuer befindet, ist eine von der Ostsee ständig umgebaute Nehrung mit Strandwällen, Kiesstränden und flachen Dünenzügen. Das Gebiet selbst darf man nicht betreten, aber es ist mit Fernglas und Spektiv vom umrundenden Weg aus gut einzusehen. Zur Vogelzugzeit rasten in den Gebüschen vor allem viele interessante Kleinvogelarten.

Weitere empfehlenswerte Vogelbeobachtungsplätze sind der Nördliche Binnensee (vor allem mit der Nordwestspitze Fehmarns, der Markelsdorfer Huk) und der Grüne Brink westlich von Puttgarden an der Nordküste, Fehmarns ältestes Naturschutzgebiet, das allerdings deutlich unter starkem Besucherdruck leidet. Das Gebiet besteht aus einer Serie brackiger Strandseen mit Salzsümpfen sowie Sand- und Kieshaken. Vor seinem östlichen Ende liegen einige Windwattflächen. Das alles kann man vom Deichweg aus überblicken.

Graswarder (1 h)

Schon bei der Zufahrt nach Fehmarn, spätestens aber bei der Rückkehr, lohnt sich ein eventuell auch etwas eingehenderer Besuch des Naturschutzgebietes Graswarder – es ist nämlich geologisch und vogelkundlich gleichermaßen

Blick auf den Graswarder

interessant. Sie erreichen das Gebiet über die Abfahrt „Heiligenhafen“ an der B 207. Folgen Sie im Ostseebad Heiligenhafen den Richtungsschildern „Hafen“ oder „Steinwarder“.

Der Graswarder ist ein besonders eindrucksvolles Beispiel für die Dynamik der Ostseeküste. Strömungen tragen westlich von Heiligenhafen Material von der Steilküste ab und lagern es seit etwa 1500 Jahren in immer neuen Nehrungshaken ab, die wie die Zähne eines Kammes zur Festlandseite weisen. Die flachen Lagunen zwischen den einzelnen Haken stehen mit der Ostsee meist noch im Wasseraustausch. Unterdessen ist der Graswarder auf fast 3 km Länge angewachsen. Der Naturschutzbund Deutschland (NABU, www.gras-

Salz-Aster – ein Prachtexemplar mit mehr als 1000 Blütenköpfen

warder.de) unterhält hier ein Informationszentrum, von dem aus auch Führungen angeboten werden. Einen eindrucksvollen Überblick bietet ein 2005 erbauter Aussichtsturm. Der Graswarder ist eines der bedeutendsten Seevogelbrutgebiete Schleswig-Holsteins und beherbergt unter anderem eine Sturmmöwenkolonie. Auch die Pflanzenwelt ist bemerkenswert: Auf den sandigen Geröllböden wachsen vereinzelt Meerkohl und Stranddistel, auf den tiefer gelegenen und an der Ostsee sonst seltenen Salzwiesen Strandflieder, Strandwermut und Salz-Aster.

Beobachtungsturm Graswarder

Sturmmöwen – mit ca. 800 Brutpaaren ist diese Möwe auf dem Graswarder vertreten.

Meereszentrum Fehmarn

Ein heftiges Kontrastprogramm zur heimischen Tier- und Pflanzenwelt verspricht das Meereszentrum am Ortseingang von Burg (Getrudenthaler Straße 12), ein Schauaquarium mit tropischen (!) Meerestieren in 40 Becken. Eine solche Präsentation wirkt in diesem Umfeld etwas deplatziert. Ein Blick in die Unterwasserwelt der Ostsee wäre zweifellos angemessener.

Von Buchten und Bodden: Die Mecklenburgische Küste

Besondere Erlebnisinhalte: Nehrungshaken, Steilufer, aktive Kliffs, Salzröhrichte, Strandseen, Boddenlandschaft

Nahtlos geht die dänische Beltküste bei Flensburg in die Fördenküste Schleswig-Holsteins über. Ein Küstenausgleich durch strömungsbedingt stetige Materialverlagerungen hat im Gebiet der Förden nur kleinräumig stattgefunden. Der eindrucksvolle Graswerder mit seinen zahlreichen Nehrungshaken vor Heiligenhafen und der Krummsteert an der Orther Bucht auf der Insel Fehmarn zeigen schon wesentlich deutlicher eine bis heute aktive Ausgleichsküste mit Abtrag und Wiederanlandung an ganz anderer Stelle.

Weiter nach Osten zur Küste von Mecklenburg und Vorpommern bestimmen die leuchtend gelben Moränen-Steilküsten, darunter das Brodtener Ufer und Groß Klütz Höved, von See aus das Bild der Küstenlandschaft bis zum Streckelsberg auf der Insel Usedom. Landschaftlich unterscheiden sich die Küstenanteile von Mecklenburg und Schleswig-Holstein kaum – die eher unauffällige und vor allem historisch-politisch begründbare Grenze verläuft durch die Mittelinie der Lübecker Bucht und trifft östlich Travemünde auf die Küste. Der Dassower See gehörte zur Stadt Lübeck, während das Land um den See von der Uferlinie aus auf DDR-Gebiet lag.

Sandverdriftungen am Eingang zu den Westrügenschen Bodden (links Hiddensee, im Hintergrund Rügen)

An dem Küstenabschnitt von Mecklenburg-Vorpommern befinden sich Deutschlands größte Inseln, nämlich – von Fehmarn abgesehen – Rügen mit dem berühmten Hiddensee, ferner Poel und schließlich Usedom an der polnischen Grenze.

Hydrographisch findet zwischen der Kieler Bucht und der östlich anschließenden Mecklenburger Bucht der entscheidende Übergang von der marinen Nordsee zum Brackwassermeer Ostsee statt. Der Salzgehalt bestimmt in der Ostsee und ihren durch Salzwasser beeinflussten Küstenabschnitten nachhaltig die Zusammensetzung von Flora und Fauna. In den Freiwasserräumen nimmt der Anteil der marinen Arten nach Osten ab. So leben beispielsweise im Fehmarnbelt über 250 marine wirbellose Arten (Muscheln, Schnecken, Meereswürmer, Krebstiere u. a.) am Meeresboden, während in der Pommerschen Bucht östlich von Rügen nur noch etwa 30 Arten nachzuweisen sind.

Nützliche Adresse: Leibniz-Institut für Ostseeforschung (IOW), Rostock-Warnemünde, Seestraße 15, D-18119 Rostock, Tel.: 0381 – 51 97-0. Unter http://www.io-warnemuende.de finden Sie das aktuelle Angebot des IOW über Vorträge und Diskussionen zum Thema Meer und speziell zur Ostsee.

http://www.ikzm-d.de bietet Informations-, Lern-, und Lehrmodule zu den Themen Küste, Meer und Integriertes Küstenzonenmanagement (IKZM).

An die nord-südlich verlaufende Fördenküste von Schleswig-Holstein und an die Buchtenküste Mecklenburgs schließen sich nach Osten die Boddenküste Vorpommerns und von Usedom bis zum Kap Kolka (Lettland) eine Ausgleichsküste an. Den Name Bodden verwendet man in Vorpommern für flache innere Küstengewässer, die mit der Ostsee in direkter Verbindung stehen und daher Brackwasser führen. Bodden sind tatsächlich größtenteils auf Vorpommern beschränkt (nur der Ribnitzer und Teile des Saaler Boddens liegen auf Mecklenburger Seite), so dass man korrekt von den Vorpommerschen Bodden sprechen kann. Danach ist auch der Nationalpark Vorpommersche Boddenlandschaft benannt, der sich über die Darß-Zingster Boddenkette und die Nord- und Westrügenschen Bodden erstreckt.

Küstentypen der südlichen Ostsee

INFO

Aktives Kliff

Nur aus dem Kartenbild ist nicht unbedingt zuverlässig abzuleiten, wie denn die erwartete Küstenlandschaft tatsächlich aussieht. Ihr Erscheinungsbild hängt wesentlich vom Rahmen ab, den die regionale Geologie setzt: Wo anstehendes Festgestein direkt an die Wasserlinie grenzt, spricht man von Felsküste mit ihren steileren oder flacheren Klippenpartien. Da die Brandung beständig am Gestein nagt und herummodelliert, prägen die verschiedenen Erosionsformen mit Brandungshohlkehle am Klippenfuß, mit Brandungshöhlen, eventuell auch mit Brandungstoren oder einzeln stehenden Felstürmen sowie ausgedehnten Block- und Geröllfeldern das sehr malerische Bild solcher Küsten. Vor dem aufragenden Kliff breiten sich oft abgeschliffene Klippenfelder oder Felsterrassen aus. Solche Küstenbilder bieten eher die nördlichen und östlichen Küsten der Ostsee. Die Ökologen sprechen hier von Hartboden- bzw. Hartsubstratküsten, denn dieses besondere Lebensraumangebot bestimmt nachhaltig die Ansiedlung besonderer Lebensgemeinschaften. Diese sind hier völlig anders zusammengesetzt und meist auch wesentlich vielfältiger als an einer Weichbodenküste.

Eine Weichbodenküste besteht aus zusammengeschwemmtem Lockermaterial unterschiedlicher Herkunft. Im einfachsten Fall sind es kilometerlange und unterschiedlich breite Sand- oder Kiesansammlungen, die landwärts oft in Dünenserien übergehen. Fallweise ist der Weichboden aber sehr feinkörnig und zudem schlickig. Hier können keine Dünen entstehen. Wo die Ostseewellen an die Steilufer aus Sanden bzw. Geschiebemergeln anbranden, unterspülen sie die Kliffs und lösen Abbrüche oder Rutschungen aus. An einer solchen Küste werden die Grenzen zwischen Meer und Land oft auch sehr kurzfristig neu gezogen. Zutreffend spricht man von aktiven Kliffs, die ständig (aber passiv) auf dem Rückzug sind. Grundsätzlich gilt dies auch für den langsamer ablaufenden Rückschnitt der Felskliffs.

Auf der schleswig-holsteinischen Seite endet die Küste mit dem Moränenkliff des Brodtener Ufers. Die Küste von Mecklenburg beginnt östlich von Lübeck mit dem 40 m hohen Steilufer von Klütz Höved, der Küste des Klützer Winkels. Bei Stürmen aus Nord-Ost prallt eine hohe Welle auf die Küste und führt zu Abtrags- und Umlagerungsprozessen. Ein Blick auf die Seekarte zeigt, dass Gerölle und Blöcke sowohl des Brodtener Ufers als auch von Klütz Höved weit in die Lübecker Bucht hinein reichen. Zurück bleibt eine wasserbedeckte ebene, steinige Abrasionsplattform (Steinriff, Schorre). Diese Gebiete waren ursprünglich Land und sind abgetragen worden. Mit einer Länge von 13 km ist die Steiluferküste zwischen Priwall und Boltenhagen die drittlängste in

Mecklenburg-Vorpommern. Gigantische Blöcke (vgl. S. 147), sowie kleinere Steine und Geröll bedecken den schmalen Strand.

Die Küstenlänge von Mecklenburg-Vorpommern beziffert man mit 1712 km. Den Segler, der von der Lübecker Bucht bis Ahlbeck auf der Insel Usedom entlang segelt, wird diese Kilometerzahl verwundern – er hat nämlich nur etwa 350 km zurückgelegt. Woher kommen die restlichen 1350 km? Sie sind der Beitrag der im Kartenbild auffällig geschwungenen Küstenlinien der inneren Küstengewässer (Bodden, Haffe, Wieken, Flussmündungen). Sie werden in den Nachschlagewerken abweichende Längenangaben finden, was vor allem auf die Veränderungen der Küste durch Abtrag und Anlagerung zurückzuführen ist.

Im Gegensatz zu den Felsenküsten im Norden der Ostsee gibt es in der südlichen Ostsee keine anstehenden Felsen, aber durchaus eine Menge Steine. Das Eis hat aus den skandinavischen Gebirgen Gerölle und Blöcke nach Süden transportiert und beim Abtauen vor etwa 12 000 Jahren überall im südlichen Ostseegebiet hinterlassen. Beim Abtrag der eiszeitlichen Hügel und feinkörnigeren Materialien werden sie freigelegt. Diese Hartböden bilden unter Wasser einen eigenen Lebensraum, der von zahlreichen Arten besiedelt wird. Makroalgen und Aufwuchsorganismen wie Miesmuscheln oder Seepocken, die auf feinkörnigen Weichböden nicht siedeln können, setzen sich an diesen Hartsubstraten fest. Ansammlungen von Eis-, Eider- oder Reiherenten in der Ostsee sind immer ein verlässliches Anzeichen für Steinriffe, denn an den Steinen finden sie vor allem Miesmuscheln, eine wichtige Nahrungsquelle für diese Meeresenten.

Hohe Steilufer wechseln mit langen Sandstränden ab, einmalig schöne Buchenhallenwälder (im Bereich der Ostsee-Nationalparke UNESCO-Weltnaturerbe) säumen die Kanten der Steilufer oder reichen sogar bis an den Strand.

Bei ausreichender Zufuhr von Sand, d.h. an langen Stränden, werden Dünen aufgeschichtet. Ausgedehnte Dünen finden sich daher an den ausgegli-

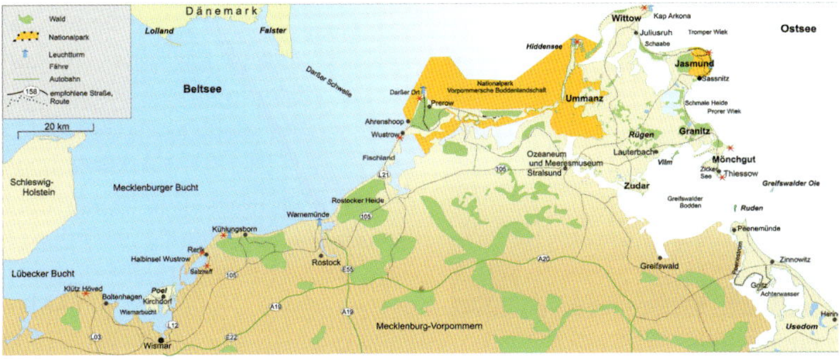

chenen, langen Küsten der Pommerschen Ostseeküsten (Polen) und an der Kurischen Nehrung (Litauen).

Im Süden von Rügen befindet sich zwischen den Halbinseln Mönchgut und Zudar sowie dem Festland der größte Bodden an der deutschen Küste, der Greifswalder Bodden. Eine unterseeische Schwelle („Boddenrandschwelle") zwischen der Südspitze von Rügen (Mönchgut) und dem Norden der Insel Usedom (Peenemünde) schützt den Greifswalder Bodden vor der Exposition der Ostsee.

Der Salzgehalt des Oberflächenwassers der Ostsee geht von 13‰ in der Lübecker Bucht auf 7‰ vor der Insel Usedom zurück (vgl. S. 14). Gezeiten sind zwar noch messbar, aber kaum noch erkennbar (vgl. S. 21). An der Darßer Schwelle, einem unterseeischen Rücken zwischen dem Darß und der dänischen Insel Falster, verlassen wir die Beltsee und gelangen in die „eigentliche" Ostsee.

INFO

Das besondere Artporträt

Echter Eibisch

Die Malvengewächse sind in der heimischen Flora nur mit wenigen, aber durchweg recht attraktiven Arten vertreten. Dazu gehört auch der bis 1,2 m hohe, nur wenig verzweigte Echte Eibisch (*Althaea officinalis*), eine mehrjährige Art mit kräftigen Stängeln. Die Blätter sind drei- oder fünflappig geteilt. Alle seine Teile sind durch Sternhaare graufilzig. Die hübschen, bis 4 cm breiten Blüten sind weiß oder hellrosa und erscheinen kurzgestielt zu 1 – 3 in den Blattachseln. Wie bei allen Arten der Unterfamilie Malvoideae sind auch beim Eibisch die zahlreichen Staubblätter zu einer den Griffel einfassenden Röhre (= Columna) verwachsen. Die Pflanze gilt als wertvolle Bienen- und Hummelfutterpflanze.

Eibisch-Blüte

Der Eibisch kommt wild von den Steppenzonen Südrusslands bis zur Iberischen Halbinsel vor. Nach Mitteleuropa gelangte die Art vermutlich schon zur Jungsteinzeit durch den Menschen – sie ist demnach ein geradezu klassischer Archäophyt. Immerhin empfiehlt schon das berühmte Capitulare von 812, eine Verordnung von Karl dem Großen für den Gartenbau der karolingischen Landgüter, ausdrücklich auch die Verwendung von Eibisch. Durch Verwilderung aus Bauerngärten hat er sich die auf küstennahe, salzbeeinflusste Standorte spezialisiert und tritt gelegentlich auch unbeständig an Binnensalzstellen auf. In Deutschland ist er nur an der Ostseeküste zu finden. Eine deutliche Bestandszunahme hat der Echte Eibisch im Gebiet der Wismarbucht seit den 1990er Jahren erfahren. Besonders dichte Vorkommen sind auf der Insel Poel in Ufernähe zu bewundern.

Eibisch-Bestand an der Wismarbucht (Insel Poel)

Wegen ihrer Seltenheit ist die Art streng geschützt. Die heute gelegentlich empfohlene und in Apotheken erhältliche Schleimdroge stammt ausschließlich von Pflanzen aus kontrolliertem Anbau.

Östlich von Klützhöved öffnet sich nach Süden die Wismarbucht. Auch wenn der Name es nicht hergibt, handelt es sich tatsächlich um einen Bodden. Von Rerik bis zum Darß verläuft eine Abtragungsküste mit markanten Steilufern bei Kühlungsborn/Heiligendamm mit dem „Gespensterwald“, einem aus der Niederwaldbewirtschaftung hervorgegangenen Buchenwald, bei Warnemünde mit der „Stolteraa“, bei Rosenort mit dem „Gelben Ufer“, auf dem Fischland bei Wustrow und am beliebten „Weststrand“ zwischen Ahrenshoop und dem Darßer Ort.

Erst in Vorpommern (die Grenze zwischen Mecklenburg und Vorpommern verläuft durch den Badeort Ahrenshoop auf dem Darß, der „Grenzweg“) beginnt die eigentliche Boddenküste. Die Halbinseln Fischland, Darß und Zingst schließen die Darß-Zingster Boddenkette von der Ostsee ab. Der Kirchturm Wustrow (an der L21) bietet einen wunderbaren Überblick über die Doppelküste des schmalen Fischlandes. Links (südlich) liegt die ruhige innere Küste des Saaler Bodden mit einem breiten Schilfrand und rechts die sturmgepeitschte Küste der äußeren Ostsee mit einem bemerkenswert schönen Sandstrand. Die Insel Hiddensee und die Halbinsel Buk südlich des Ortes

A: Kliff am Boiensdorfer Werder (Salzhaff)
B: Aktives Kliff auf der Insel Poel
C: Die ausgeglichene Küste Usedoms ist der längste Strand Deutschlands.
D: Schematische Darstellung von Klifftypen an der Ostseeküste

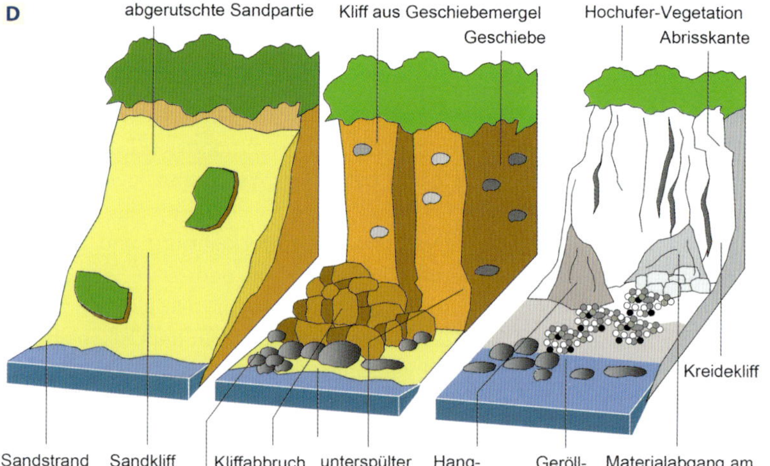

Blick vom Festland bei Barhöft auf den „Bock" und auf die Insel Hiddensee

Dranske auf Rügen schützen die Nord- und Westrügenschen Bodden vor der Wucht des Meeres. Die Ostküste von Rügen wird durch die Kreideküste geprägt.

Im Gegensatz zu den Felsenküsten im Norden der Ostsee gibt es in der südlichen Ostsee keine anstehenden Felsen, aber durchaus eine Menge Steine, die das Eis aus Skandinavien hierher transportiert hat. Diese Hartböden

Spektakuläre Kreideküste im Nationalpark Jasmund (Rügen)

bilden unter Wasser einen eigenen Lebensraum, der von zahlreichen Arten besiedelt wird. Algen und Aufwuchsorganismen (Polypentiere, Miesmuscheln, Seepocken u. a.) setzen sich an den Hartsubstraten fest.

Im Süden von Rügen befindet sich zwischen den Halbinseln Mönchgut und Zudar sowie dem Festland das größte innere Küstengewässer an der deutschen Ostseeküste, der Greifswalder Bodden. Eine unterseeische Schwelle („Boddenrandschwelle") zwischen der Südspitze von Rügen (Mönchgut) und dem Norden der Insel Usedom (Peenemünde) schützt den Greifswalder Bodden vor der Exposition der Ostsee.

Der längste Sandstrand Deutschlands befindet sich mit ca. 42 km Länge auf der Insel Usedom. Diese Außenküste ist Windrichtungen aus Nordost und starkem Seegang direkt ausgesetzt und verläuft nahezu geradlinig. Der Küstenausgleich ist fast perfekt.

Salzwiesen sehen und erleben

An einer Felsküste rekrutieren sich die hier siedelnden typischen Organismen ausschließlich aus primär marinen Arten, überwiegend mit größeren Vertretern der Grün-, Rot- und Braunalgen. Dagegen werden die vom Meerwasser direkt beeinflussten Weichbodenküsten nahezu ausschließlich vom Festland her mit höheren Pflanzen besiedelt. In diesem Teilbereich siedeln somit Pflanzen, die sich erst sekundär an das Leben im ständigen Kontakt zum Salzwasser angepasst haben. Wegen ihres bemerkenswert kompetenten Umgangs mit dem Stressfaktor Salz bezeichnet man sie als Halophyten. Die auf salzimprägnierten Böden wachsende Vegetation umfasst (auch) an der Ostsee ausschließlich bedecktsamige Blütenpflanzen, die sich jeweils von terrestrischen Verwandtschaftsgruppen ableiten. Moos- und Farnpflanzen fehlen in diesem Bereich gänzlich, ebenso wie die Nacktsamer.

Beweidete Salzwiesen an der Wismarbucht

A: Salz-Aster

B: Milchkraut

C: Strandflieder

INFO

Salzwiesen der Ostsee

Salz ist für Landpflanzen im Prinzip ein ziemlich ungesunder Stoff und streng genommen sogar ein schweres Zellgift. Wo im Winter bei Glatteis reichlich Auftausalze zum Einsatz kommen, sind die Böden im Straßen- und Gehwegrandbereich entsprechend versalzen. Die hier wachsenden Pflanzen nehmen das ziemlich übel – vor allem die Straßenbäume: Mit dem Bodenwasser nehmen sie unfreiwillig die im Boden lagernden Salz-Ionen über die Wurzeln auf und lagern sie in den Blättern ab. Schon im Frühsommer zeigen sich dann braun verfärbte Blattränder aus abgestorbenem Gewebe. Man spricht dann von Blattrandnekrosen.

Die Halophyten an den Meeresküsten haben dagegen besondere Strategien entwickelt, mit dem Standortfaktor Salz geschickt umzugehen. Weil Wasser über die Wurzeln nur dann in die übrigen Pflanzenorgane vordringen kann, wenn die Salzkonzentration in den pflanzlichen Geweben etwas höher ist als im Milieu, schmecken die Organe aller Halophyten deutlich nach Salz. Um aber nicht Unmengen von Salz schlucken zu müssen, schränken die Halophyten die Aufnahme von Salzwasser aus dem Boden deutlich ein. Ablesbar ist das bereits an der Blattgröße. Queller, Strand-Sode, Strand-Milchkraut oder Strand-Salzmiere entwickeln nur sehr kleine Blätter. Diese sind zudem relativ dick, weil sie viel Speicherraum für Wasser benötigen. Die salzbedingte Dickblättrigkeit nennt man auch Halosukkulenz.

Einjährige Arten wie Queller, Sode und Spärkling befrachten sich bei moderatem Wasserumsatz jeweils nur bis zum Ende der Vegetationsperiode mit Salz und sterben dann ab – eventuell mit eindrucksvollem Farbfinale. Mehrjährige Arten wie Salz-Aster, Strand-Wegerich oder Strand-Dreizack werfen mit Salz gesättigte Blattorgane während der Wachstumssaison ab und stellen weiteren Stauraum mit neu angelegten Blattorganen zur Verfügung.

Statt ständig Salz einzuspeichern, können manche mehrjährigen Halophyten ihre Salzladung auch wieder löschen: Absalzende Drüsen kommen in den Blätter von Milchkraut, Strandflieder und Strandnelke vor. Sie bestehen aus einem meist mehrzelligen Apparat, dessen Exkretionszellen die Cl^--Ionen energieabhängig ausschleusen und die Na^+-Ionen elektrochemisch nachströmen lassen. Niederschlagswasser entfernt die an der Blattoberfläche kristallin deponierten Salze. Vergleichbar wirken die Absalzhaare vieler Vertreter der Fuchsschwanzgewächse, beispielsweise die Keilmelde. Hier erfolgt die Salzdeponierung ebenfalls energieabhängig in der Zentralvakuole einer endständigen Blasenzelle, die schließlich platzt und ihre Salzfüllung freisetzt oder zusammen mit ihrer Stielzelle abbricht.

Salzwiesen kommen in der gesamten Ostsee von der Beltsee bis in den Bottnischen Meerbusen vor. Jedoch sind mit dem abnehmenden Salzgehalt und den klimatischen Veränderungen nach Osten und Norden Veränderungen der Artenzusammensetzung zu verzeichnen. Die Salzwiesen der westlichen Ostsee (Beltsee) bis zur Wismarbucht weisen ein ähnliches Artenspektrum auf, wie man es auch an der Nordsee erleben kann. Nach Osten zu nimmt die Artenzahl ab.

Salzwiesen der Ostsee befinden sich auf salzwasserbeeinflussten Küstenabschnitten, die bei Hochfluten überflutet werden (primäre Salzröhrichte und Salzwiesen) und auf Küstenüberflutungsmooren, die von Rindern beweidet werden (sekundäres Salzgrasland). Letztere sind Kulturlandschaften, die seit Jahrhunderten bewirtschaftet werden. Die würzigen Gräser und Blütenpflanzen werden von den Rindern bevorzugt, ihr Futterwert übersteigt frisch und als Heu den Wert der Gräser auf nicht salzigen Böden. Die Molkereiprodukte der „Soltwischen", Milch, Butter, Käse gelten als wohlschmeckend und lassen sich gut absetzen. Extensive Beweidung (1 Kuh/ha) ist eine Voraussetzung für den Erhalt der sekundären Salzgrasländer an der Ostseeküste. Beweidung oder Mahd von Salzwiesen wurde nach 1990 aus wirtschaftlichen Gründen in weiten Teilen der Ostsee aufgegeben. Als Folge der Auflassung verdrängten Salzröhrichte (Schilf, Brackwasserröhricht/Meersimse, Salzteichsimse) die Salzwiesenflora.

Voraussetzung für den Bestand der typischen Salzwiesenlandschaft in der Ostsee ist die natürliche Küstendynamik mit Abtrag und Anlandung sowie mit Überflutungen und die Beweidung der Salzgrasländer durch Rinder.

Nicht nur Halophyten, also Arten, die salzigen Boden benötigen, besiedeln die Salzwiesen der Ostsee. Es kommen auch Arten vor, die Salz tolerieren, aber eben nicht darauf angewiesen sind. Wird dem Boden das Salz entzogen, beispielsweise durch Eindeichung, sind die Salzpflanzen der Konkurrenz der üblichen Landpflanzen nicht gewachsen und müssen ihnen weichen.

Wismarbucht, Salzhaff und Poel

Besondere Erlebnisinhalte: Moränenkliff, Hakenbildung, Windwatt, Strandsee und Salzwiese

Abseits der mondänen Badeorte und der geharkten Superstrände an der Außenküste zur Ostsee auf den Halbinseln Fischland, Darß und Zingst sowie den Inseln Rügen und Usedom erwartet Sie an der Wismarbucht und am Salzhaff eine ruhige Küstenlandschaft mit Moränen-Kliffen, Blockstränden und Nehrungen sowie Sandstränden, Windwatten und Salzwiesen, also eine sehr abwechslungsreiche Küstenlandschaft auf engem Raum. Natürliche Küstendynamik, Abtrag und Anlandung, bilden die Grundlage für diese Vielfalt an Küstenbiotopen.

Salzhaff und Wismarbucht stehen direkt mit der Ostsee im Wasseraustausch. Der landseitige Süßwassereintrag ist gering, so dass der Salzgehalt vergleichsweise hoch ist. Dieses Merkmal unterscheidet das Gewässersystem Salzhaff/Wismarbucht grundlegend von den Vorpommerschen Bodden.

Die Verbindung mit der Ostsee ist beim Salzhaff anders gestaltet als bei der Wismarbucht. Letztere ist über eine breite Front und einer über 10 m tiefen natürlichen Rinne mit der Mecklenburger Bucht verbunden. Über diese tiefe Rinne dringt unter bestimmten hydrographischen Bedingungen salzreiches Tiefenwasser in die Wismarbucht ein. Das Salzhaff dagegen ist mit der Ostsee nur über eine schmale und knapp 4 m tiefe Rinne am Kieler Ort, dem Wustrower Hals, verbunden. Der Name Salzhaff ist im doppelten Sinne irreführend. Der Salzgehalt ist etwas niedriger als in der vorgelagerten Ostsee und in der Wismarbucht und die Bezeichnung Haff stimmt auch nicht. Als Haff wird ein

Große Pfeffermuschel
Marine Arten, die in der Wismarbucht ihre östliche Verbreitungsgrenze finden.
Seescheide

inneres Küstengewässer mit deutlichem Süßwasserdurchfluss bezeichnet. Das ist im Salzhaff nicht der Fall.

Beide Gewässer sind von einer hügeligen Landschaft mit Hecken und kleinen Baumgruppen, aber ohne Wälder umgeben. Der einzige größere Wald befindet sich auf der Halbinsel Wustrow.

Die Wismarbucht und das Salzhaff sind die einzigen boddenähnlichen Gewässer an der deutschen Ostseeküste westlich der Darßer Schwelle. Mit einer Fläche von nahezu 24 000 ha zählt die Wismarbucht zu den größten inneren Küstengewässern an der deutschen Ostseeküste. Der Salzgehalt liegt bei 14 ‰ und kann nach Salzwassereinbrüchen auch Werte über 20 ‰ erreichen. Entsprechend kann man hier Meerestiere beobachten, die weiter östlich nicht mehr vorkommen, darunter beispielsweise Seesterne, Manteltiere oder Große Pfeffermuscheln. Gezeiten sind kaum wahrzunehmen, aber trotzdem entstehen unter bestimmten Witterungsbedingungen Watten, die man hier als Windwatten bezeichnet.

Die Wismarbucht ist ein echtes Naturparadies: Enten, Graugänse und Watvögel nutzen die Schilfgürtel und Salzwiesen gerne als Brutplätze. Seeadler sind fast das ganze Jahr über zu beobachten. Der heimliche Uhu brütet im Wald der Halbinsel Wustrow. Uferschwalben bohren ihre Bruthöhlen in die weichen Sandschichten am Moränen-Kliff von Klützhöved, Poel sowie auf dem Boiensdorfer Werder. In den Salzwiesen jubeln ab Ende Februar die Feldlerchen, später kommen weitere Wiesenbrüter hinzu.

Die Wismarbucht beherbergt die artenreichste Salzflora (Halophyten) der südlichen Ostsee. Das ist auf den hohen Salzgehalt und auf geringe Eindeichung zurückzuführen. Die natürliche Abtrags- und Anlagerungsdynamik und damit die natürlichen Überflutungsräume, die in den vergangenen Jahrhunderten beweidet wurden, sind im Wesentlichen erhalten geblieben. Auch das ist ein wesentlicher Unterschied zu den vorpommerschen Bodden, die in den 1970er Jahren zu intensiv genutzten Landwirtschaftsflächen ausgebaut wurden.

Typische Arten der salzigen Sandböden sind die schon früh im Sommer blühende Strand-Grasnelke, die Spätsommerblüher Strandflieder und Strand-Aster sowie der intensiv duftende Strand-Wermut. In erfreulicherweise deutlich zunehmenden Beständen ist der Echte Eibisch anzutreffen, der wie auch das Tausendgüldenkraut nicht zu den eigentlichen Salzpflanzen zu rechnen ist, aber zumindest salztolerant ist und an den Küsten der westlichen Ostsee zusagende Standorte gefunden hat. Das Dänische Löffelkraut kam vor wenigen Jahren flächendeckend im Gebiet einer großen Lachmöwenkolonie auf der Vogelinsel Langenwerder vor. Nachdem die Lachmöwen bis auf

A

B

C

A: Zonierung von Strand-Wermut und Strand-Simse
B: Englisches Löffelkraut
C: Dänisches Löffelkraut
D: Strand-Grasnelke
E: Tausendgüldenkraut

D

E

Herzmuscheln

Meeresringelwurm

Robben auf dem Lieps am Eingang zur Wismarbucht

einen kleinen Restbestand den Langenwerder verlassen haben, ist auch der Bestand des Dänischen Löffelkrautes stark zurückgegangen. Erwähnenswert sind üppige Bestände des Englischen Löffelkrautes auf der Insel Poel.

Die Vielfalt der Küstenbiotope bietet ein reiches Nahrungsangebot für Küstenvögel. Pflanzenfresser (z.B. Gänse, Schwäne, Stock-, Pfeif-, Krick- und Löffelente) finden Wasserpflanzen (etwa Teichfaden, Meersalden, Seegras). Fischfresser (Säger, Taucher, Seeschwalben, einige Enten z.B. Schellenten) jagen Jungfische, Watvögel (Austernfischer, Brachvogel, Strandläufer u.a.) erreichen je nach Länge ihrer Schnäbel Meereswürmer, Muscheln, Schnecken und Krebse im Wattboden. Tauchenten (z.B. Eider-, Reiher-, Berg- und Eisenten) fressen Miesmuscheln, welche die Steingründe vor den Abtragsküsten dicht bewachsen, sowie Herzmuscheln, die die Sandböden besiedeln.

Der Reiz gerade dieser Küstenlandschaft besteht in ihrer Natürlichkeit. Besonders empfindliche Bereiche wurden unter Naturschutz (NSG) gestellt. Weiterhin unterliegen Wismarbucht und Salzhaff einem hohen Schutzstatus als Europäisches Vogelschutzgebiet und als Meeresbucht. Halten Sie sich fairerweise an die Regeln und Hinweise, beachten Sie bitte unbedingt die Empfindlichkeit der Küstenvögel während der Brutzeit. Unter www.naturschutz-wismarbucht.de/ finden Sie aktuelle Hinweise für das Befahren mit Wasserfahrzeugen bzw. das Begehen von bestimmten Küstenabschnitten.

Seehunde aus der benachbarten dänischen Population bei Gedser statten der Wismarbucht immer häufiger einen Besuch ab. Oft sammeln sie sich auf dem Lieps, einer Sandbank am Eingang zur Wismarbucht.

Erlebnistour 10

Poel und Salzhaff

Anreise: Entweder mit dem Auto oder mit dem Rad. Radwege verlaufen nicht immer parallel zur Straße; wählen Sie daher die ausgewiesenen Radwege in Ufernähe: Von Wismar über die L12 Richtung Insel Poel bis zum Parkplatz am Poeldamm fahren (14 km). Von dort mit dem Fahrrad oder Auto nach Gollwitz, Timmendorf und Schwarzer Bus an die Küste fahren. Die Strecke für die Inselumrundung beträgt 25 km. Möchte man die Salzwiesen genauer betrachten, Vögel beobachten oder am Kliff zwischen Gollwitz und Schwarzem Busch Fossilien suchen, ist diese Inselumrundung als Tagestour zu planen.

Vom Hochufer am kleinen Hafen Rendentin bietet sich ein guter Ausblick auf die Silhouette der alten Hansestadt Wismar und auf die Insel Walfisch. Der „Walfisch" ist Seevogelschutzgebiet. Neben Silbermöwen und wenigen Sturmmöwen hat sich hier in den vergangenen Jahren ein stabiler Brutplatz der Eiderente entwickelt (50 – 90 Paare, der größte Brutbestand an der deutschen Ostseeküste). Südlich von Redentin führt der Radweg an dem tief in die Hügel eingebetteten „Faulen See" vorbei. Bis zu 12 000 Berg- und Reiherenten nutzen den kleinen See im Herbst als Tagesschlafplatz. Zur Abenddämmerung begeben sie sich zu ihren Nahrungsplätzen in der Wismarbucht. In der Redentiner Bucht, im Breitling und in anderen Flachwasserzonen sammeln sich überwinternde Höcker- und Singschwäne, Pfeif- und Schellenten.

Bevor Sie Strömkendorf erreichen, können Sie die frühmittelalterliche Grabungsstelle „Reric" aufsuchen. Der Ort gilt als wichtiger Verbindungshafen zwischen Nord und Süd und wurde im Jahre 808 verlassen. Dabei könnte es sich um den lange gesuchten Handelsplatz „Emporium Reric" der Obotriten handeln. In Strömkendorf biegen Sie nach links Richtung Insel Poel ab. Über den Poeldamm, der schon seit 1760 die Insel Poel mit dem Festland verbin-

Eiderenten

det, erreichen Sie bei Fährdorf die Insel. Von einem Parkplatz vor dem Ortseingang von Fährdorf bietet sich ein fantastischer Blick über die Salzwiesen der inneren Wismarbucht bis nach Wismar. Vom Parkplatz und von der Brücke am Poeldamm können aus nächster Nähe je nach Jahreszeit und Wasserstand rastende Graugänse, Brandgänse, Reiherenten, Mittelsäger, Strand- und Wasserläufer sowie Wiesenbrüter und Greife (Turmfalke, Rohrweihe, Mäusebussard, Seeadler) beobachtet werden.

Insel Poel (mit Fahrrad Tagestour)

Vom Poeldamm aus gelangen Sie über Malchow nach Gollwitz. Vom Parkplatz vor dem Ort führt der Weg weiter zu Fuß oder per Fahrrad an die Küste (im Ort bestehen keine öffentlichen Parkmöglichkeiten). Über einen Schotterweg zwischen einer Reihe gepflegter Kopfweiden gelangt man zum Strand. Gegenüber liegt die Insel Langenwerder, die eine etwa 150 m breite Furt vom Strand trennt. Die Insel ist Naturschutzgebiet und für den Besucherverkehr gesperrt. Eine Informationstafel informiert über die Aufgaben des NSG. Einen sehr guten Blick auf die Insel gewährt das etwas höher gelegene Ufer, das Sie über einen Kolonnenweg erreichen, der nach rechts abbiegt. Auf der „Insel der Sturmmöwen" brüten auf der Wiese und der Düne etwa 2000 Paare

Mittelsäger

Disput bei Brandgänsen

Sturmmöwen, wenige Silbermöwen und eine unterschiedlich große Zahl von Lachmöwen (10 – 200 Paare). Brandseeschwalben wählen ihren Brutplatz in der Nähe von Lachmöwen aus.

Auf den Sand- und Geröllstränden brüten Zwerg- und Küstenseeschwalben, Austernfischer und Sandregenpfeifer. Rotschenkel und Enten (Stockenten, selten auch Löffel-, Reiher, Eider- und Schnatterenten) verstecken ihre Nester in höheren Gräsern oder im Brackwasserröhricht. Die auffälligen Brandgänse und Mittelsäger bevorzugen Höhlen für ihre Brut. Diesen Arten wurden Bruthilfen gebaut, die angenommen wurden und erfreulicherweise zu einer Bestandsstabilisierung geführt haben.

Wesentlich größer ist das Artenspektrum während der Zugzeit von Juli bis Oktober. Scharen von Watvögeln aus dem Baltikum und aus der Tundra suchen dann auf den Windwatten und am Strand Nahrung und Rastplätze. Die

A

A: Sumpfohreule

B: Austernfischer

C: Pfeifenten

B

C

Anzahl der Vögel ist nicht mit den Vogelschwärmen im Wattenmeer zu vergleichen. Das liegt vor allem daran, dass die Wattflächen in der Ostsee vergleichsweise klein sind. Hinzu kommt, dass die Windwatten nicht regelmäßig, wie die Gezeitenwatten der Nordsee, zur Verfügung stehen. Vermutlich aus diesem Grunde unterbrechen einige Arten wie Knutt und Pfuhlschnepfe nur selten ihren Flug vom Wattenmeer bis in ihre nördlichen Brutgebiete an der Ostseeküste. Alpenstrandläufer und Großer Brachvogel, im Spätherbst auch Kiebitzregenpfeifer, sind die häufigsten Arten, die von Land aus am Langenwerder beobachtet werden können. Seltenere Arten wie Dunkler Wasserläufer, Pfuhlschnepfe, Sichelstrandläufer und Säbelschnäbler suchen häufig Nahrung in der schlickigen „Lagune" gegenüber dem Ausblick vom Hochufer.

Um Poel zu umrunden, radeln Sie oberhalb oder wandern Sie unterhalb der Steilküste bis zum „Schwarzen Busch". Genießen Sie die schönen Ausblicke auf die Ostsee, schauen Sie den Uferschwalben zu, die in den weichen Sandschichten des Kliffs ihre Wohnröhren bauen, und bewundern Sie die gut sortierten Schichten des eiszeitlichen Moränenkliffs. Sie können den Inselrundweg weiter bis Timmendorf fortsetzen und treffen hinter dem Campingplatz wiederum auf eine Abtragungsküste, deren Sedimente etwas weiter südlich das Material für einen „mustergültig" ausgebildeten, ca. 2 km langen Haken liefern. Dieser umschließt eine kleine Bucht fast vollständig, so dass ein Strandsee, der Faule See, entstand, ebenfalls ein charakteristisches Element der Ausgleichsküste. Nur ein kleiner Zugang garantiert noch den Wasseraustausch zwischen See und Wismarbucht. Die umliegenden Wiesen sind als typische Salzwiesen ausgebildet. Fauler See, Haken und Salzwiesen sind als Naturschutzgebiet (NSG) „Fauler See – Rustwerder/Poel" eingetragen. Das NSG ist für den öffentlichen Besucherverkehr gesperrt. Neben dem Küstenweg von Timmendorf aus ist das NSG über die Orte Hinterwangern und Brandenhusen zu erreichen.

Sie gelangen nach Kirchdorf. Vom Schlosswall am Hafen, der in Form eines fünfzackigen Sternes errichtet wurde, haben Sie einen exzellenten Blick über die innere Wismarbucht bis Wismar sowie den kleinen Hafen von Kirchdorf.

Salzhaff (mit Fahrrad als Tagestour)

Zur Weiterfahrt von der Insel Poel nach Rerik fahren Sie über den Poeldamm zurück bis Strömkendorf und biegen links über Boiensdorf nach Rerik ab (25 km). Für die Fahrt nach Rerik sollten Sie ebenfalls eine Tagestour einplanen, wenn Sie sich die einzelnen Küstenabschnitte (z. B. Damekower Wiesen, Boiensdorfer Werder mit Kliff und Salzwiesen am Rustwerder, Teßmannsdorfer Tannen und Hellbach sowie das Städtchen Rerik) genauer ansehen wollen. Eine Umrundung des Salzhaffs ist nicht möglich, da die Halbinsel Wustrow wegen akuter Gefährdung durch Munitionsreste für den öffentlichen Verkehr gesperrt ist. Es besteht aber die Möglichkeit, das Fahrradschiff von Rerik oder Gollwitz aus zu nutzen. Damit können Sie das Haff und seine Küste auch von der Seeseite aus kennenlernen.

INFO

Seebälle

Im Frühjahr und Herbst fallen am Strand der inneren Küsten oft kleine bis etwa faustgroße, runde bis eiförmige Bälle aus Pflanzenmaterial auf. Sie können sogar massenhaft auftreten. Dabei handelt es sich um so genannte Seebälle. Die Voraussetzungen für ihr Entstehen sind ein Strand ohne Hindernisse, abgerissene bzw. abgebrochene Teile von Unterwasserpflanzen (je nach Standort Teichfaden, Kamm-Laichkraut, Grünalgen, Armleuchteralgen) und eine konstant steife Brise. Der Wind rollt die austrocknenden Pflanzenreste über den Strand, verwickelt und formt sie und sammelt dabei weiteres Pflanzenmaterial auf, so dass die Bälle bei längeren Stränden immer größer werden. Vergleichbare Erscheinungen findet man an der Nordseeküste nicht, weil hier die passenden Pflanzenarten fehlen. Die trocken ziemlich steifen Makroalgen (meist Braunalgen) lassen sich kaum noch verformen. Dagegen sind bis fußballgroße Seebälle an den Mittelmeerküsten ziemlich häufig zu sehen: Sie entstehen hier aus den faserigen Blattbasen des Neptungrases (*Posidonia oceanica*), einer Verwandten unserer heimischen Seegräser (*Zostera* spp.).

Seeball

Adressen: Führungen am Langenwerder: Ende Juli bis September jeweils So 10 Uhr. Informationsgespräche mit dem Inselwärter während der Brutzeit von Mai–Juli von Poel aus: So 10:00 h, Treffpunkt an der Informationstafel in Strandnähe. www.langenwerder.de.
Fahrgastschifffahrt Steußloff, Haffplatz 3, 18230 Rerik; Tel.: 038296-74761; E-Mail: ferien@ms-ostseebad-rerik.de; Webseite: www.ms-ostseebad-rerik.de

INFO

Speiballen

An einem Rastplatz von Großmöwen, auf Mauern und Molen oder irgendwo am Strand, finden sich fast immer etwa 5 cm lange eiförmige bis runde Gebilde aus locker zusammengefügtem Kalkschalenbruch. Dabei handelt es sich in der Regel um Speiballen von Silbermöwen, sozusagen die Pendants zu den Gewöllen der Eulen, die Haare und Knochen der verzehrten Kleinsäuger auswürgen. Die Schalenreste können schwarz oder weiß sein, je nachdem ob die Möwen Sandklaffmuscheln (weiß) oder Miesmuscheln (schwarz) gefressen haben. Gelegentlich finden sich in den Speiballen auch noch Fischwirbel oder Bauteile von Krabbenpanzern.

Speiball einer Großmöwe

Kurz hinter Teßmannsdorf überqueren Sie den Hellbach, der hier in das Salzhaff mündet. Die breiten Wiesen und Schilfbestände in seinem Mündungsbereich nutzen viele brütende und rastende Küstenvögel.

Schöne Aussichten über die buchtenreiche Küstenlandschaft und auf die Halbinsel Wustrow bieten der Boiensdorfer Werder, der Scharberg an der L12 und der Schmiedeberg in Rerik in der Nähe der Seebrücke. Die Halbinsel Wustrow ist für den öffentlichen Verkehr als munitionsverseuchtes Gebiet gesperrt.

Von Rerik aus werden Touren mit einem Fahrgastschiff über das Salzhaff angeboten.

Das Fahrradschiff von Rerik zur Insel Poel legt gleich los.

Fischland, Darß und Zingst

Besondere Erlebnisinhalte: Meeresnationalpark, Bodden und ihre Gewässer, artenreiche Flora und Fauna, Naturerlebniszentrum Natureum, Turmbesteigungen

Ziemlich genau 45 km lang ist die Halbinsel Fischland-Darß-Zingst an der Ostseeküste zwischen Rostock und Stralsund. Sie ist über eine Nehrung, dem Fischland, bei Ribnitz und bei Zingst über die Meiningenbrücke mit dem Festland verbunden. Ursprünglich waren Fischland, Darß und Zingst eigenständige Inseln, die durch Flutrinnen voneinander getrennt waren. Erst die Schließung der Flutrinnen durch den Menschen im 14. Jahrhundert (Fischland und Darß) und im 19. Jahrhundert (Zingst) verband sie dauerhaft mit dem Festland.

Um einen Eindruck von den Dimensionen dieser Landstriche zwischen Ostsee und Bodden zu bekommen, legen Sie einen kurzen Stopp in Wustrow (Parkplatz am Hafen hinter der Kirche) ein und besteigen den Kirchturm. Sie blicken auf das Fischland mit seinem langen Strand, das die Darß-Zingster Boddenkette (östlich) von der offenen Ostsee (westlich) trennt. Die nördlichste Stelle der Halbinsel bildet der Darßer Ort mit seinem Leuchtturm und

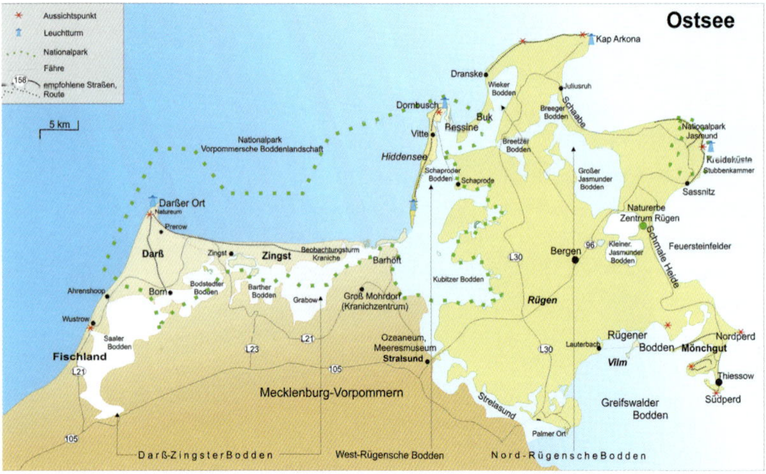

dem Natureum, einer Außenstelle des Meeresmuseums Stralsund. Beim so genannten Jahrhunderthochwasser 1872, das auch Prerow auf dem Darß weit überflutete, versandete der Prerower Strom, der bis dahin die damalige Insel Zingst vom Darß trennte. 1874 wurde der Prerow-Strom dann endgültig zugeschüttet und mit einem Deich gesichert; Zingst wurde dadurch zu einer Halbinsel. Im Osten sind der Zingst über die künstlich aufgespülte Insel Bock und Hiddensee fast verbunden. Nur eine durch Baggerung erhaltene Fahrrinne hält diese Verbindung zwischen Bodden und Ostsee noch aufrecht.

Unmittelbar nach der politischen Wende 1989 hat sich eine kleine Gruppe engagierter Naturschützer aus der ehemaligen DDR mit ihren zukünftigen Kollegen aus den alten Bundesländern zusammengesetzt und die Gunst der Stunde genutzt, geeignete, schutzwürdige Landschaften auszuwählen und Nationalparke zu gründen. Zwei Vorschläge betrafen Küstenlandschaften an der Ostsee, nämlich der Nationalpark Vorpommersche Boddenküste und der Nationalpark Jasmund. Diese wurden mit dem Ministerratsbeschluss vom 12. September 1990 vollendet und quasi kurz vor Torschluss als eine der letzten Maßnahmen des DDR-Ministerrats unter Schutz gestellt.

Das Ziel der Nationalparke ist die Gewährleistung der natürlichen Entwicklung. Die Ostsee ist jung, schön und dynamisch. Sie befindet sich in der Entwicklungsphase. Diese Boddenlandschaften sind durch Abbruch und Anlandung entstanden. Wird dieser Vorgang unterbunden, ist das typische Landschaftsbild der Boddenküste gefährdet. Nationalparke konservieren nicht, sondern schützen die Veränderung, die natürliche Sukzession und im Fall dieser Küstenlandschaft speziell der natürlichen Küstendynamik.

INFO

Nationalpark Vorpommersche Boddenlandschaft

Mit 785 km² Fläche (Landfläche 118 km², Wasserfläche 678 km²) ist dieser Nationalpark der größte in Mecklenburg-Vorpommern und der drittgrößte in Deutschland. Ausgewiesen wurde er am 1. Oktober 1990. Etwa die Hälfte der Nationalparkfläche entfällt auf die offene Ostsee. Ungefähr ein Viertel umfassen die Anteile an den Boddengewässern der Darß-Zingster Boddenkette und der Westrügener Bodden. Die Bodden sind typische Brackwasserlebensräume, die der Ostsee-Hering (vgl. S. 99) regelmäßig zum Laichen aufsucht. Die zum Nationalparkgebiet gehörenden Landflächen sind Teile des Darß und der Halbinsel Zingst. Ferner gehören hierzu ein schmaler Streifen im Westen von Rügen sowie ein Großteil der Insel Hiddensee (vgl. Kartenbild). Das Lebensraumspektrum der Landgebiete bereichern Kiefern- und Buchenwälder (so im Darßwald) oder Küstenüberflutungsmoore (Niedermoore). Im Nationalparkgebiet kann man gelegentlich Kegelrobben beobachten, die sich im Gebiet allerdings nicht fortpflanzen. Auch der Fischotter ist hier zuhause. Auf Hiddensee findet sich ein kleiner Bestand von Mufflons, die hier aber nicht ursprünglich sind. Wie alle größeren Gewässer und ihr Umfeld sind auch die Bodden ein wichtiger Lebensraum für Vögel. Insgesamt sind Bruten von 163 Vogelarten nachgewiesen, darunter über 60 Rote-Liste-Arten. Rund 60 000 Kraniche rasten im Gebiet zwischen September und November. Typische Fischarten sind Blei, Plötze, Aal, Drei- und Neunstacheliger Stichling sowie Zander und Hecht.

Kritisch zu sehen ist die Gewässerbelastung durch den hohen Nährstoffeintrag aus den Düngergaben der Intensivlandwirtschaft im Umfeld. Auch die weiträumige Entwässerung von Moorgebieten trägt immer noch Nährstoffe ein. Die zuvor ausgedehnten Unterwasserwiesen mit verschiedenen Armleuchteralgen sind stark zurückgegangen. Wegen der eingeschränkten Sichttiefe ist der Fischadler aus dem Gebiet verschwunden, weil er als Stoßtauchjäger keine Nahrung mehr sichten kann. Problematisch sind auch die derzeitige jagdliche Nutzung und die Art der Waldbewirtschaftung.

Dennoch ist das gesamte Nationalparkgebiet ein unbedingt erlebniswertes Naturjuwel.

Informationen: http://www.nationalpark-vorpommersche-boddenlandschaft.de

Der Nationalpark Vorpommersche Boddenlandschaft ist der einzige Meeresnationalpark an der deutschen Ostseeküste. Er schützt eine typische Buchtenküste und deren regional-typische Fauna und Flora. Zum ty-

Darßer Ort mit Natureum und Leuchtturm

pischen Landschaftsbild gehören Abtragsküsten mit Steilküsten und Anlandungsküsten mit Windwatten, Sandstränden und Dünen. An Flachküsten werden ehemalige Feuchtgebiete überschwemmt, wobei Küstenüberflutungsmoore entstehen. Voraussetzung für den Schutz dieser Küstenlandschaften und Flachwasserzonen ist eine ungestörte Küstendynamik. D.h., dass Abtrag und Anlandung durch Küstenschutznahmen, Molen, Brücken, Vertiefungen und Aufschüttungen, Endeichungen usw. in ihrem natürlichen Ablauf nicht beeinflusst werden.

Zur Hälfte der Fläche reicht der Nationalpark in die offene Ostsee bis in eine Wassertiefe von etwa 10 m, mehr als ein weiteres Viertel umfasst Teile der Boddengewässer der Darß-Zingster Boddenkette und der Westrügener Bodden. Die Landflächen berühren so beliebte und bekannte Urlaubsziele wie den Darß und die Halbinsel Zingst sowie den Großteil der Insel Hiddensee, ferner boddennahe Zonen auf der Insel Rügen. Kiefern- und Buchenwälder bewachsen große Teile der Landfläche, wie etwa im Darßwald.

Blick vom Leuchtturm Darßer Ort

INFO

Das besondere Artporträt

Seeadler

Der Seeadler (*Haliaeetus albicilla*) hinterlässt immer einen imposanten Eindruck. Mit bis zu 90 cm Körperlänge und fast 2,5 m Spannweite ist er der größte heimische Greifvogel – verständlich, dass er schon seit langem Deutschlands Wappenvogel (das stilisierte Wappentier ist durchaus auch anderen Adlerarten zuzuordnen) ist und in stark stilisierter Form auf allen möglichen Staatsemblemen erscheint. Sein Konterfei auf den deutschen 1- und 2-Euromünzen darf man jedoch aus mancherlei Gründen als ziemlich misslungen bezeichnen. Vergleichen Sie selbst, wenn sie ein Exemplar dieses überwältigenden Greifvogels irgendwo an der Ostseeküste live erleben. Die Direktbeobachtung ist hier gar nicht so unwahrscheinlich, denn Seeadler sind erfreulicherweise nicht mehr allzu selten.

Da im Gebiet auch andere Adlerarten vorkommen, wäre auf folgende Merkmale zu achten: Typisch für den Seeadler sind die großen, fast ein wenig brettartig wirkenden und gleich breiten, stark gefingerten Flügel und der relativ kurze, keilförmige Schwanz. Beides verleiht ihm im Segelflug eine unverkennbare Silhouette. Im Adultgefieder ist der Schwanz weiß, bei jüngeren (auch mehrjährigen) Exemplaren dagegen oft nur wenig heller als das Körpergefieder. Auch die hellere Färbung von Kopf und Hals ist bei jüngeren Tieren so noch nicht entwickelt. Oft gleitet der Seeadler dicht über dem Wasser oder rüttelt etwas schwerfällig. Mitunter legt er auch längere Strecken laufend an der Wasserlinie zurück. Seine Nah-

Seeadler – immer ein faszinierender Anblick

rung besteht aus größeren Wirbeltieren, beispielsweise Fische ab etwa 15 cm Länge, Vögel bis Gänsegröße und Säugetiere von Maus- bis Hasengröße. Oft schlägt er bevorzugt kranke oder sonstwie geschwächte Tiere und nimmt außerdem auch Aas an.

Seeadler bauen mächtige Horste auf hohen Bäumen meist am Waldrand an Flüssen und Seen. In Skandinavien sind sie auch Felshorster. Seine Jagdausflüge unternimmt er fast immer nur an Gewässern, an offenen Fluss- und Seeufern ebenso wie an der Meeresküste. Bis zum 20. Jahrhundert wurde der Seeadler so stark verfolgt, dass der gesetzliche Schutz schon fast zu spät kam und die Art beinahe ausgerottet worden wäre. Durch gezielten Biotopschutz und Horstbewachung gegen Eierdiebe haben sich die Bestände unterdessen wieder erfreulich entwickelt. Einige Gefährdungsursachen bleiben aber vorerst leider bestehen, darunter die Anreicherung von chlorierten Kohlenwasserstoffen und giftigen Schwermetallen wie Quecksilber und Blei (Jagdmunition) über die Nahrungskette, die zu Fruchtbarkeitsstörungen führen. Ferner gibt es an den Ostseeküsten oft Störungen durch Besucher, die sich unangemessen laut verhalten, durch Hubschrauberbewegungen oder Düsenjägertiefflüge bei Militärübungen und Blei (Jagdmunition). Auch Windräder werden zur tödlichen Falle für Seeadler.

Erlebnistour 11

Darß und Zingst erkunden

Anreise: Über die A20/E22 bei Sanitz abbiegen auf die L191 bis Ribnitz, weiter auf der L21 bis Ahrenshoop. Alternativen: Ausgangspunkt ist der Parkplatz „Drei Eichen" hinter Ahrenshoop für folgende Aktivitäten:

- Fußwanderung von „Drei Eichen" am Weststrand, vorbei an Windflüchtern, zum Darßer Ort, zurück den gleichen Weg (etwa 6 – 7 h).
- mit der Pferdekutsche oder mit dem Fahrrad von Born oder Wiek zum Darßer Ort und zurück; 7 – 8 h mit der Kutsche, 4 – 5 h mit dem Fahrrad.
- von Prerow zum Darßer Ort, zu Fuß etwa 1,5 h.

Jeweils 2 – 3 Stunden sind dabei für den Aufenthalt am Darßer Ort und dem Natureum einkalkuliert.

Für Frühaufsteher: Vom Beobachtungsturm können Sie Hirsche in den großen Schilfflächen beobachten. Wandern Sie durch die Dünenlandschaft. Mit etwas Glück können Sie neben dem Holzsteg Kreuzottern sehen. Vom Leuchtturm bietet sich ein eindrucksvoller Ausblick über die gesamte Halbinsel.

Unterwegs nach Pramort

Dünen bei Darßer Ort

Fahren Sie mit Bus, Auto oder Fahrrad weiter nach Zingst und bis in die Dünenlandschaft von Pramort. Während des Kranichzuges ab Mitte September bis Mitte Oktober blicken Sie von einem Beobachtungsturm auf den Schlafplatz der Kraniche. Kurz vor Sonnenuntergang (gegen 17 h) fallen die Kraniche in langen Ketten und laut trompetend von Land kommend auf dem Schlafplatz ein – ein überwältigendes Spektakel. In dieser Zeit sind Gebühren für den Weg zum Ausblick zu entrichten.

Einige Fahrgastschiffe bieten ebenfalls Touren zu den Schlafplätzen der Kraniche an (z. B. von den Häfen Zingst, Prerow).

INFO

Das besondere Artporträt

Kranich

Mit seinen bis zu knapp 130 cm Körperhöhe bei einer Spannweite bis 245 cm ist der Kranich noch ein wenig länger als die beiden heimischen Storch-Arten und damit der größte in Deutschland vorkommende Vogel. Die Geschlechter sind äußerlich nur schwer zu unterscheiden. Die Männchen sind gewöhnlich etwas größer und schwerer (5–7 kg) als die Weibchen. Kraniche sind betont langbeinig wie auch die verschiedenen Reiher-Arten, aber der Schnabel ist deutlich kürzer als bei den anderen Schreitvögeln. In Deutschland ist die Art zurzeit noch ein relativ seltener Brutvogel, dessen Brutbestand in Mecklenburg-Vorpommern aber deutlich zugenommen hat. Im

Formationsflug

Frühjahr (Februar/März) und im Herbst (Oktober/November) überfliegen jedoch Zehntausende Kraniche unser Gebiet auf ihren saisonalen Wanderzügen zwischen Brutregion (überwiegend die Moorgebiete in der Taiga Fennoskandiens bzw. Nordrusslands) und Überwinterungsareal (Estremadura bzw. Dehesas zwischen Spanien und Portugal sowie einige Gebiete in Nordwestafrika). Weser und Aller kennzeichnen die westliche und der 51. Breitengrad die südliche Grenze des Brutgebietes. Biotopverluste haben die Südgrenze des Areals in den letzten Jahrzehnten um etwa 300 km nach Norden verschoben. Dennoch gilt die Art heute als nicht gefährdet.

Sowohl im Gelände wie auch im Flug ist der Kranich unverkennbar: Ziehende und dabei meist eindrucksvolle, oft verzweigte Keilformationen bildende Kraniche hört man schon von Weitem, bevor man sie tatsächlich sieht. Ihre heiser-trompetenden Rufe sind mit keiner anderen Lautäußerung von Großvögeln zu verwechseln. Ihr von Linné 1758 vergebener wissenschaftlicher Name *Grus grus* ist daher mit Sicherheit Lautmalerei, denn genauso hört sich ihr charakteristischer Ruf an. Im antiken Griechenland nannte man den Kranich, der dort aber vermutlich nie vorkam, *geranos*. Davon abgeleitet sind die Geranien- bzw. Storchschnabelgewächse (Geraniaceae) – eine der vielen Ungereimtheiten in der auf antike Quellen zurückgreifenden Nomenklatur. Kraniche sind bemerkenswert leistungsstarke Flieger und können bis maximal 2000 km nonstop im Ruderflug zurücklegen. Kürzere Tagesetappen sind aber eher die Regel. Die Strecke zwischen Brut- und Überwinterungsgebiet legen sie jedoch in wenigen Tagen zurück. Mit Rückenwind bringen sie es auf immerhin 130 km/h Zuggeschwindigkeit.

In Deutschland tauchen die ersten Rückzieher aus Schweden, Norwegen und Nordfinnland schon Mitte August zwischen Odermündung und Darß auf. Sie überqueren als Westzieher in größeren Zuggruppen den Rhein auf einem etwa 300 km breiten Korridor, meist aber im Gebiet zwischen Duis-

Spektakulärer Vogelzug: Kraniche fallen auf ihrem Schlafplatz bei Pramort ein.

burg und Mainz. Andere Teilpopulationen ziehen deutlich südlicher über Unteritalien und Sizilien nach Nordafrika.

In Westdeutschland konzentrieren sich die gezielten Naturschutzmaßnahmen für den Kranich, der hier nicht Brutvogel ist, darauf, innerhalb der Zugschneisen (beispielsweise in der Eifel) geeignete und genügend große Rastplätze sicherzustellen.

Am Wegesrand

Kranich-Informationszentrum, 18445 Groß Mohrdorf, Lindenstraße 27
Tel.: 038323 – 80540, www.kraniche.de/Zentrum/Ausstellung.shtml
Anreise von Zingst: Über die Meiningenbrücke in Richtung Barth; in Barth der Ausschilderung Martensdorf auf der L213 folgen und ca. 2 km hinter Groß Kordshagen links abbiegen in Richtung Groß Mohrdorf und Hohendorf. In Groß Mohrdorf finden Sie ein großes gelbes Gebäude rechts (von Barth kommend) an der Hauptstraße.
Hier bekommen Sie Auskunft über Anzahl und Aufenthaltsort der Kraniche. Eine Dauerausstellung informiert über den Kranichzug. Über Bisdorf gelangen Sie von Groß Mohrdorf an einen Beobachtungsturm. Vom benachbarten Kinnbackenhagen (weniger Publikum) ergibt sich ebenfalls ein guter Blick auf die einfallenden Kraniche.

Nationalpark-Infostand und Aussichtsturm (2–3 h)

Auf dem Weg nach Rügen schlagen wir Ihnen einen Schlenker über den kleinen Hafen Barhöft vor. Fahren Sie die L213 weiter bis zum Abzweig der K10 nach Klausdorf und Barhöft. In Barhöft verlassen Sie die 3. Ausfahrt im Kreisverkehr am Hafen, am Ende der kurzen Straße können Sie parken. Etwa 200 m weiter befinden sich ein Informationsstand des Nationalparks und ein Aussichtsturm, den Sie gegen einen geringen Eintritt besteigen können.

Sie blicken auf drei Wasserstraßen, die hier zusammentreffen: Nach Westen den Barther Strom, über den man in die Darß-Zingster Boddenkette nach Prerow, Zingst, Barth und Ribnitz gelangen kann, nach Nordosten die Westrügenschen Bodden, die Sie nach Hiddensee, in die offene Ostsee und in die Nordrügenschen Bodden bringen, und nach Süden der Strelasund, über den man Stralsund und den Greifswalder Bodden erreicht.

Gleichzeitig blicken Sie nach Westen auf den Ostzingst mit den Werderinseln und der künstlichen Insel Bock. Nördlich liegt Hiddensee und östlich die Insel Rügen. Im Vordergrund nordöstlich sehen Sie bei Niedrigwasser ein großes Windwatt, der Vierendehlgrund, der von den Geologen als Binnendelta bezeichnet wird. Hier wird Sand von der Außenküste in den Bodden transportiert. Wie schon oben dargestellt, wird das Fahrwasser zwischen der Südspitze von Hiddensee und dem Bock über Baggerungen offengehalten. Hauptsächlich wird dieser Zugang zur Ostsee von Freizeitschiffern befahren. Der Güterverkehr nach Stralsund wird seit längerer Zeit über den Greifswalder Bodden abgewickelt.

Tipps nicht nur für schlechtes Wetter

Natureum am Darßer Ort

Etwa 5 km nordwestlich von Prerow bzw. 8 km nördlich von Born befindet sich an der Nordspitze des Darß, am Darßer Ort, direkt am Darßer Leuchtturm das Natureum, eine 1991 eingerichtete Außenstelle des Meeresmuseums Stralsund. Es ist nur zu Fuß, per Fahrrad oder mit einer Pferdekutsche zu erreichen. Die Einrichtung zeigt mehrere feste Ausstellungen, die sich den Themen Naturraum Darßer Ort, Tiere der Darßlandschaft, Ostseeküste, Landschaft in Bewegung sowie Leuchtturmgeschichte widmen. Sie vermitteln Dynamik, Schutzbedürftigkeit und Vielfalt der einmaligen Natur auf dem Darß. Etliche Tierpräparate geben einen Eindruck der Fauna von Meer, Strand, Düne und Wald in der Kernzone des Nationalparks. Der 35 m hohe und rund 160 Jahre alte Leuchtturm ermöglicht bei guter Sicht einen fantastischen Blick über die Darßlandschaft.
Geöffnet: täglich 10 – 18 h.

Ozeaneum Stralsund

Seit Sommer 2008 besitzt die unbedingt besuchenswerte alte Hansestadt Stralsund auf der Hafeninsel einen Besuchermagneten ersten Ranges (in den ersten fünf Jahren nach Eröffnung kamen bereits mehr als 3 Mio. Besucher), das auch als architektonisches Meisterwerk unterdessen weithin gerühmte Ozeaneum. In fünf Abteilungen führt es in die Faszination des Lebensraumes Meer ein. Die Aquarien zeigen dem Besucher die marine Fauna direkt vor der Hafenmauer und führen ihn dann über den Greifswalder Bodden an die Schären- und Kreideküsten der Ostsee

Ozeaneum am Hafen von Stralsund

und schließlich über die Nordsee in den Nordatlantik bis zum Nordpolarmeer. Ein besonders beeindruckendes Erlebnis ist die zusammen mit Greenpeace entwickelte und von drei Ebenen aus zu betrachtende Dauerausstellung „1:1 Riesen der Meere" in absolut lebensecht wirkenden Modellen. Zu den von der Hallendecke schwebenden Exponaten gehören ein 26 m langer Blauwal, ein 16 m großes Buckelwalweibchen mit Jungtier, ein 10 m langer Schwertwal, ein 15 m großer Pottwal sowie weitere imposante Objekte. Für den Besuch des Ozeaneums sollte man mindestens 3 – 4 Stunden ansetzen. Der Besucheransturm ist groß, am günstigsten sind Schönwettertage, an denen sich die Masse an den Strand begibt.
Ozeaneum, Hafenstraße 1, 18439 Stralsund, www.ozeaneum.de
Geöffnet: Jan – Mai Mo – So 9:30 – 19 h, Juni – Sep Mo – So 9:30 – 20 h, Okt – Dez Mo – So 9:30 – 18 h

Deutsches Meeresmuseum

In der Katharinenkirche, einem frühgotischen Backsteinbau, ist seit 1973 das Deutsche Meeresmuseum untergebracht. Die Kirche ist der erste Monumentalbau des Dominikanerordens an der Ostseeküste. Sie befindet sich im Kerngebiet des UNESCO-Welterbes Historische Altstädte Stralsund und Wismar.

Finnwal-Skelett im Chor der Katharinenkirche

Das Meeresmuseum zeigt meereskundliche Dauerausstellungen und bietet vielfältige Informationen zu den Themen Fischerei, Umwelt- und Meeresschutz, Meeresforschung sowie zu Flora und Fauna des Ostseeraums. In rund 50 Aquarien sind unter anderem Riesenschildkröten sowie auch Fische aus warmen Meeren zu sehen. Auch hier sollten Sie 3 – 4 h einplanen.
Deutsches Meeresmuseum, Katharinenberg 14 (Besucherzugang über Bielkenhagen/Ecke Mönchstraße), 18439 Stralsund, www.meeresmuseum.de
Geöffnet: Jan – Sep Mo – So 10 – 17 h, Okt – Dez Di – So 10 – 17 h

In Stralsund besteht wiederum eine Möglichkeit, die eindrucksvolle Boddenlandschaft aus der Höhe zu betrachten; besteigen Sie dazu den Marienkirchturm.

Panorama der Hansestadt Stralsund

Rügen

Besondere Erlebnisinhalte: Kreidekliffküste auf der Halbinsel Jasmund, aktive Kliffs bei Kap Arkona, Nehrungen, Boddengewässer, Megalithdenkmäler, eiszeitlich überformte Landschaft, Nationalpark Jasmund, eindrucksvolle Buchenwälder

Anreise: Fahren Sie nun über die neue, 4 km lange Hängebrücke (= Rügenbrücke) oder über die alte Klappbrücke und den Rügendamm, die Rügendammbrücke, auf die Insel Rügen. Bis 1937 war Rügen eine Insel, die nur über Fähren erreicht werden konnte. Der Rügendamm ist die erste feste Strelasundquerung und wurde 1936/1937 fertig gestellt. Die Rügenbrücke wurde 2007 in Betrieb genommen.

Rügen ist die größte deutsche Insel. Sie hat eine maximale Länge von 52 km (von Süd nach Nord), eine maximale Breite von 41 km im Süden und eine Fläche von 926 km^2. Die Küstenlänge beträgt insgesamt etwa 570 km.

Für die Entstehung von Rügen waren im Wesentlichen die Gletscher der Weichsel-Eiszeit ausschlaggebend (vgl. S. 28). Vor etwa 10 000 Jahren, nachdem das letzte Eis abgeschmolzen war und die Ostsee dadurch einen erheblich höheren Wasserstand aufwies als heute, ragten einzelne Inselgruppen, bestehend aus den Inseln Wittow, Jasmund, Mönchgut und Granitz, aus der damaligen Ostsee empor. Diese Inseln wurden durch Abtrag und Anlagerung

Kreidefelsen mit nahezu senkrechtem Abbruch

Den „echten“ Caspar-David-Friedrich-Blick gibt es nicht mehr. Das Motiv taucht jedoch immer wieder auf.

miteinander verbunden und sind jetzt Halbinseln. Die Küste ist durch diese Halbinseln und Landzungen sowie Meeresbuchten (Bodden) stark gegliedert.

Im Norden und nordöstlich ragt Rügen mit den Halbinseln Wittow und Jasmund weit in das Arkonabecken vor. Zwischen den beiden ehemaligen Inseln verläuft die Schaabe, eine fast 12 km lange Nehrung. Die Schaabe schützt die ehemals nach Nordost offene Bucht zwischen Jasmund und dem Inselkern vor schwerer See aus Nordost. So entstanden die Nordrügenschen Bodden, Großer Jasmunder Bodden und Breeger Bodden. Die Westküste wird vor der anstürmenden See aus Hauptwindrichtung West durch die langgestreckte Insel Hiddensee geschützt. Die Gewässer westlich Rügens wurden so zu inneren Küstengewässern, den Westrügenschen Bodden (Vitter Bodden, Schaproder Bodden , Kubitzer Bodden). Der Südosten mit der Halbinsel Mönchgut, wiederum ein ehemaliger Inselkern, ragt dagegen in den Greifswalder Bodden, einem Teilbereich der Pommerschen Bucht. Der südlichste Punkt, das Südperd, sowie der Norden der Insel Usedom begrenzen zusammen mit einer unterseeischen flachen Schwelle, der Boddenrandschwelle, den Greifswalder Bodden seewärts. Zwischen dem Südperd und der Halbinsel Zudar im Südwesten liegt der Rügische Bodden, der Norden des Greifswalder Boddens. Diese Bodden, Buchten und Sunde sind in den vergangenen 4500 Jahren durch den Küstenausgleich entstanden. Dieser Prozess ist nicht abgeschlossen.

Für den Greifswalder Bodden, also für die Südküste von Rügen, sind kleine Inseln wie Vilm, Ruden und die Greifswalder Oie ebenso charakteristisch wie die stark gegliederten Boddenküsten, u. a. mit der Schoritzer Wiek an der Küste der Halbinsel Zudar sowie der Having, Hagenschen Wiek und Zicker See auf der Halbinsel Mönchgut. Im Zusammenwirken mit der z. T. stark reliefbetonten Landschaft zeichnen sie ein eindrucksvolles Bild. Aktive Kliffe wie am Gelben Ufer auf Zudar oder in Groß bzw. Klein Zicker auf dem Mönchgut sowie Hakenbildungen wie bei Klein Zicker prägen das Landschaftsbild dieser Boddenküste.

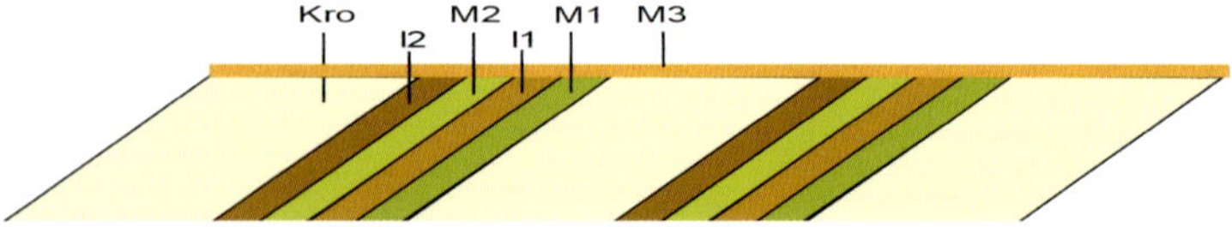

Schichtenfolge: Die ursprüngliche Lagerung umfasste zuoberst Geschiebemergel (M3), dann eine Lage interglazialer Feinsande (I2) und einen weiteren Geschiebemergel (M2), weiter unten eine Wechselfolge aus Feinsanden und Ton (I1) und den Geschiebemergel (M1) unmittelbar über der Ober-Kreide (Kro). Durch seitliche Pressung ist diese Abfolge in einzelne Partien zerlegt und übereinander geschoben worden. Man nennt die Komplettfolge (M3-I2-M2-I1-M1-Kro) in der Geologie Nordrügens einen Streifen.

Erlebnistour 12

Nationalpark Jasmund und Kreideküste

Anreise: Über Sassnitz zum Parkplatz „Im Hagen" an der L303. Von dort aus gelangen Sie zu Fuß vorbei am malerischen Hertasee zum Königsstuhl (3 km, 40 Min). Hier befindet sich das Informationszentrum des Nationalparks auf der Großen Stubbenkammer mit dem 119 m hohen Königsstuhl. Besuchen Sie die ausgezeichnete Ausstellung. Sie erleben hier Deutschlands kleinsten Nationalpark, den NP Jasmund, auf der Halbinsel Jasmund. Im Juni 2011 verlieh die UNESCO dem für seinen alten Buchenbestand und der Kreideküste bekannten Nationalpark Jasmund den Status eines Weltnaturerbes. Falls Sie eine Wanderung entlang der Steilküste beabsichtigen, erkundigen Sie sich zuvor unbedingt nach dem aktuellen Zustand der Wege. 2–3 h für die Ausstellung, 3 h für den Besuch des Königsstuhls, des Viktoriablicks und einem Abstecher mit Spaziergang am Feuersteinstrand am Fuße des Königsstuhls.

INFO

Nationalpark Jasmund

Jasmund ist heute durch Nehrungsbildungen an den übrigen Inselkörper angebunden und nur noch eine Halbinsel. Davon leitete man die Benennung des seit dem 12. September 1990 bestehenden und 3003 ha großen Nationalparks ab. Er umfasst den mit dem größten zusammenhängenden Buchenwald an der deutschen Ostseeküste bestockten Höhenrücken mit der markanten Kreideklippe nördlich von Sassnitz (2200 ha), einen 500 m weit in die Ostsee reichenden Küstenstreifen (603 ha) sowie einige westlich anschließende Flächen im Gebiet der früheren Quoltitzer Kreidebrüche. In den Waldteilen der Stubnitz finden sich mehrere abflusslose Senken, die wohl mehrheitlich als eiszeitliche Toteislöcher entstanden und fallweise Kesselmoore mit seltenem Artenbestand entwickelt haben.

Die Kreideküste ist ein aktives Kliff und seit 2006 als eines der (bisher) 77 ausgezeichneten Nationalen Geotope gelistet. Bei jedem Sturm und schwerem Seegang brechen größere Partien ab und reißen auch Gehölze mit in die Tiefe. Im Februar 2005 stürzten auch große Teile der Wissower Klinken ab. Die Küstenerosion hat zugenommen, seit man im 19. und 20. Jahrhundert unvorsichtigerweise die vor dem Klippenfuß liegenden größeren Findlinge für den Hafenausbau von Sassnitz entfernt hat. Damit fehlt diesem Küstenabschnitt jetzt ein natürlicher Wellenbrecher bzw. Brandungsschutz.

Das 2004 eröffnete Besucherzentrum geht in der Vermittlung der zahlreichen Naturschönheiten des Nationalparkgebietes überraschende und durchaus ungewöhnliche Wege. Die Ausstellungs- und Präsentationsbereiche kann man unter verschiedenen thematischen Schwerpunkten (einer speziell für Kinder) erkunden.

Der Besuch an den Kreideklippen der ehemaligen Insel Jasmund gehört zweifellos zu den spektakulärsten Landschaftseindrücken an der deutschen Ostseeküste. Eine kleine Runde führt Sie zunächst zur Victoriasicht auf der sogenannten Kleinen Stubbenkammer, von wo Sie einen herrlichen Blick auf den Königsstuhl werfen können. Den Namen Victoriasicht erhielt dieser Ausblick anlässlich eines Besuchs des Königs von Preußen Wilhelm I. mit Kronprinzessin Victoria im Jahre 1865. Über eine endlos vielstufige Treppe gelangen Sie an den Strand und können von dort die nähere Umgebung erkunden. Für den Weg nach Sassnitz benötigen Sie auf dem Hochuferweg und am Strand in jedem Fall festes Schuhwerk. Beide Wege bieten geradezu unglaubliche Ansichten des steil aufragenden Kreidekliffs, an dem sich vielerlei Prozesse der Küstengestaltung durch Erosion und Materialabgänge verfolgen lassen (zur Entstehung der Rügener Schreibkreide vgl. S. 178). Bei Hochwasser und Seegang aus östlichen Richtungen ist der Weg am Wasser nicht begehbar.

Kreideklippen vom Hochweg aus mit einer Abrutschung

Königsstuhl mit Feuersteinbändern

Der Hochuferweg führt in östlicher Richtung zum 7 km entfernten Sassnitz vorbei am Kollicker Ort mit einem kleinen, fast versteckten Leuchtturm. Etwas weiter mündet der Kollicker Bach in die Ostsee und hat hier ein tiefes Tal in die Kreide geschnitten. Ursprünglich mündete der Bach einmal auf Strandniveau ein. Wegen des rascheren Kliffrückschnitts ist er heute als Hängetal ausgebildet. Ein ähnliches Bild liefert der Kieler Bach, an dem eine Treppe auch einen Blick an den steinigen Strand gestattet. Später folgen die Wissower Klinken, die allerdings nach einem großen Abbruch im Winter 2005 weitgehend in das Meer gerutscht sind. Sie sind in Teilen dargestellt auf dem berühmten, vermutlich 1818–22 entstandenen Gemälde *Kreidefelsen auf Rügen* des Greifswalder Malers Caspar David Friedrich (1774–1840). In das Bild hat der Künstler als linksseitige Kulisse allerdings auch den Königsstuhl hineinkomponiert.

In der steil aufragenden Kreidekliffküste verzahnen sich kreidezeitliche mit eiszeitlichen (pleistozänen) Gesteinsschichten auf recht komplizierte Weise. Seit dem Beginn der so genannten Littorina-Transgression vor etwa 7000 Jahren (vgl. S. 33, 123) unterliegt das Hochgebiet von Jasmund der Abtragung durch das Meer. Mit der Überflutung der Tromper und der Prorer Wiek wurde Jasmund zunächst zur Insel, die vor allem an ihrem Nordufer dem Angriff der

Brandung ausgesetzt war und ist. Bis heute beträgt hier der jährliche Küstenrückschnitt etwa 25 cm. Bedingt durch die Höhe der aufragenden Kreideklippen kann hier die Tiefenerosion der Bäche mit dem Küstenrückgang nicht Schritt halten. Die Sohlen der Stubnitzbäche liegen daher ausnahmsweise nicht auf Strandniveau, sondern hängen hoch im Kliff und bilden hier stellenweise die sonst in Norddeutschland eher seltenen Wasserfälle aus. Hier siedelt das interessante Kalkquellmoos, das in einer Kombination aus Rieseleffekt und CO_2-Entnahme durch Photosynthese stark poröse Quellkalke (Kalksinter) bildet, die hier und da auch als größere Blöcke auf dem Strand liegen – beispielsweise am Nordende der Promenade von Sassnitz oder am Kieler Bach.

Die grellweiße Rügener Schreibkreide (heutige Schultafelkreide besteht übrigens zur Schonung der Tafeln grundsätzlich aus Gips = $CaSO_4$) gehört geologisch in die Ober-Kreide und innerhalb dieser Formation in das Maastricht. Sie umfasst eine ca. 150 m mächtige Schichtenfolge, die zu über 90 % aus den feinen Kalkschuppen aus der äußeren Zellwand mikroskopisch kleiner einzelliger Algen stammt, die man zu den *Chrysophyceae* und innerhalb dieser Algenklasse zu den Coccolithophoriden zählt. Daneben sind auch mehrzellige Tiere mit ihren Kalkhartstrukturen am Aufbau der Kreideschichten beteiligt, beispielsweise Armfüßer (Brachiopoden), Muschelkrebse (Ostracoden), Kopffüßer (Cephalopoden) und Stachelhäuter (Echinodermen). Ins-

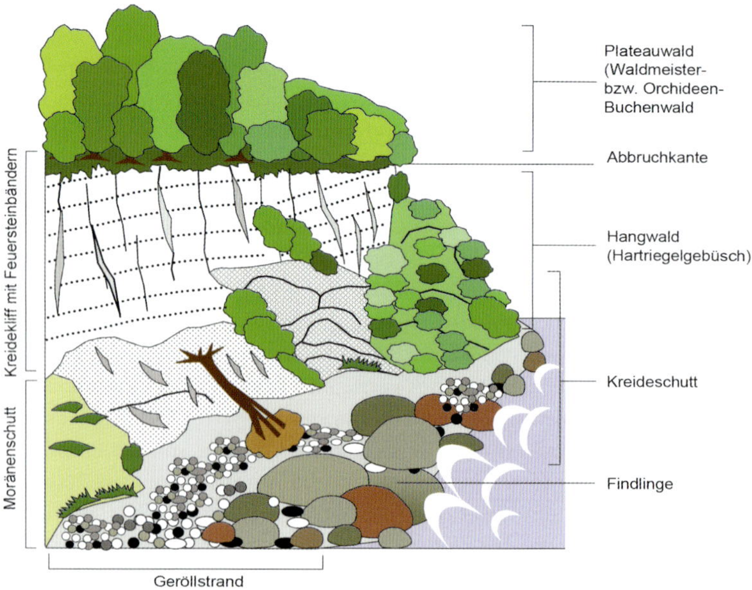

gesamt sind aus der Rügener Schreibkreide über 1000 fossile Arten bekannt. Diese Fossilien repräsentieren einen Teil der Mikroflora und Makrofauna des kreidezeitlichen Meeres, das sich von England (Felsen von Dover) bis zur Ukraine und von Südschweden (Schonen) bis zum Harz erstreckte.

In Abständen von 0,5 – 0,7 m ist die weiße Kreide von schichtparallelen Feuersteinbändern unterbrochen.

Die genauere Beobachtung zeigt, dass die Kreideschichten fast nirgendwo streng horizontal gelagert sind, sondern fast immer schräg gestellt sind. Während man früher der Ansicht war, dass diese Schrägschichtung durch endogene Kräfte in der Erdkruste verursacht wurde, geht man heute mehrheitlich davon aus, dass sich darin eine Verschuppung durch den seitlichen Schub der Gletscher abbildet. Die ursprüngliche horizontale Lagerung umfasste zuoberst Geschiebemergel (M3), dann eine Lage interglazialer Feinsande (I2) und einen weiteren Geschiebemergel (M2), weiter nach unten eine Wechselfolge aus Feinsanden und Ton (I1) und den Geschiebemergel (M1) unmittelbar über der Ober-Kreide (Kro). Durch seitliche Pressung ist diese Abfolge in einzelne Partien zerlegt und übereinander geschoben worden. Man nennt die Komplettfolge (M3-I2-M2-I1-M1-Kro) in der Geologie Nordrügens einen Streifen. Zwischen Sassnitz und Stubbenkammer (Kollicker Ort) lassen sich 24 solcher Streifen nachweisen. Die Abbildung auf Seite 174 zeigt schematisch die Abfolge dieser Schichtglieder.

INFO

Kalkbuchenwälder

Die Rot-Buche, häufig auch einfach nur Buche genannt, wäre unter den heutigen klimatischen Bedingungen in Mitteleuropa fast überall die dominierende Waldbaumart, hätte der Mensch nicht nachhaltig in die Vegetationsdecke eingegriffen. Nur in den höchsten Lagen einiger Mittelgebirge und der Alpen, sowie auf Standorten, die hinsichtlich der Wasser- bzw. Nährstoffversorgung eher ungünstig sind, würden von Natur aus andere Baumarten zur Herrschaft gelangen. Die hohe Konkurrenzkraft der Buche zeigt sich unter anderem darin, dass das Bestandesinnere von Buchenwäldern wegen des dichten Laubdachs vergleichsweise dunkel ist. Gleichzeitig kann der Jungwuchs der Buche erheblich mehr Schatten ertragen als die meisten anderen Baumarten.

Die Buche kann eine breite Palette unterschiedlicher Standorte besiedeln; daher gibt es vielfältige Typen von Buchenwäldern.

Als *Kalkbuchenwälder* bezeichnet man Wälder mit dominierender Buche, die auf kalkreichen Standorten stocken. Standorte auf Kalkgestein weisen

Buchenwald auf der Stubnitz

hinsichtlich ihrer Böden mehrere Besonderheiten auf: Der Untergrund ist stark wasserdurchlässig, weshalb meist wenig Wasser im Wurzelraum verbleibt. Die Verwitterung des Gesteins erfolgt zwar sehr langsam, aber es entsteht dabei ein basenreicher Boden mit neutraler Reaktion, der günstige Bedingungen für die Ernährung der Pflanzen bietet. Es bildet sich auch eine besondere Form von Humusauflage aus, nämlich Mull. Wegen der geringen Wassergehalte sind die Böden „warm" – sie sind leicht erwärmbar. Solche Bedingungen finden sich über den Kreidekalken im Nationalpark Jasmund. Die hier stockenden Kalkbuchenwälder liegen nahe am nördlichen Rand ihrer Gesamtverbreitung in Europa.

Die Buche gedeiht hier dennoch besonders gut und verjüngt sich freudig. Häufig vermitteln Buchenaltbestände in ihrer so genannten Terminalphase einen straucharmen, „hallenartigen" Eindruck und werden daher auch als „Hallenwälder" bezeichnet. Meistens ist die Krautschicht gut entwickelt und reich an anspruchsvollen Arten, etwa Wald-Bingelkraut, Aronstab oder Einblütiges Perlgras. Im Frühjahr, solange noch viel Licht durch den Baumbestand fällt, entwickeln sich zahlreich Geophyten und andere Frühblüher, beispielsweise Busch-Windröschen und Gelbes Windröschen; die meisten von ihnen beenden ihren jährlichen Zyklus bereits mit dem verdunkelnden Laubaustrieb oder kurz danach. Von der typischen Ausbildung des Waldmeister-Buchenwalds kann eine

Kreideküste mit abgerutschtem Buchenwald

Ausbildung auf etwas trockeneren Standorten mit flachgründigeren Böden, oft an Südhängen oder in Kuppenlage, unterschieden werden. Charakteristische Arten solcher Kalkbuchenwälder sind Waldgerste und Zwiebel-Zahnwurz, letztere besonders in klimatisch kühleren Gebieten.

Sind die Böden noch flachgründiger und trockener, dann treten *Orchideen-Buchenwälder* auf. Man nennt sie auch Seggen-Buchenwälder. Wegen der ungünstigeren Wuchsbedingungen bleibt das Laubdach der Buche hier etwas offener, so dass auch stärker lichtbedürftige Arten in der Krautschicht gedeihen können. Dazu gehören einige Orchideen, z. B. Rotes und Bleiches Waldvöglein sowie verschiedene Seggen-Arten. Auch die Strauchschicht ist bei diesem Typ erheblich stärker entwickelt. Auch dieser Buchenwald-Typ ist im Nationalpark Jasmund zu erleben.

Auf dem Boden der Kalkbuchenwälder von Jasmund blühen im Frühjahr Goldstern und Leberblümchen, im Frühsommer Orchideenarten wie beispielsweise der aparte Frauenschuh. Sie können hier auch Eisvogel, Wanderfalke und Kolkrabe erleben. Sogar Mehlschwalben brüten im Bereich der Kreidefelsen. Auch ein an Kreide angepasster Schmetterling, die Kreideeule, ist hier heimisch. Die Kreideküste von Rügen ist das einzige Vorkommen in Deutschland .

Sie benötigen für den Hochuferweg etwa 3 – 4 h. Wer den Weg am Ufer wählt, sollte mindestens 1 Stunde mehr einkalkulieren. Verlassen Sie den Hochuferweg nur auf den Abstiegen an den (hoffentlich intakten) Treppen und gehen Sie nicht den ganzen Weg am Wasser entlang – die Aussicht von oben ist beeindruckender und vor allem sicherer. Andererseits haben Sie am unteren Uferweg die einzigartige Chance, die aus den Kreideschichten herausgewitterten Feuersteine genauer zu inspizieren und auch zahlreiche Materialproben diverser skandinavischer Granite zu erleben, welche die Gletscher der zurückliegenden Kaltzeiten hierher verfrachtet haben.

INFO

Feuerstein

An den Küsten der westlichen und südlichen Ostsee, aber auch in Dänemark und Schonen, und vor allem auf Rügen ist Feuerstein (= Flint) ein allgemein bekanntes, weil einfach erkennbares Gestein. Es stellt hier fast überall die häufigsten Strandsteine. Dieses Material gehört zu den Absatzgesteinen (Sedimentiten), obwohl ihre Entstehung etwas anders verlief als bei gewöhnlichen Schichtgesteinen. Feuerstein ist an den Ostseeküsten an die Obere Kreide gebunden und demnach etwa 60 – 70 Mio. Jahre alt. Was den Strandspaziergänger daran besonders fasziniert, ist der beachtliche Formenreichtum und die auffällige Farbstellung: Jeder einzelne Flint hat seine individuelle, hübsch gerundete bis bizarre Form, wie man sie so von anderen Gesteinen nicht kennt – es gibt somit keine zwei identischen Stücke. Zumeist kontrastiert auch eine millimeterdünne grellweiße Rinde mit dem oft tiefschwarzen, mitunter auch braungrauen und in selteneren Fällen sogar fleischroten Steinkern. Daneben gibt es auch gelbbraune sowie grün berindete Stücke. Bei den weiß berindeten Stücken könnte man annehmen, dass ihre Verpackung von der Einbettung im hellen Kreidekalk herrührt. Tatsächlich handelt es sich dabei um Opal, ein besonderes Mineral aus der Silikatgruppe.

Feuerstein ist extrem hart. Man kann damit ohne Weiteres Glas oder Metall ritzen. Er bricht beim Zerschlagen muschelig in dünne Scherben und bildet messerscharfe Kanten. Diese besonderen Materialeigenschaften waren bei unseren steinzeitlichen Vorfahren hochgeschätzt. Sie fertigten aus Feuerstein durch geschicktes Zurichten (Retuschieren) der Profile beispielsweise Pfeilspitzen mit exaktem Lorbeerblattumriss für die Jagd sowie Schneidegeräte zum Zerteilen der Jagdbeute. Als Rohmaterial waren Feuersteine schon in der Steinzeit ein wichtiges Exportgut in Gegenden, wo dieses Gestein von Natur aus nicht vorkommt. Später entdeckte man, dass beim Aneinanderschlagen von zwei „Feuer"steinen oder von Feuerstein und Metall die Funken fliegen (Vorsicht: nur mit Augenschutz versuchen!). Auf dieser Basis konstruierte man die ersten Feuerzeuge oder Gewehrschlösser für die „Flinte", mit denen man die Pulverladung zündete.

Die Entstehung des Feuersteins erklärt man sich heute so: Im Kalkschlamm am Boden des kreidezeitlichen Meeres sammelten sich mengen-

Flintgeröll am Rügen-Ufer

weise auch die aus Siliciumdioxid (SiO_2) bestehenden, mikroskopisch kleinen Gehäuse von Radiolarien (Strahlentierchen) und Diatomeen (Kieselalgen) sowie die Silikatnadeln von Kieselschwämmen. Unter dem wachsenden Druck der stetig neu aufgelagerten Schlammschichten löste sich die Kieselsubstanz langsam auf, drang mit dem Porenwasser in tiefere Bodenpartien und wurde hier in kleineren oder größeren Hohlräumen wieder ausgefällt. Lagenweise wuchsen also im sich verfestigenden Kreidegestein (und insbesondere in der Schreibkreide) die Flintknollen heran. Solche Feuersteinbänder kann man auf Rügen oder Møn überall im Anstehenden verfolgen. Mit fortschreitender Erosion der Kreidekliffe werden die Knollen sukzessive aus dem Gesteinverband gelöst und liegen dann überall als Lockermaterial umher. Je nach Brandungsaktivität am betreffenden Küstenabschnitt verrollen sie relativ schnell zu kugeligen Gebilden. Das charakteristische Klackern schon weitgehend zerkleinerter Feuersteine in den Brandungswellen ist den erfahrenen Strandwanderern an der Ostsee ein vertrautes Geräusch.

Hühnergötter

Auf Rügen nennt man die eigenartig durchlöcherten Feuersteine „Hühnergötter" – sie sollten, an einer Hühnersitzstange aufgehängt, die Legetätigkeit der Hennen anregen und/oder den Fuchs von unerwünschten Besuchen im Hühnerstall abbringen. „Sassnitzer Blumentöpfe" sind besonders große perforierte Flintknollen, die man dekorativ mit Sommerblumen bepflanzt.

Es besteht auch die Möglichkeit, von Stubbenkammer aus nach links (Nord) über den Hochuferweg zum 4 km entfernten Lohme zu gelangen. Hier ereignete sich im Frühjahr 2005 überraschend auf 200 m Breite eine beträchtliche Hangrutschung, die auch mehrere Wohnhäuser betraf. Im Frühjahr blühen auf den Hängen rechts und links der Treppe zum Strand Zehntausende von Schneeglöckchen.

Halbinsel Wittow

Anreise: Sie erreichen Wittow über die die Schaabe mit Aussichten auf den Großen Jasmunder Bodden oder über Trent und mit der Wittower Fähre bis Altenkirchen (diese Strecke ist weniger befahren).

Wittow ragt weit in die Arkonasee. Im Norden, praktisch gegenüber, mündet der Sund als eine der dänischen Wasserstraßen in die Ostsee. Die gesamte nördliche Küste mit Kap Arkona liegt an der offenen Ostsee und ist stark den Winden und Wellen aus nördlichen und östlichen Richtungen ausgesetzt. Im Südwesten liegen Wieker Bodden, Rassower Strom und Breeger Bodden. Von Dranske aus erstreckt sich eine lange Nehrung zum Buk. Wie die Halbinsel Jasmund ist auch auf Wittow ein charakteristischer Höhenanstieg von der Boddenseite zur Außenküste zu verzeichnen. Beide Halbinseln wirkten gleichsam als Strompfeiler, die sich vor 13 000 bis 14 000 Jahren dem letztmalig in dieses Gebiet vorgedrungenen Eis entgegenstellten.

Erlebnistour 13

Kap Arkona auf Wittow

Anfahrt: Fahren Sie über die L30 bis Altenkirchen, und weiter über die K1 nach Putgarten (Parkplatz). Zu Fuß, mit der Kap-Arkona-Bahn oder mit einer Kutsche geht es zum Kap.
Ausweichparkplatz (empfohlen): Am Parkplatz Putgarten vorbeifahren, links abbiegen und nach etwa 700 m rechts in den Plattenweg einbiegen bis zu dem Parkplatz direkt an der Steilküste.
Beide Routen sehr zu empfehlen: Sie können Kap Arkona zu Fuß oder mit dem Fahrrad erreichen. Der östliche Hochuferweg führt von Juliusruh/Altenkirchen über Nobbin (Hügelgrab) nach Goor und weiter bis nach Vitt (10 km, 2–3 h).
Zu Fuß: Der nördliche Uferweg führt von Nonnevitz/Bakenberg 11 km (2–3 h) am Hochufer entlang und erreicht dann das Kap Arkona. Beide Wege bieten wunderbare Aussichten auf die Ostsee und gehören zu den schönsten Wander- und Radwegen auf der Insel Rügen.

Bei Kap Arkona erreicht die Steilküste eine Höhe von 43 m. Das Material besteht wie auf Jasmund aus Kreide bzw. Geschiebemergel, die nach feuchten Wintern zu Materialabgängen neigen – so zuletzt im Winter 2012. Aus Sicher-

Kap Arkona und das Fischerdorf Vitt

heitsgründen ist eine Teilstrecke des kliffnahen Weges zum Gellort seither gesperrt.

Der Gellort befindet sich knapp 1 km nordwestlich von Kap Arkona und ist der nördlichste Punkt von Rügen. Direkt am Klippenfuß befindet sich der 165 t schwere Findling Siebenschneiderstein. Über die Königstreppe, die in der Nähe der Arkona-Leuchttürme herunter zum Strand führt, ist er auch auf dem ungesicherten Uferweg erreichbar. Vorsicht: Dieser Weg ist nicht unkritisch und sollte bei Hochwasser sowie nach längeren Regenperioden nicht begangen werden.

Auf Kap Arkona stehen gleich zwei Leuchttürme, die zu besteigen sind und bei guter Sicht einen ungehinderten Ausblick über die Ostsee bis zur Insel Møn ermöglichen. Der kleinere der beiden Leuchttürme wurde 1826/27 nach Plänen der preußischen Oberbaudeputation in Backsteinbauweise von Karl Friedrich Schinkel (1781 – 1841) erbaut. Der Turm ist 22,45 m hoch und hat eine Feuerhöhe von 66 m über NN. Sein Leuchtfeuer war 8 sm weit sichtbar.

Leuchttürme Kap Arkona

Der neuere Turm hat eine Gesamthöhe von etwa 35 m und eine Feuerhöhe von 75 m. 175 Stufen führen zu einer Aussichtsplattform in etwa 28 m Höhe. Ein dritter Turm, der so genannte Marinepeilturm, wurde 1927 erbaut und diente als Seefunkfeuer der 1909 eingerichteten Eisenbahn-Fährlinie Sassnitz–Trelleborg zur verbesserten Navigation. Im Bereich des Kaps finden sich – auch als Bunker im Fels – einige militärische Installationen, die in Anteilen zu besuchen sind.

Kap Arkona ist ein geschichtsträchtiger Ort. Die slawische Jaromarsburg war vom 9. bis zum 12. Jahrhundert eine dem Gott Svantovit gewidmete Kultstätte des slawischen Stammes der Ranen. Von der ehemaligen Burganlage mit dem Burgwall fiel in den vergangenen Jahrzehnten ein großer Teil den Abbrüchen am extrem exponierten Kap zum Opfer. Um den Abbrüchen zuvorzukommen, finden seit einigen Jahren archäologische Notgrabungen statt, durch die der Standort des Svantovit-Tempels gefunden wurde (http://de.wikipedia.org/wiki/Jaromarsburg). Der dänische König Waldemar I. unterwarf im Zuge der Christianisierung 1168 die Ranen. Er landete, begleitet von seinem Heerführer und engen Vertrauten Bischof Absalon, mit seiner Flotte bei Arkona. Am 15. Juni 1168 konnte die Tempelburg nach vierwöchiger Belagerung eingenommen werden.

Besuchen Sie auch das kleine Fischerdorf Vitt – erreichbar über einen schönen Wanderweg vorbei an der Jaromirsburg. Das Dorf hat zweifellos einen besonderen Charme, zumal es sich in einem Tal in die Steilküste duckt. Kommt man über Land, ist das Dorf nicht zu sehen. Nur die achteckige Kapelle, die ebenfalls von Schinkel stammt, steht oberhalb des Dorfes und weist den Weg. Von Vitt aus hat man einen interessanten Blick auf Kap Arkona.

Am Strand von Kap Arkona und auch von Vitt werden nach Stürmen Braunalgen angetrieben, vor allem der etwa halbmeterlange Zuckertang (*Saccharina latissima*). Das verwundert zunächst. Aber Zuckertang wächst tatsächlich vor Arkona, allerdings erst in etwa 15 m Tiefe. Das ist darauf zurückzuführen, dass über den Sund salziges Wasser bis an die Nordküste Rügens vordringt und so dieser respektablen marinen Tangart ein Überleben ermöglicht. Der Zuckertang lebt hier an der Ostgrenze seines weltweiten Vorkommens. Die Exemplare sind klein und können mit ihren Artgenossen aus dem Kattegat oder dem Großen Belt nicht mithalten.

Am Wegesrand

Kirche und Friedhof von Altenkirchen

Auf dem Gebiet des ehemaligen Svantovit-Heiligtums entstand die erste christliche Kirche Rügens. In der nahen Kirche von Altenkirchen, mit deren Bau wohl schon 1185 begonnen wurde, ist der Priesterstein oder Svantevitstein direkt über dem Fundamentsockel auf der Seite liegend verbaut worden. Der kleine Friedhof von Altenkirchen bietet im Frühjahr eine botanische Besonderheit: Zehntausende Winterlinge entfalten hier ihre Blütenpracht. Zu beachten ist hier auch der prächtige Flechtenaufwuchs auf den alten Grabsteinen sowie am aufgehenden Mauerwerk der Kirche.

Winterlinge – eine botanische Besonderheit auf dem Friedhof von Altenkirchen

Erlebnistour 14

Unterwegs im Mönchgut

Anreise: Über die B196 gelangen Sie nach Göhren. Von den beiden Kaps Nord- und Südperd (mit Aussichtsturm) bieten sich wiederum überwältigende Aussichten auf die Küstenlandschaften im Süden von Rügen.

Die Halbinsel Mönchgut liegt im Südosten Rügens. Sie besteht aus mehreren Landzungen wie dem Reddevitzer Höft sowie dem Kleinen und Großen Zicker, die weit in den Greifswalder Bodden ragen. Die Zicker See im Süden trennt schließlich den Großen vom Kleinen Zicker. Richtung Osten liegt die Insel Greifswalder Oie, die der Halbinsel vorgelagert ist. Mönchgut wirkt klein, aber ihre Küstenlänge beträgt immerhin etwa 50 km.

Jagdschloss Granitz (1,5 h)

Für einen überwältigenden Überblick über die buchtenreiche Südostecke Rügens besteigen Sie den Turm des Jagdschlosses Granitz (an der B196 nahe der Ortschaft Lancken-Granitz, von Binz aus auch mit einem Pendelbus zu erreichen, ferner Haltestelle „Jagdschloss“ an der Schmalspurstrecke der nostalgischen Rügenschen Bäderbahn „Rasender Roland“ zwischen Göhren und Putbus).

Hier befinden Sie sich im Biosphärenreservat Südost-Rügen. Die malerische Landschaft ist geprägt von Hügeln, die zum Meer und zum Bodden hin von den Wellen angegriffen werden und markante Steilufer (aktive Geschiebekliffs, vgl. S. 142, 190) ausbildet. Ein Mosaik aus Landschaftsformen mit Offenland, Küsten und Waldlebensräumen konzentriert sich auf engem Raum. Inselkerne wechseln mit weit geschwungenen Nehrungen. Das Biosphärenre-

A: Alleenstraße bei Binz

B: Rasender Roland

C: Aussicht zum Granitzturm

D: Wendeltreppe im Granitzturm

Reddevitzer Höft und Having

Blick vom Südperd, dem südöstlichen Kap von Rügen (Halbinsel Mönchgut)

servat liegt im Regenschatten, und deshalb ist das Gebiet das niederschlagsärmste in ganz Deutschland. Dadurch sind die Pflanzen langen Trockenperioden ausgesetzt. Mager- und Halbtrockenrasen mit seltenen Pflanzenarten wie dem Knorpellattich prägen Endmoränenstandorte und Wiesen und Weiden die nacheiszeitlich entstandenen Niederungen. Von besonderem Reiz sind die an südexponierten Kliffstandorten vorkommenden Eichen-Hangwälder mit der großblättrigen Sommer-Linde, ferner mit Elsbeere, Wild-Apfel und -birne sowie Vogelbeere. Am Südperd ist Echtes Salomonssiegel anzutreffen, das im Mai und Juni blüht. Vom Granitz-Turm fallen natürlich auch die langen, grünen Bänder der berühmten Alleen von Rügen auf, die weithin durch die überwiegend landwirtschaftlich genutzte Kulturlandschaft ziehen. In diesem Teil Rügens, genauer in Sellin, beginnt bezeichnenderweise die 2900 km lange Deutsche Alleenstraße, die überwiegend durch Alleen bis zum Bodensee führt.

Großer und Kleiner Zicker sowie Zicker See

Mit etwas Glück können Besucher des Schutzgebietes sogar Kegelrobben sehen, die auf Rügen wieder einen Ruheplatz gefunden haben. Hauptsächlich hält sich eine Gruppe von 20–30 Tieren auf dem Großen Stubber, einer Sandbank zwischen dem Südperd und der Insel Oie, auf. Im Winter und Frühjahr können Sie von den Steilufern aus Eisenten beobachten, die hier nach Herzmuscheln und im Frühjahr nach dem begehrten Heringslaich suchen.

Fahren Sie nach Klein Zicker, wandern Sie am Kliff des Saalufers (Seehund-Ufer) entlang und steigen Sie auf die 38 m hohe Erhebung der Halbinsel. Sie blicken über die Kaming auf die mächtigen Abbruchküsten des Großen Zicker, auf das Zickersche Höft. Besuchen Sie das Südperd und fahren Sie weiter auf die Halbinsel Großzicker mit dem Fischerdorf Gager. Wandern Sie auf den Bakenberg (66 m) und auf den Zickerschen Berg mit 86 m Höhe. In kalten Wintern stauen sich am Strand des Großen und Kleinen Zicker in Kälteperioden bei Ostwind Eisschollen zu einige Meter hohen Eiswällen („Eisbergen") an.

Im Anschluss – die Entfernungen sind gering – radeln Sie über Middelhagen nach Alt Reddevitz und fahren auf dem ausgestreckten langen, dünnen Finger des Reddevitzer Höft bis zur Spitze.

Bilderbuchreif – die Kirche in Middelhagen

INFO

Das besondere Artporträt

Kegelrobbe

Männchen und Weibchen unterscheiden sich in Körpergröße und Gewicht beträchtlich. Die gewaltigen Bullen erreichen bis zu 2,20 m Länge, während die Weibchen auf 1,80 m kommen. Männliche Kegelrobben können bis zu 230 – 300 kg auf die Waage bringen.

Ihre Sinne sind gut entwickelt. Der Geruchssinn dient vor allem der Erkennung der eigenen Jungen. Die Augen sind über und unter Wasser funktionstüchtig, ihre Leistungsfähigkeit nimmt jedoch an der Luft mit sinkender Lichtintensität ab. Das Gehör ist für Geräusche oberhalb und unterhalb der Wasseroberfläche geeignet. Zusätzlich dienen die hochempfindlichen Barthaare (Vibrissen) zur Orientierung und zum Aufspüren von Beute. Kegelrobben bevorzugen flache, kurze Tauchgänge. Diese dauern in der Regel vier bis fünf Minuten. Es sind zwar bis zu 30 min Tauchzeit bekannt, allerdings wurden im Freiland noch keine Tauchgänge beobachtet, die länger als 15 min dauerten. Die gemessenen Tauchtiefen liegen im Schnitt bei 25 m. Es wird von Rekorden von weit über 100 m, ja bis 400 m Tauchtiefe berichtet.

Im Alter von 3 – 6 Jahren werden Kegelrobben geschlechtsreif, die Weibchen bereits mit 3 – 5 Jahren. In der Regel haben die Männchen aber vor dem 10. Lebensjahr keinen Fortpflanzungserfolg.

Kegelrobbe in der Wismarbucht

Die Fortpflanzungskolonien von Kegelrobben sind meist an Felsküsten zu finden, Sandbänke werden zur Jungenaufzucht seltener genutzt. Die Ostsee stellt einen Sonderfall dar, da die Kegelrobben hier zwischen Eis- und Landgeburten alternieren, je nach Eissituation. Hauptsächlich gebären die Kegelrobben auf Packeis-Formationen nahe der Festeiskante oder auf größeren Eisschollen. Wenn kein geeignetes Eis zur Verfügung steht, finden die Geburten an Land statt.

Jährliche Witterungsschwankungen und der damit zusammenhängenden Eisbedeckung haben entscheidenden Einfluss auf den Reproduktionserfolg. Jungtiere, die auf Eis geboren werden, sind im Durchschnitt größer und schwerer nach der Entwöhnung (48 kg) als diejenigen, die auf dem Land zur Welt kommen (37 kg). Die Sterblichkeit der Jungtiere, die auf dem Eis geboren werden, ist geringer ist als bei Landgeburten.

Man vermutet, dass diese Unterschiede auf einem höheren energetischen Aufwand beruhen, sowohl bei den Mutter- als auch bei den Jungtieren. Der Grund dafür ist wahrscheinlich größerer Stress und vermehrte Störungen durch die höhere Robben-Dichte an Land. Geburten auf Eis sind weiter verstreut und Wechselwirkungen mit anderen Tieren sind daher kaum vorhanden.

Im Alter von vier Jahren gebären Kegelrobben-Weibchen zum ersten Mal. Sie bringen größere Junge zur Welt und haben grundsätzlich weniger Schwierigkeiten, die energie-intensive Säugephase zu überstehen.

Im Durchschnitt kommen sechs Weibchen auf ein Männchen im Paarungsverband, erfolgreiche Männchen können sogar bis zu zehn Weibchen verteidigen. Aggressive Handlungen der Männchen beschränken sich auf Drohen, gelegentlich auch Kratzen und Beißen. Sobald die Jungen geboren sind, kommen auch die Männchen an Land. Sie beginnen um die Weibchen zu werben und zu konkurrieren, obwohl diese sie während der Stillzeit zunächst zurückweisen.

Der Ostsee-Bestand der Kegelrobbe hat sich in den vergangenen Jahrzehnten erfreulicherweise erholt. Zunächst haben sie sich an den bevorzugten Felsküsten im Norden mit regelmäßigen Vereisungen wieder fest etabliert. Auf der Suche nach neuen Nahrungsrevieren und Wurfplätzen durchqueren sie die Ostsee und dringen bis an die sandigen Küsten der südlichen Ostsee vor. Hier waren sie auch vor der Ausrottung zu Hause, wie aus den Namen „Saalsufer" (Klein Zicker) oder dem Lied vom „Sahlhund" zu erkennen ist. Erwartet werden die Kegelrobben an den reich gegliederten und fischreichen Küsten rund um die Insel Rügen. Hier finden sich ausreichend viele Strände und Nehrungen, die als Ruheplätze geeignet sind, beispielsweise im Gebiet der Boddenrandschwelle des Greifswalder Boddens, am

Peenemünder Haken, auf der Halbinsel Zudar, auf Mönchgut oder bei den Blocksteingründen am Südperd. Ausgewiesene Schutzzonen bieten Nationalpark Jasmund, Biosphärenreservat Südost-Rügen sowie Naturschutzgebiete.

Am Wegesrand

In Middelhagen gibt es ein absolut uriges kleines Schulmuseum direkt neben der pittoresken Dorfkirche, die der berühmte Lyonel Feininger (1871 – 1956) mehrfach gezeichnet hat. Kopien sind in der Kirche zu sehen. Der unmittelbar benachbarte Hof zeigt eine ansehnliche Sammlung von historischem landwirtschaftlichem Gerät.

Erlebnistour 15

Insel Vilm

Anreise: Vilm ist für den öffentlichen Besucherverkehr gesperrt. Es werden jedoch geführte Exkursionen angeboten. Vom Hafen Lauterbach fährt das Motorschiff „Julchen" zur Insel. Fahrt und Führung auf der Insel Vilm dauern etwa 3 Stunden. Täglich sind 30 Personen zugelassen, daher rechtzeitig anmelden: Fahrgastreederei Lenz e.K., Telefon: 038301-61896, www.vilmexkursion.de, oder Infokiosk im Lauterbacher Hafen / Jenny's Hafencafé.
Alternativ, falls Sie bedauerlicherweise keinen Platz für eine Exkursion bekommen, können Sie immer noch an einer Fahrt „vorbei an der Insel Vilm" teilnehmen. Adresse: Weiße Flotte GmbH, 18439 Stralsund, Tel. 038-31 26 81 38, www.weisse-flotte.com.

Die kleine Insel, deren Name sich von den hier immer noch in ansehnlichen Exemplaren vorkommenden Ulmen ableitet, liegt im Rügischen Bodden. Auf der Insel befindet sich eine Außenstelle des Bundesamtes für Naturschutz, die Internationale Naturschutz Akademie (INA) Vilm. Die Insel steht seit 1936 unter Naturschutz und gehört seit 1990 zum Biosphärenreservat Südost-Rügen.

Vilm besteht aus zwei eiszeitlichen Kernen, dem rund 37,8 m hohen „Großen Vilm" im Nordosten und im Süden dem „Kleinen Vilm", der nur bis zu 21 m hoch ist. Beide sind über eine Nehrung verbunden, auf dem viele ansehnliche Exemplare der Wild-Birne gedeihen. Von einem zum anderen Ende der Insel sind es rund 2,5 km. Der Vilm hat eine Fläche von etwa 1 km^2. Hier finden Sie eindrucksvolle, naturnahe Mischwälder. 1527 fand der letzte große Holzeinschlag statt. Derzeit findet ein Prozess der Umformung vom uralten Hudewald zum Naturwald statt. Eine obere Schicht des Waldes besteht zum größten Teil aus urwüchsigen, knorrigen Buchen und Eichen, eine zweite Schicht ist von Hainbuche und Berg-Ahorn bewachsen. Die ungemein beeindruckenden Baumgestalten hat Caspar David Friedrich (1774–1840) in vielen Skizzen, Zeichnungen, Aquarellen und Ölbildern festgehalten. Der Kleine Vilm ist Totalreservat und darf nicht betreten werden. Die Buchenwälder gehören zu den ältesten und wertvollsten Naturwäldern Norddeutschlands.

Die Insel Vilm ist als Brutplatz von Gänsesägern und Waldkauz wegen der Nistmöglichkeiten in alten hohlen Bäumen bedeutsam. In den Steilufern der Insel finden Uferschwalben und Brandgänse optimale Nistmöglichkeiten. Auf der Insel gibt es ein Brutpaar Seeadler. In den Flachwasserzonen rasten im Frühjahr und Herbst Gänse, Säger, Schwäne sowie Schwimm- und Tauchenten. In den Wintermonaten sammeln sich im Hafengebiet von Lauterbach Gänsesäger.

A: Insel Vilm mit Abtrag im Nordosten, einer Nehrung, die die beiden Moränenhügel verbindet und Hakenbildung im Südwesten
B: Tagungsgebäude der INA Vilm
C: Küstenwald auf der Insel Vilm
D: Caspar-David-Friedrich-Eiche

Naturerbe-Zentrum Rügen (2-4 h)

Anfahrt: Das Zentrum erreichen Sie mit den Linien 20 und 28 des Rügener Personennahverkehrs (RPNV) oder mit dem Naturerbe-Prora-Express, welcher ab der Seebrücke Binz eine besondere Anreise über Binz ermöglicht. Für die Anreise mit dem Auto: Über die B96 hinter Lietzow auf die B96b abbiegen, rechts nach Prora und Binz vorbei am Fährhafen Sassnitz/Mukran fahren, bei Prora auf die L293 abbiegen, etwa 200 m hinter der Abfahrt liegt das deutlich ausgewiesene Zentrum.

Baumwipfel-Lehrpfad Binz-Prora/Rügen

Das Naturerbe-Zentrum Rügen bei Prora ist seit Sommer 2013 ein neues Ausflugsziel für Besucher der Insel Rügen. Ein Baumwipfelpfad und ein modernes Umweltinformationszentrum sowie das historische Forsthaus Prora wurden aufwendig restauriert.

In einzigartiger Kombination liegen zwischen dem Kleinen Jasmunder Bodden und der Prorer Wiek die drei Ökosysteme Wald, Offenland und Feuchtgebiete auf der Naturerbefläche Prora der Deutschen Bundesstiftung Umwelt (DBU). Die Besucher können hier Natur erleben und verstehen – unter anderem auf Augenhöhe mit urwüchsigen Buchen auf dem barrierefreien Baumwipfelpfad. Der 40 m hohe Aussichtsturm des Baumwipfelpfades, der einem Adlerhorst nachempfunden ist, bietet aus einer Höhe von

Im Herbst fallen Bergfinken aus Skandinavien in die Buchenwälder an der Rügenschen Küste ein und ernähren sich von den Bucheckern.

Blick vom Adlerhorst auf den Kleinen Jasmunder Bodden

82 m über dem Meeresspiegel einen freien Blick über die Nordrügenschen Bodden und Landschaft der Insel Rügen. Ein besonders schöner Anblick erwartet Sie während der Laubfärbung im September/Oktober. Das prächtige Rotbraun und Grün der Buchen steht im Kontrast zum Blau der Bodden und Gelb der breiten Schilfränder. In manchen Jahren kann man hier ein seltenes Spektakel erleben: Bergfinken aus dem Norden fallen zu Zehntausenden in die Buchenwälder an der Küste ein, um sich von den Bucheckern zu ernähren.

In den windgeschützten, flachen Bodden kommen Armleuchteralgen vor; hier die recht seltene Gehörnte Armleuchteralgen *Chara tomentosa* aus dem Kleinen Jasmunder Bodden.

Das Wasser des Kleinen Jasmunder Boddens ist trübe. Der Lietzower Damm unterbindet den Wasseraustausch des letzten Bodden der Nordrügenschen Bodden mit den anderen Bodden und der Ostsee nahezu vollständig. Jahrzehntelang flossen Abwässer in den Kleinen Bodden. Trotzdem gedeiht im flachen Wasser eine Reihe von Armleuchteralgen, von denen hier die farbenprächtige Hornblättrige Armleuchteralge (*Chara tomentosa*) abgebildet ist.

Quasi gegenüber liegt parallel zum Strand ein weniger erfreuliches Baudenkmal aus dem Jahre 1938. Nach seiner Fertigstellung sollten hier durch die NS-Organisation *Kraft durch Freude* 20 000 Menschen in acht Wohnblocks zu je 500 m Länge Urlaub machen können. Daraus wurde nichts, stattdessen aber eine Kaserne. Diesen Zweck erfüllte der abweisend graue Bau auch nach dem Zweiten Weltkrieg. Bis heute bleibt er ein problematisches Denkmal. Nach und nach finden sich Investoren, die einzelne Gebäude in Unterkünfte für Feriengäste umbauen.

Insel Usedom

Besondere Erlebnisinhalte: Außen- und Innenküste, Haff, Ausgleichsküste, Buchen-Hallenwald, Salzvegetation

Usedom ist eine durch den Peenestrom und das Stettiner Haff vom Festland getrennte Insel in der Pommerschen Bucht. Der östlichste Teil gehört mit Swinemünde (Świnoujście) zu Polen. Die Gesamtfläche beträgt 445 km^2.

Usedom bildet das östliche Endglied der vorpommerschen Boddenausgleichsküste. Sie wird im Westen vom Peenestrom, im Osten von der Swine, im Süden vom Stettiner Haff und an der Außenküste im Nordosten durch die Pommersche Bucht begrenzt. Nordwestlich von Usedom liegen die beiden Inseln Ruden und Greifswalder Oie, östlich der Swine die polnische Insel Wolin (Wollin).

Die innere Küste der Insel ist durch das Achterwasser, eine vom Peenestrom gespeiste Bucht, stark gegliedert. Die Halbinseln Lieper Winkel, der Gnitz mit der Insel Görmitz und die Halbinsel Cosim östlich des Lieper Winkels ragen weit in das Achterwasser hinein und bilden abgeschiedene, idyllische Randgewässer.

Der im Schnitt feine Sandstrand der Usedomer Ostseeküste erstreckt sich mit 42 km Länge von Peenemünde im Nordwesten bis nach Swinemünde im Osten der Insel und ist der längste Strand an Nord- und Ostsee. Bei Koserow befindet sich eine durch Küstenschutzmaßnahmen inaktive Steilküste. Mit dem Streckelsberg in Koserow erreicht die Küste hier auch ihren höchsten Punkt. Den Hafen Koserow am Achterwasser trennen vom Ostseestrand knappe 300 m. Der nordwestliche Teil der Insel um Peenemünde ist flach. Hier befinden sich ausgedehnte Überflutungs- und Flachwasserzonen, die von Wasservögeln als Rast- und Nahrungsgebiet aufgesucht werden. In der Nähe der Küste befinden sich stellenweise kuppige Graudünen. An der Nordspitze entstehen durch Anlandung Sandinseln. Dagegen ist der südöstliche Teil von einer sanften Hügellandschaft geprägt („Usedomer Schweiz").

Die höchsten Erhebungen Usedoms sind neben dem erwähnten Streckelsberg im Osten der Insel der Lange Berg, der Zirowberg, der Kückelsberg und der Golm. Vom Golm aus blickt man auf die Hochhäuser von Swinemünde, nicht unbedingt ein erhebender Anblick. Der Buchenwald, am Golm als typischer Hallenwald ausgebildet, gibt eine würdige Umgebung als Gedenkstätte für die über 20 000 Opfer eines Bombardements in den letzten Tagen des Zweiten Weltkriegs auf ein Flüchtlingslager in Swinemünde.

Die Insel ist Teil eines weit geschwungenen Endmoränenbogens, dessen Fortsetzung die Insel Wollin ist. Die Moräne entstand an der Stirn des schmelzenden skandinavischen Eises der Weichseleiszeit vor etwa 14 500 Jahren. Die Schmelzwässer flossen nach Süden in einen Eisstausee, der heute das Stettiner Haff bildet. Auch auf Usedom sind kreidezeitliche Kalkgesteine nachweisbar, jedoch sind sie hier im Unterschied zu Møn und Rügen nicht an die Oberfläche gedrückt worden. Erst in 50 – 100 m Tiefe steht die Oberkreide an.

Besuchen Sie beim Forstamt Neu Pudagla den Gesteinsgarten. Sie bekommen einen Eindruck von der Entstehung der Insel und von der Herkunft der Findlinge.

Erlebnistour 16

Achterwasser und Halbinsel Gnitz (etwa 45 km, mit Wanderungen als Tagestour geeignet)

Die nachfolgend beschriebene Tour entlang dem Peenestrom ist als Fahrradtour geeignet. Sie befahren streckenweise unbefestigte Feldwege.

Fahren Sie von der B111 kurz hinter der Brücke von Wolgast links nach Mahlzow ab. Über die „Straße der Freundschaft" gelangen Sie auf einen Parkplatz. Setzen Sie von hier die Fahrt mit dem Fahrrad auf der K26 fort. Biegen Sie die erste Abfahrt rechts ab (K26). Hinter der Ortschaft Sauzin in Höhe der Straße Hasenwinkel gelangen Sie über einen Feldweg an die Sauziner Bucht mit Blick auf Wolgast, ausgedehnte Schilfgebiete und Wiesen. Fahren Sie bis zu dem kleinen Hafen Ziemitz am Peenestrom, dann links der Peenestraße fol-

Peenestrom bei Wolgast

gen, die in einen Feldweg ausläuft, dem Sie folgen. Auf der rechten Seite befindet sich nun das Westufer des Achterwassers. Sie gelangen an zwei Teiche (Großer und Kleiner Klucker), danach beginnt wieder eine befestigte Straße, von der Sie auf den Sauziner Weg nach links abbiegen. In Neeberg treffen Sie auf die K27 und fahren in geringer Entfernung zum Ufer des Achterwassers auf dem Radweg weiter bis Krummin. Hinter Krummin befinden sich große Schilfflächen. Bleiben Sie auf den Weg in Ufernähe, Sie gelangen nun auf die Halbinsel Gnitz. Fahren Sie nach Süden zum „Natur Camping Usedom", stellen Sie dort Ihre Räder ab und wandern auf die Südspitze. Sie befinden sich in einer Grundmoränenlandschaft mit Kiefernwald und offenen Landschaften

Abbruch am Gnitz (Peenestrom)

Wacholder auf der Halbinsel Gnitz

mit einzelnen Kiefern und Wacholder, Hunds-Rose, Sanddorn, Berberitze und Pfaffenhütchen. Nach Südwesten zum Peenestrom fällt der Gnitz mit einem Steilen aktiven Kliff ab. Zum Erhalt einer offenen Kulturlandschaft erfolgen extensive Beweidungen.

INFO

Das besondere Artporträt

Sanddorn

Der sommergrüne, 2–8 m hoch werdende Strauch oder kleine Baum, wissenschaftlich *Hippophae rhamnoides* genannt, kann bis zu 40 Jahre alt werden und bildet durch zahlreiche Wurzelsprosse oft dich-

Die orangeroten Früchte des Sanddorns schmücken im Herbst die Küsten der südlichen Ostsee.

te und undurchdringliche Gebüsche. Zudem sind die Zweige lang bedornt. Die wechselständigen Blätter sind schmal linealisch und erscheinen silbrig, weil sie auf der Oberseite relativ wenige, auf der Unterseite aber zahlreiche Sternhaare tragen, die besonders im mikroskopischen Bild bemerkenswert hübsch erscheinen. Die Wurzeln leben in Symbiose mit besonderen Bakterienformen, die ihnen den sonst nicht nutzbaren Luftstickstoff binden. Sanddornbüsche sind daher an ihren Standorten Bodenbereiter für andere Pflanzen. Als Dichtwurzler legen sie auch Lockerböden fest und wirken daher an Steilufern auch als Erosionsschutz.

Der Name Sanddorn verrät bereits die bevorzugten Standorte in der Naturlandschaft: Einerseits tritt die Art als Pioniergehölz auf den Flussschotterauen der Alpen und Voralpen auf (hier mit zwei eigenen Unterarten), andererseits ist sie als Küsten-Sanddorn vor allem in verbuschenden Braundünen an der Küste verbreitet und findet sich vor allem entlang der Ostsee von Ostholstein bis Mecklenburg-Vorpommern. Zusätzlich hat man die Art aber schon seit langem auch für ihre Früchte gezielt angepflanzt und baut sie neuerdings sogar in Plantagen an.

Sanddorn ist zweihäusig – es gibt also männliche und weibliche Pflanzen. Die Blüten öffnen sich lange vor dem Laubaustrieb im März. Der Pollen wird in den Kelchblättern gelagert, bis er genügend getrocknet ist, und dann erst vom Wind fortgetragen. Mitunter sieht man auf den männlichen Blütenständen aber auch pollensammelnde Insekten. Aus den weiblichen Blütenständen entwickeln sich bis zur Fruchtreife ab August leuchtend orangerote, beerenartige und sehr sauer schmeckende Scheinfrüchte: Ausnahmsweise entsteht das Fruchtfleisch aus den saftig werdenden Kelchröhren. Die eigentliche Frucht ist eine davon umschlossene Nussfrucht. Sie ist bei vielen Vögeln (z. B. Wacholder- und Rotdrossel) beliebt, wird aber wegen ihres enorm hohen Vitamingehaltes häufig auch kommerziell genutzt, so beispielsweise auf Rügen.

Als Vögel der offenen Landschaft werden hier Sperbergrasmücke, Karmingimpel, Neuntöter und Braunkehlchen angetroffen. In den Schilfgebieten sind Schilf- und Drosselrohrsänger zu hören. In der Steilküste brüten etwa 400 – 600 Paare Uferschwalben.

Machen Sie auf dem Rückweg einen Abstecher zur Insel Görmitz, die allerdings nur beschränkt betretbar ist. Häufig sehen Sie hier Seeadler.

Erlebnistour 17

Streckelsberg (2 – 3 h)

Anreise: Fahren Sie nach Koserow über die B111. Ein Parkplatz befindet sich in der Nähe der Seebrücke und in der Förster-Schrödter-Straße/Vinetastraße. Gehen Sie die Förster-Schrödter-Straße aufwärts Richtung Küste bis zum Ende und biegen Sie rechts ab. Sie gelangen schnell an den Aussichtspunkt auf dem Streckelsberg. Sie können von hier fast den gesamten Strand entlang bis Swinemünde schauen.
Entlang der oberen Kliffkante führt ein Rad- und Wanderweg. Der Weg beginnt in Koserow als direkte Verlängerung der Meinholdstraße und ist der kürzeste Weg, der auf den Streckelsberg führt.

Obere Bilder: Blick vom Streckelsberg auf die Küstenschutzmaßnahmen (links Buhnen, rechts Wellenbrecher)

Blick auf den Streckelsberg von See

Der Streckelsberg ist in den letzten 300 Jahren von der See her um etwa 250 m abgetragen worden. Zwischen 1995 und 1998 ist die Abbruchküste im Rahmen einer aufwendigen Küstenschutzmaßnahme gesichert worden. Buhnenreihen verringern den küstenparallelen Sandtransport und zwei der Küste vorgelagerte Wellenbrecher schwächen den anlaufenden Seegang aus Nord und Ost und halten den künstlich aufgespülten Sand fest. Die Steine für diese Wellenbrecher wiegen zwischen 3 und 7 t und kommen von Bornholm und Roedby.

Seit 1961 steht der Streckelsberg unter Naturschutz. Das Naturschutzgebiet Streckelsberg gehört zum Naturpark Insel Usedom und fasziniert insbesondere mit seinem eindrucksvollen Buchenwald, welcher Anfang des 19. Jahrhunderts aufgeforstet wurde. In der Krautschicht kommen u. a. Leberblümchen, Waldmeister, Moschuskraut, Maiglöckchen, Zweiblättrige Schattenblume, Christophskraut, Einbeere sowie Frühlingsplatterbse vor. Von den bemerkenswerten Vogelarten sollen hier Zwergschnäpper, Schwarzspecht, Waldkauz und Hohltaube genannt werden.

Erlebnistour 18

Ruden und Greifswalder Oie

Adresse: Apollo GmbH Fahrgastreederei
Apollo GmbH Fahrgastreederei – Tel.: 038371 – 208 29 – Hafenpromenade 5 – 17449 Peenemünde – reedereipeenemuende@gmx.de

Insel Greifswalder Oie (5 h)

Die Seereise zur Greifswalder Oie beginnt im Hafen Peenemünde und führt Sie über den nördlichen Peenestrom, vorbei an der Nordspitze der Insel Usedom und der alten Lotseninsel Ruden, auf die Ostsee. Nach 90 min Schifffahrt genießen Sie für 2 Stunden fast pure Natur auf der Insel. Im Reiseprogramm ist eine Führung in das Informationszentrum des Verein Jordsand mit einem ca. 20-minütigen Vortrag enthalten.

Leuchtfeuer Ruden

Die etwa 54 ha große Insel in der Pommerschen Bucht ist die östlichste deutsche Insel in der offenen Ostsee. Die Greifswalder Oie ist 1550 m lang, maximal 570 m breit und im Kliff auf der Ostseite maximal 19 m hoch.

Die unterschiedlichen Vegetationszonen der Insel lassen sich in drei Bereiche einteilen – den Wald, die Buschflächen sowie die Strand- und Küstenabschnitte. Alle Bereiche sind von biotopspezifischen Pflanzen und Tieren besiedelt.

Im Nordosten der Insel befindet sich ein rund 6 ha großer Hutewald mit Ahornbäumen, Eschen, Eichen, Hainbuchen und Rot-Buchen sowie Ulmen. Die Bäume wurden über viele Jahrhunderte landwirtschaftlich im Niederwaldbetrieb genutzt und weisen teilweise bizarre Wuchsformen auf.

Auf den übrigen stillgelegten Flächen findet man heute eine alvarartige Vegetation aus Brombeer-, Schlehen- und Weißdornbüschen. Von April bis Oktober werden diese Flächen vornehmlich vom weiß blühenden Wiesen-Kerbel bestimmt, der bis zu 1,5 m hoch werden kann. Weiterhin findet man dort Echten Meerkohl, Echte Engelwurz, Kartoffel-Rosen und Ölweiden. Der Kliffbewuchs sowie der Strand bestehen im Wesentlichen aus niederwüchsigen Gebüschen, Wildobstbäumen und Einzelsträuchern. Am Strand findet man salztolerante oder Salzpflanzen wie Stranddisteln, Strandroggen, Salz-Astern, die Salzmiere, das Strand-Milchkraut und den Tataren-Lattich.

Die vogelkundlich-ökologische Bedeutung der Oie liegt vornehmlich in ihrer Rolle als wichtiges Rastgebiet für Zugvögel. Für die Vögel, die im Herbst aus Skandinavien kommen, bietet die Insel die erste Möglichkeit, einen Zwischenstopp einzulegen. Die am häufigsten anzutreffenden Singvögel sind Fitis, Rotkehlchen, Singdrossel, Trauerschnäpper und das Wintergoldhähnchen.

Schellenten, Bergenten, Eisenten sowie Haubentaucher und Ohrentaucher, aber auch Gänsesäger und Mittelsäger finden im Winter in den steinreichen Flachwasserzonen reichlich Nahrung an Miesmuscheln sowie Klein- und Jungfischen. Im weiteren Umfeld der Greifswalder Oie stellen sich in den Wintermonaten bis zu 45 000 Eisenten und 17 000 Bergenten, dazu Trauer-, Samt- und Schellenten ein. Die ornithologischen Untersuchungen werden vom Verein Jordsand durchgeführt.

Insel Ruden

Vorbei am nördlichsten Teil der Insel Usedom, dem Peenemünder Haken, fährt das Schiff auf die seit 400 Jahren von Lotsen bewohnte Insel. Derzeit lebt hier nur eine Familie, und 25 Schafe sorgen für eine extensive Beweidung der Insel. Der Ruden befindet sich auf dem südlichen Ende der Greifswalder Boddenrandschwelle gegenüber der Nordspitze von Usedom. Die flache Insel ist von Nord nach Süd 2,3 km lang. Die maximale Breite der Insel beträgt 395 m. Die Fläche beträgt 24 ha.

Der im Zweiten Weltkrieg errichtete Messturm beherbergt heute ein Museum. Von diesem Turm aus eröffnet sich ein Blick auf die so genannte Gräte,

Sandanlagerungen am Peenemünder Haken

Abtragsküste bei Bansin

Im ehemaligen Messturm auf dem Ruden befindet sich eine Ausstellung.

eine Schutzmole, die den Ruden vor Abtrag schützt. Diese Mole ist ein traditioneller Schlafplatz der Kormorane geworden. Bis zu 25 000 dieser schwarzen Vögel versammeln sich hier. Die scheinbar schwarze Mole hat nur etwa in der Mitte der Mole eine 20 m breite freie Stelle. Dort hat ein Seeadler seinen Stammplatz. Die Kormorane halten einen kleinen, aber immer gleichen Sicherheitsabstand. Durch Schutzmaßnahmen und auch durch die Anreicherung der Gewässer mit Pflanzennährstoffen, die zu einer Erhöhung der Weißfischbestände führte, hat sich diese nahezu ausgerottete Art erfreulicherweise wieder gut erholt.

Der Ruden ist teilweise mit Dünenwald (Kiefern, Buchen, Eichen) bewachsen. Fast vollständig schützt eine Steinmauer die kleine Insel vor Abtrag.

Abfahrten von verschiedenen Häfen, etwa 1 h Landgang, u. a.: www.schifffahrt-usedom.de oder http://www.ms-astor.de/fahrplan-karlshagen.html

Rastplatz der Kormorane

Polen:
Am längsten Strand der Ostseeküste

Besondere Erlebnisinhalte: Ausgleichsküste, unendliche Strände, Wanderdünen, Nehrungen, eine Perlenkette von Strandseen, artenreiche Vogelwelt

Anreise: Über die A20 von Westen oder die A11 von Süden nach Stettin (Szczecin) und weiter über E65 und E28 in Richtung Danzig (Gdańsk).
Fahrrad: Die EuroVelo-Route EV10 ist allerdings nur in Teilstrecken realisiert, die aber nicht immer den üblichen Standards entsprechen.

Die polnische Küste erreicht von der Insel Wolin (Wollin) bis auf die Frische Nehrung (Weichselnehrung, pol. Mierzeja Wiślana) eine Länge von 528 km. Fast geradlinig in Richtung Nordost verläuft die Küstenlinie von Wolin bis Władysławowo (Großendorf). Hier knickt sie scharf nach Südost in die Danziger Bucht ab. An dieser Küste gibt es keine Kaps, keine Steilufer und auch keine Inseln als landschaftliche Gliederungselemente (vgl. S. 141, s. Karte S. 208). Seit einigen tausend Jahren unterlag diese Küste der Wucht und Ausdauer von Wind und Wellen vorrangig aus westlichen Richtungen. Vorsprünge wurden abgetragen, und die ehemals auch hier vorhandenen Buchten sind längst durch Haken und Nehrungen von der Ostsee abgetrennt worden. So entstand eine einzigartige Küstenlandschaft aus Sandstrand, Dünen und einer Kette von Strandseen. Hier erwarten Sie der längste Strand der Ostseeküste und mit der Halbinsel Hela sowie der Frischen Nehrung zwei der längsten Nehrungen (nach der Kurischen Nehrung) überhaupt. Gewiss ein idealer Urlaubsstrand – genießen Sie die Ruhe und die Einförmigkeit dieser Küstenlandschaft, an den Dünen, am Strand und bei

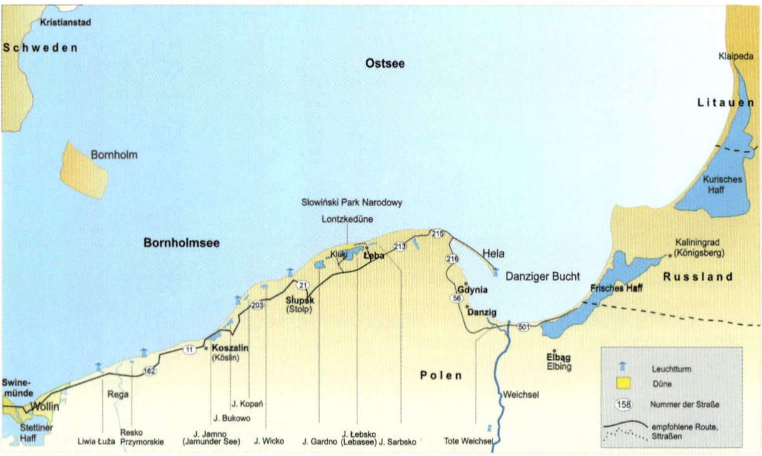

Bootsfahrten auf der Ostsee und auf den Seen. Für den Naturfreund hält diese Landschaft einige Überraschungen bereit.

Bei Danzig mündet die über 1000 km lange Wisła (Weichsel) in die Danziger Bucht. Einer ihrer Mündungsarme, die Tote Weichsel (Martwa Wisła), verläuft durch das alte, wunderschöne Danzig. Hier, im Bereich der Danziger Bucht, kreuzen sich einige Vogelzugrouten. Im Spätsommer und Herbst sind auf den Gewässern und in den Schilfflächen zuverlässig zahlreiche Zugvögel zu beobachten.

Erlebnistour 19

Slowinzischer Nationalpark (5–6 h)

Anreise: Von Süden kommend fahren Sie vom Kreisverkehr in Leba aus auf der Aleja Świętego Jakuba. Vor dem Lebakanal biegen Sie links in die 10 Marca ab. Über einen kleinen Kreisverkehr gelangen sie in die Turystyczna Straße. Auf einem Parkplatz stellen Sie das Auto gebührenpflichtig ab und begeben sich zum Eingang des Nationalparks. Gegen eine Gebühr können Sie den Nationalpark betreten und nach Belieben wandern, etwa 8 km (über 1 Stunde), oder fahren mit dem Fahrrad bis zur Lontzkedüne (30 min). Es besteht auch die Möglichkeit, einen Elektrozug (15–20 min) zu nutzen, der zwischen Düne und Nationalparkeingang ständig pendelt.

Der Leuchtturm von Niechorze liegt auf einem über 20 Meter hohen Kliff. Er gilt als der schönste Leuchtturmbau der polnischen Ostseeküste.

Verbindungskanal vom Jezioro Jamno – (Jamunder See) zur Ostsee

Der Słowiński Park Narodowy (Slowinskischer Nationalpark) liegt im Küstenbereich zwischen Leba und Rowy.

Die wertvolle Küstenlandschaft ist seit 1977 UNESCO-Biosphärenreservat. Man kann sie zu Fuß oder mit dem Fahrrad erkunden. Die direkt hinter der Nehrung gelegenen Seen sind Rast- und Brutplätze von rund 270 Vogelarten. Der See ist dicht mit einer artenreichen Unterwasservegetation bewachsen, in der sich Jungfische und zahlreiche Süß- und Brackwasserarten wie Krebse und Weichtiere aufhalten.

Der Dünenexpress fährt vom Parkplatz in Leba zu den Wanderdünen.

Birkenwald an feuchten Stellen

Kiefernwald in Dünenbereichen

Ameisenlöwe bauen ihre Trichterfallen

Silbergras

Lontzkedüne

Breiter Sandstrand

Die Düne „läuft" in den Wald

Wanderdüne

Bäume am Dünenhang

Den Jezioro Łebsko (Leba-See) trennt eine schmale Nehrung von der Ostsee. Mit einer Länge von etwa 17 km ist er der größte See der Pommerschen Küste. Die Wassertiefe liegt zwischen 2 und 3 m, die Maximaltiefe beträgt 5,8 m. Der Lebasee ist mit dem Jezioro Gardno (Garder See), mit dem Jezioro Sarbsko (Sarbsker See) und bei Leba mit der Ostsee verbunden. Berühmt geworden sind der See und seine Umgebung durch die Łącka Góra (Lontzkedüne), eine 1,3 km lange und 500 m breite Wanderdüne mit einer maximalen Höhe von 42 m. Die hier vorherrschenden westlichen Winde treiben die Düne 2–12 m im Jahr weiter nach Osten. Die entsprechenden Sandmengen liefern die langen Sandstrände der Pommerschen Küste. Die Küstenlandschaft mit See, Strand, Wanderdüne und Wäldern zählt zweifellos zu den schönsten und besonders erlebniswerten Küstenlandschaften der südlichen Ostsee. Der Leba-See ist heute Bestandteil des Slowinzischen Nationalparks.

Schon allein der Weg zur Düne ist eine Erlebnis: Auf der Ostsee-Seite befinden sich herrliche mit Kiefern bewaldete Dünen und ein breiter Strand. Die nicht bewaldeten Dünen werden vom kräftig lila-rot leuchtenden Silbergras (*Corynephorus canescens*) festgesetzt. Die offenen sonnigen Dünenhänge sind Lebensraum einer Insektengruppe, deren Larven sich eine besondere Lebensweise „erdacht“ haben. Ameisenlöwen, so nennt man die Larve der Ameisenjungfern, haben hier ihre tödlichen Fallen angelegt. Sie bauen Trichter in den feinen, lockeren Sand, in die Ameisen, jedoch auch andere kleine

Für Spechte sind genügend alte Bäume vorhanden: hier ein junger Buntspecht.

Tiere stürzen. Kaum gelingt es der Beute, die steilen Wände der Trichter zu erklimmen und zu fliehen. Am Ende des Trichters lauert der Räuber auf seine Beute. Deswegen nennt man Tiere, die sich verstecken und die Beute in eine Falle locken, Lauerjäger. Blitzschnell packen die Ameisenlöwen mit ihren kräftigen Kiefern die hilflose Beute und ziehen sie in den Sand, um sie auszusaugen. Auf der Seite des Leba-Sees setzt sich der Wald aus Eichen, Birken und Schwarz-Erlen zusammen. Das gesamte Dünengebiet ist etwa 35 km lang.

Sie gelangen nun an die Ostseite der Düne, an der sie in den Wald eindringt. Abgestorbene Kronen der Bäume des ehemaligen Waldes ragen aus dem weißen Dünensand. Das Betreten der Düne ist nur in einem schmalen, gut gekennzeichneten Gebiet gestattet.

Wer gut trainiert ist, kann auch über einen ca. 35 km langen Fernwanderweg zwischen den Badeorten Rowy (Rowe) (im Westen des Dünengebietes) und Łeba entlangwandern.

Die Nationalparkverwaltung hat ihren Sitz in Smołdzino (Schmolsin). Hier können Sie sich in einem Naturkundemuseum über die Aufgaben des Nationalparks, seine Geologie sowie Fauna und Flora informieren.

Im Frühjahr ist der Wald voller Vogelgesang: Wald- und Fitislaubsänger, Zilpzalp, Singdrossel, sehr zahlreich Buchfinken, Buntspecht und Schwarzspecht, Haubenmeise, Kleiber sowie neben vielen anderen Arten auch der Wiedehopf.

Äußerst reizvolle Bootstouren über den See werden angeboten, die Sie an denjenigen Teil des Sees bringen, an dem die Düne in den See läuft (rechtzeitig Karten im Touristenbüro in der 11 Listopada bestellen).

Am Wegesrand

Kluki an der Westseite der Wanderdüne: (mit dem Fahrrad 1,5 h bis Kluki, dort mit Museum und Aussichtsturm 2–3 h)

Anreise: Von Leba aus fahren Sie nach Wicko und biegen rechts ab auf die Straße 213. Bei Choćmirówko fahren Sie nach Nord in Richtung Smołdzino. Kluki ist von dieser Straße aus über eine kleine, rechts abbiegende Straße zu erreichen (ausgewiesen). Sie fahren über wunderbar erhaltene alte Baumalleen, die mit Eichen, Eschen, stellenweise auch mit Rosskastanien und in einigen Dörfern mit Linden bestanden sind. Jedes Dorf hat sein Storchenpaar, und oft auch mehrere. Futtersuchend schreiten sie die umliegenden Brachländer und extensiv genutzten Waldwiesen ab. Schon diese Anreise ist ein Erlebnis.

Eine besondere Attraktion in Kluki stellt das Museumsdorf dar. Besucher können dort ein original erhaltenes slowinzisches Fischerdorf mit Fachwerkhäusern aus dem 18. und 19. Jahrhundert bewundern.

Von einem Beobachtungsturm östlich von Kluki eröffnet sich ein phantastischer Blick über den See mit seinen breiten Schilfrändern und auf die Wanderdünen.

Wanderdüne von Kluki

Weißstorch bei Kluki

Die Umrundung des Sees, streckenweise am Strand entlang, erstreckt sich über 120 km.

INFO

Das besondere Artporträt

Ostseequallen – mit Schirm und Charme

Quallen oder Medusen, wie sie der Biologe nennt, sind scheibenförmige, gallertige Tiere, die sich im Meer mit den Wellen, Strömungen und dem Wind treiben lassen. Sie können sich zwar selbst von der Stelle bewegen, wenn sie ihren Schirm öffnen und schließen – aber gegen die Kraft von Wellenbewegungen und Meeresströmungen kommen sie nicht an. Darum gehören sie für die Wissenschaft trotz ihrer Größe von bis zu mehreren Metern zum Plankton. Quallen werden besonders bei Sturm an die Küsten getrieben und stranden dann häufig. Die wasserreichen Körper trocknen an der Sonne rasch aus, so dass schließlich nur noch

Ohrenquallen im Alten Strom, Warnemünde

dünnhäutige Reste an die zuvor prächtigen Gestalten erinnern. Weil die giftigen Nesselzellen auch am toten Tier noch aktiv sein können, sollten Sie unbekannte Quallen nicht anfassen. Auch beim Baden sollten Sie besser das Wasser verlassen, wenn gefährliche Quallen auftauchen. Die in der Ostsee häufige Ohrenqualle ist für uns ungefährlich. Diese Art *Aurelia aurita* kommt in allen Meeren zwischen dem 70. nördlichen und dem 40. südlichen Breitengrad vor. Recht unangenehme Gäste aus der Nordsee sind allerdings die orangeroten Feuerquallen (*Cyanea arctica)*, denen Sie in der westlichen Ostsee in den Sommermonaten bis Hiddensee begegnen können. „Schön ist mit Vorsicht zu genießen" gilt auch bei dieser Art. Das Berühren der bis zu 3 m langen Fangarme kann zu sehr unangenehmen „Verbrennungen" führen.

Gestrandete Ohrenqualle

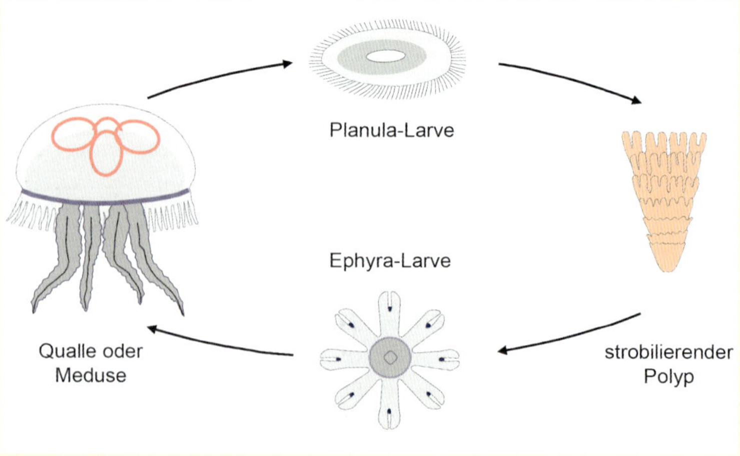

Lebenszyklus der Ohrenqualle

Zusammen mit den verwandten Polypen, Seeanemonen und Korallen gehören die Quallen zu den Nesseltieren. Ihre durchsichtigen Körper, die zu 99 % aus Wasser bestehen, ermöglichen sogar den Blick in ihr Inneres. In der Körpermitte befindet sich der blind endende Magen. Auf der Unterseite des Schirmes befindet sich die Mundöffnung, die bei vielen Arten von Mundlappen umgeben sind. Hier werden auch die unverdaulichen Reste wieder ausgespuckt.

Auch die Geschlechtsorgane sind deutlich erkennbar. Bei der Ohrenqualle sind sie im Herbst orangerot. Die Farbe geht auf die befruchteten Eier zurück, aus denen kleine Wimperlarven hervorgehen. Nach deren Freisetzung stirbt die Qualle. Die Larven schwimmen eine Weile im freien Wasser umher, setzen sich dann an Steinen oder Algen fest und entwickeln sich zu 1 cm langen, festsitzenden Polypen. Im nächsten Frühjahr löst sich dieser Polyp in zahlreiche Scheiben auf, die als etwa 5 mm große Jungquallen davon schwimmen. In Abhängigkeit von der Wassertemperatur sieht man die Winzlinge ab April. Im Oktober sterben die dann etwa 30–40 cm großen Tiere normalerweise ab. Infolge der milden Winter werden aber immer häufiger auch im Winter große Ohrenquallen angetroffen.

Erlebnistour 20

Halbinsel Hela (von Władysławowo 3 h)

Anreise: Nehmen Sie die DW 216 von Danzig/Gdynia aus über das Fischerdorf Puck oder biegen Sie von der E28 bei Reda ab.

Die mächtige Halbinsel Hela im Nordwesten der Danziger Bucht ist als typische Nehrung aufgebaut. Sie ragt über eine Distanz von 36 km weit in die Danziger Bucht hinein. Dünenlandschaften mit anschließenden Kiefernwäldern prägen wie an der gesamten Pommerschen Küste das Landschaftsbild. Küstenabtrag und -anlandung verlaufen jetzt nicht mehr nach dem üblichen Muster. Die Halbinsel unterliegt selber dem Abtrag – sie nährt den Aufbau der südlichen Spitze aus der eigenen Substanz. Somit erfolgt an dem ehemaligen Anlandungsgebiet starke Erosion. Es ist allerdings zu befürchten, dass ein Durchbruch erfolgt mit dem bemerkenswerten Ergebnis, dass aus der Halbinsel eine Insel Hela wird. Mit Buhnen versucht man, den Abtrag zu verringern. Ähnliche Verhältnisse zeigen sich auch bei Nehrungen an anderen Orten der Buchten- und Ausgleichküsten wie etwa am Ostzingst (S. 166) und am Kieler Ort auf der Halbinsel Wustrow (S. 151).

Russland – nur ganz am Rande

Besondere Erlebniswerte: Zwei Nehrungen und zwei Haffe, Samland mit Steilküsten und Dünen, Bernstein

Zwischen Polen und Litauen liegt die russische Exklave Oblast Kaliningrad. Die Hauptstadt ist Kaliningrad (Königsberg). Königsberg liegt im Osten des Frischen Haffs und ist von der Ostsee aus über die Einfahrt bei Baltijsk (Pillau) zu erreichen. Die Ostseeküstenlänge der Oblast Kaliningrad beträgt 140 km. Die Küstenlinie verläuft von der nördlichen Frischen Nehrung über die Halbinsel Samland bis zur südlichen Kurischen Nehrung. Die Küste der Halbinsel Samland ist an ihren Übergängen zu den Nehrungen mit breiten Sandstränden und herrlichen Dünenlandschaften und im Norden als meistens bewaldetes Steilufer ausgebildet. Der größte Fluss im Gebiet ist die Pregolja (Pregel), die das Frische Haff durchfließt und in die Ostsee mündet.

Anreise: Für die Einreise nach Russland besteht in beiden Gebieten Visumpflicht für EU-Bürger. Zusätzlich wird eine für Russland gültige Auslandskrankenversicherung benötigt. Das Visum erhalten Sie aufgrund einer Hotelbuchung im russischen Gebiet oder aufgrund einer beglaubig-

Peterhof am Finnischen Meerbusen

ten privaten Einladung. Das Verfahren ist aufwendig. Die Grenzkontrollen verlaufen gelegentlich schikanös mit stundenlangen Wartezeiten aus nicht erkennbaren Gründen.
Für den Oblast Kaliningrad gibt es für Touristen keine Sondergenehmigungen. Die Einreise nach St. Petersburg ist für Passagiere auf Fähr- und Kreuzfahrtschiffen bis zu 72 Stunden visumfrei (www.russische-botschaft.de).
Die Pkw- oder Buseinreise in das Kaliningrader Gebiet kann an der Küste nur über nachstehende rund um die Uhr geöffnete Grenzübergänge erfolgen:

- von Litauen: Nidden/Morskoe (Kurische Nehrung)
- von Polen Gronovo/Mamonovo (Heiligenbeil)

Ein offiziell ausgewiesener Radweg entlang der Küste besteht nicht. Die EuroVelo Route EV10 ist nicht realisiert.

Am Wegesrand

Vogelwarte Rossiten (2 h)

Wenn Sie die russische Enklave durchfahren, sollten Sie die älteste Vogelwarte Europas im russischen Teil der Nehrung besuchen. Johannes Thienemann gründete hier 1901 die Vogelwarte Rossiten (Rybatschi, Gebiet Kaliningrad) und legte mit der Beringung von Vögeln die wissenschaftliche Basis der Ornithologie. Mit den Ringwiederfunden standen erstmals genaue Daten über die Zugwege der Vögel zur Verfügung. Die Vogelwarte besteht weiterhin und wird von der Russischen Akademie der Wissenschaften in St. Petersburg verwaltet. Die Forschung der Biologischen Station wird heute zum großen Teil aus Spenden und von der deutschen Heinz-Sielmann-Stiftung sowie der Deutschen Bundesstiftung Umwelt (DBU) finanziert.

Im nordöstlichen Teil der Ostsee, im Finnischen Meerbusen zwischen Finnland und Estland, grenzt ein weiterer Landesteil Russlands an die Ostsee, der Leningrader Distrikt. Seine Küstenlinie erreicht eine Länge von etwa 500 km. Der Finnische Meerbusen ist eine etwa 400 km lange, nach Osten vorgreifende Bucht der Ostsee, die sich in west-östlicher Richtung erstreckt. Ihre maximale Breite (Nord-Süd) beträgt 110 km. Die durchschnittliche Tiefe beträgt 38 m und die maximale 115 m. In den Finnischen Meerbusen mündet die 74 km lange Newa, die den Ladogasee mit seinem großen Einzugsgebiet von 280 336 km^2 entwässert. Über den relativ kurzen Fluss gelangt die größte Flusswassermenge unter den Ostseezuflüssen in die Ostsee – der Wasserabfluss ist mit 2500 m^3/s höher als der des Rheins.

Newamündung in St. Petersburg mit Peter- und Paul-Kathedrale

Anreise: Sie verlassen Estland bei Narva (E20/1) und fahren auf der russischen Seite weiter auf der E20/M11. 10 km hinter der Grenze biegt eine kleine Küstenstraße nach Nord ab (A121), auf der man in Küstennähe bis St. Petersburg gelangt.
Ein offiziell ausgewiesener Küsten-Radweg besteht nicht. Zwischen der Grenze zu Finnland bis nach St. Petersburg befindet sich der Bau „im Planungsstadium".

Am Wegesrand

Russische Ostseeküste am Finnischen Meerbusen

Dieser Küstenabschnitt ist im Allgemeinen eine Flachküste mit Halbinseln und großen flachen Buchten mit Schilfgürteln und Geröll- oder Sandstränden sowie einzelnen erratischen Blöcken (Blockstreu). Der Strand geht in Dünen über, die meistens mit Kiefern bewachsen sind. In flachen, feuchten Stellen wechseln Birken und Erlen.

Auf den Kanälen von St. Petersburg

Großer Katharinenpalast

Litauen:
Im Zentrum der Bernsteinküste

Besondere Erlebniswerte: Längste Nehrung an der Ostsee, Wanderdünen, Bernstein

Litauen ist der südlichste der drei baltischen Staaten und schließt nahtlos an die ausgeglichene Küste von Polen sowie der Enklave Kaliningrad an. Seine Küstenlänge beträgt gerade 99 km. Davon entfallen 52 km auf die Kurische

Nehrung (Kuršių nerija). Die Gesamtlänge dieser großartigen Nehrung beträgt 98 km, die Breite 3,8 km am Bulvikio ragas (Bullwikscher Haken). An der schmalsten Stelle bei Lesnou (Sarkoi) ist sie nur knapp 400 m breit. Hier verläuft die Grenze zwischen Litauen als Staat der Europäischen Union und Russland quer durch das Haff und über die Nehrung.

Der litauische Teil wurde zum Nationalpark Kuršių Nerija, der russische Teil zum Nationalpark Kurschskaja Kossa erklärt, so dass die gesamte Nehrung einem sehr hohen Schutzstatus unterliegt. Der litauische Abschnitt der Kurischen Nehrung wurde aufgrund seiner einmaligen Art und seiner landschaftlichen Umgebung in die Kulturliste der UNESCO-Welterbestätten aufgenommen. Die Ortschaften der Kurischen Nehrungen sind seit 1961 zu der Stadt Neringa zusammengeschlossen.

Litauen hat zwar den kürzesten Ostseeküstenteil der neun Ostseeanliegerstaaten, besitzt aber Gestade von großer Schönheit und Eigenart. Thomas Mann, die Maler Max Pechstein, Lovis Corinth und Ernst-Ludwig Kirchner sowie andere Künstler wussten, wo es schön ist, und hielten sich hier gerne auf. An der Außenküste erstrecken sich fast unendlich lange weiße Strände, die landseitig in die größten Wanderdünen an der Ostsee (behauptet wird von Europa) übergehen. Abgetrennt vom langen Nehrungsarm erstreckt sich das weite, ruhige Kurische Haff. Weiterhin mündet die Memel (Nemunas) mit einem verzweigten Delta mit Kanälen und Buchten, Verlandungszonen und Schilfflächen in das Haff ein.

An der Küste nördlich der Nehrung von Memel bis zur lettischen Grenze wechseln Sandstrände und wilde Dünenlandschaften, die in Kiefernwälder auslaufen, sowie Steilküsten mit Geröllstränden und Blöcken ab.

Anreise: Mit der Fähre von Kiel nach Klaipeda (http://www.dfdsseaways.de/faehre-litauen-kiel-klaipeda/). Mit dem Auto über Polen (siehe dort die empfohlenen Strecken) direkt entlang der Küste (Straße R515) durch die russische Enklave Kaliningrad (Visumspflicht). Die Kurische Nehrung beginnt im Süden bei Cranz (Selenogradsk, Kaliningradskaja Oblast). 5 km südlich von Nidden (Nida, Litauen) befindet sich die russisch-litauische Grenze. Von dort fahren Sie auf der KK167, der alten Poststraße zwischen Königsberg und Memel, zu dem Ort Ihrer Wahl.
Eine Alternative bietet das Umfahren der Enklave auf der Straße 16 bis Augustów in Polen, wo Sie auf die E67 (DK8) Richtung Kaunas nach Litauen abbiegen. In Litauen nutzen Sie zunächst weiterhin die E67 (A5) und wechseln bei Kaunas auf die E85 (A1) nach Memel (Klaipeda). Dort setzen Sie mit der Fähre auf die Nehrung über. Von Kaunas und von Memel (Klaipeda) verkehren Linienbusse nach Nidden (Nida).

Der Ostseeküsten-Radweg (Hanse-Runde EV10) innerhalb des europäischen Radrouten-Netzes Eurovelo ist in Litauen gut ausgebaut und markiert. Er führt über die Kurische Nehrung (abseits der Straße) bis Memel (Klaipeda) und von dort über Palanga an die Lettische Grenze. Mit einem Abstecher gelangt man in das Memeldelta. (www.bicycle.lt/kuestenradweg).

Erlebnistour 21

Kurische Nehrung und Kurisches Haff (4 h)

Diese Tour sollten Sie per Fahrrad erleben. Der Küstenradweg Klaipeda – Nida führt über 52 km durch Dünen und Kiefernwälder, offene Heiden sowie Erlen- und Birkenbestände in den Senken. Der Radweg ist mit blauen Schildern mit Fahrradsymbol und der Nr. 10 ausgeschildert.

Gleich hinter Klaipeda (Memel) befindet sich in einem alten Fort ein Delfinarium und Meeresmuseum mit Dioramen und einer großen Molluskensammlung (Tintenfische, Schnecken, Muscheln).

Von Juodkranté (Schwarzort) aus erreichen Sie eine eindrucksvolle Kormorankolonie, ferner einen Wanderweg zu den toten Dünen, einen Aussichtspunkt auf dem Schafsberg sowie einen dendrologischen Waldlehrpfad (siehe Infokasten Bernstein) (2 h).

A

A: Delfinarium und Meeresmuseum

B: Kormorankolonie

C: Wanderdüne bei Schwarzort

B

C

A: Strand bei Nidden – B: Blick auf das Haff und auf Nidden – C: Düne mit Sand-Veilchen – D: Hafen von Nidden

Dreimal überdeckten Wanderdünen das Dorf Nidden. Der Ort musste jedes Mal geräumt und neu gegründet werden. Die Parnidžio kopa (Parniddener Düne) reicht bis an den südlichen Rand des Ortes. Von Nidden aus erreicht man bequem auf einem Holzsteg die 52 m hohe Düne. Ein fantastischer Rundumblick auf den Ort und seinen Hafen sowie das Haff und auf die wandernde Düne bis zur russischen Grenze lohnt den kleinen Marsch. Die immer noch wandernde Düne ist halb bewachsen, halb offen. Die Wanderdüne ist das Ergebnis schonungsloser Rodungen der schützenden Wälder vor allem mit Wald-Kiefern im 18. Jh. Deren Holz wurde für den Schiffbau und als Heizmaterial genutzt. Aufwendige Bepflanzungen im 19. Jh. vornehmlich mit Berg-Kiefern stabilisieren das Dünensystem wiederum. So wurde der ursprüngliche Zustand wieder hergestellt – ein Küstenwald, der Sandtransport verhindert.

Auf dem höchsten Punkt sind eine Sonnenuhr mit Kalender sowie eine Aussichtsplattform errichtet (von Nidden 1 h).

Mit dem Fahrrad erreichen Sie von Nidden aus das malerisch gelegene und großzügig renovierte Thomas-Mann-Haus, eine Bernsteingalerie und den Kurenfriedhof mit seinen verwitterten hölzernen Inschriftstafeln, die alten Kurenkähne und typische Fischerhäuser.

Die Haffküste ist im Gegensatz zur Außenküste bemerkenswert abwechslungsreich gestaltet. Teilweise weht der Westwind den Sand in das Haff. Hier fehlt meistens jegliche Vegetation. An anderen Abschnitten reichen Kiefern

Thomas-Mann-Haus auf dem Schwiegermutterberg

A: Die Wanderdüne läuft südlich von Nidden in das Haff
B: Mit Erlen, Birken und Kiefern bewaldete Haffküste
C: Braunkehlchen auf blühender Kiefer

A: Fischerei am Haff
B: Kurenwimpel
C: Posthornschnecke im Strandanwurf

bis an das Haff. An offenen Stellen wachsen Wacholder, an feuchten Stellen Weiß-Birken und Schwarz-Erlen. Kleine Fischerdörfer mit gepflegten Häusern und alten Obstgärten sowie mit farbenfrohen Kurenwimpeln lockern das Landschaftsbild auf. Die Kurenwimpel waren ursprünglich auf den Booten angebracht und gaben Auskunft über Herkunft und Stand des Eigentümers. Nicht allen Orten war das Recht auf Fischerei gewährt worden. An der Farbe des Wimpels konnte das hoheitliche Kontrollorgan sofort erkennen, ob der Fischer aus einem Ort stammt, der zur Fischerei auf dem Haff zugelassen war. Jedoch sagen die Symbole weit mehr als die Herkunft des Fischers aus. Frau, Kinder, Anzahl der Schiffe, Religion, Haus, Vieh u. a. wurden symbolisch dargestellt. Heute dienen die Wimpel nur noch zur Zierde.

Adressen: Rundflüge, Exkursionen, Kurenkahnfahrten an den Dünen entlang werden von Nidden angeboten (www.balttours.de/de/kurische_nehrung).
Historisches Museum von Neringa: Pamario g., Nida
Thomas-Mann-Museum: Skruzdynes g. 2 17, www.mann.lt
Litauisches Meeresmuseum – Aquarium, Delphinarium: Smiltynės g., Klaipeda, www.muziejus.lt.

INFO

Bernstein – eine fossilreiche Schatzkammer

Der Begriff Bernstein leitet sich vom niederdeutschen Wort „börnen" = brennen (vgl. das englische *to burn*) ab und bezieht sich darauf, dass dieses Gestein ähnlich wie Kohle oder Ölschiefer brennbar ist. Bernstein heißt also eigentlich Brennstein – er brennt mit leicht bläulicher Flamme. In der Geologie bezeichnet man als Bernstein generell fossile Naturharze und setzt zur genaueren Kennzeichnung oder Unterscheidung die jeweilige Fundlokalität hinzu. Weltweit sind nämlich bislang mehr als 100 Bernsteinvorkommen unterschiedlichen Alters bekannt. Eines der bekanntesten Vorkommen ist der Baltische Bernstein, der heute im Wesentlichen im nördlichen Ostseeraum (Halbinsel Samland) angetroffen wird. Seine Farben reichen von farblos über hell- bis goldgelb und orange bis hin zu Rot- und Brauntönen. Je nach Art und Menge der pflanzlichen Einschlüsse kommen auch grünliche Töne sowie tiefschwarze Stücke vor.

Der Baltische Bernstein entstand in den großen nordeuropäischen (fennoskandischen) Bernstein-Urwäldern östlich einer Linie Rügen-Berlin und bis fast zum Ural und leitet sich vom Harz wohl nur einer einzigen Koniferenart ab. Die beträchtliche Harzmengen liefernde Art ist nach fossilen Holzproben und nach Pollenkornfunden schon im Jahre 1845 als Bernstein-Kiefer (*Pinus succinifera*) beschrieben worden, obwohl der Baltische Bernstein naturstoffchemisch eher dem Harz der heute in Neuseeland in Restbeständen vorkommenden Araukarien ähnelt. Araukarien sind hier aber fossil nicht überliefert. Die ältesten Funde von Baltischem Bernstein aus Südschweden (Schonen) und Samland weisen darauf hin, dass der Bernsteinwald schon im Unter-Eozän (vor rund 50 Mio. Jahren) bestand.

Bernsteinschmuck

Viele Prozesse auf den Stationen vom Harzfluss am lebenden Nadelbaum bis zum verfestigten Fossilharz sind trotz intensiver Forschung noch gänzlich unklar. Sicher ist lediglich, dass die überwiegend wohl recht dünnflüssigen Harze mit der Zeit durch Polymerisation ihrer Bestandteile immer visköser und kompakter wurden. Ein entscheidender Faktor ist die weitere Einbettung des Materials. Wäre das abtropfende und schon stärker verfestigte Harz auf oder im Boden der Bernstein-Urwälder als Primärlagerstätte verblieben, hätte das organische Material dort nicht überdauern können, weil Austrocknung und Oxidation es zerstört hätten. Vermutlich haben jahreszeitliche Starkniederschläge das schwimmfähige Material in Ablagerungsräume geschwemmt, wo es vor weiterer Verwitterung geschützt war. Die heutigen Fundgebiete des Baltischen Bernsteins sind allesamt durch manchmal mehrfache Umlagerung entstandene sekundäre Lagerstätten und keineswegs mit seinen Entstehungsgebieten identisch.

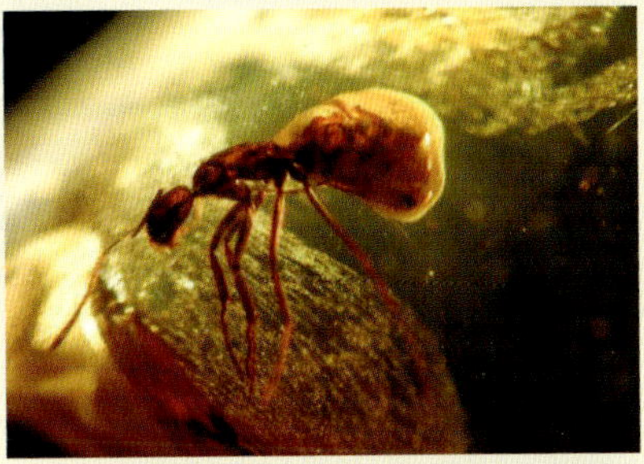

Bernsteinfossilien

Bernstein ist ein außerordentlicher Glücksfall für die Paläontologie: Das fossile Harz enthält nämlich fallweise als einzigartiges Naturphänomen lebensecht eingeschlossene Kleintierfossilien. Dafür hat sich in der Fachwelt die Bezeichnung Inklusen eingebürgert. Neben Skorpionen und Spinnen sind es Springschwänze, Eintags- und Steinfliegen, Libellen, Köcherfliegen, Stechmücken, Flöhe, Ameisen und Käfer sowie ferner Federteile und Tierhaare. Sie stellen für die Evolutionsforschung eine besondere Schatzkammer dar. Als Ensemble bieten sie nämlich einen hervorragenden Einblick in das faunistische Inventar der fennoskandischen Wälder im älteren Tertiär. Im Fall der eingeschlossenen Gliedertiere ist lediglich die widerstandsfähige, kaum zersetzbare Chitinhülle noch vorhanden. Tatsächlich sind also die Inklusen fast immer nur chitinös und extrem dünn ausgekleidete Hohlräume. Die Harzkonservierung im fossilen Bernstein steht unter allen der Paläontologie verfügbaren Fossilien einzigartig da. Sie erlaubt nämlich die Analyse von Strukturen bis an die Grenzen der Lichtmikroskopie. Ein weiterer wichtiger Unterschied zu fast allen anderen Fossilien ist, dass die betreffenden Organismen lebend in die Harzfalle geraten sind und Momentaufnahmen darstellen – gewöhnlich sind in der Inkluse die letzten Sekunden eines Kleintieres lebensecht festgehalten.

Wenn sich die Ostsee nach Stürmen wieder beruhigt und deutlich kleinere Wellen sanft an den Strand plätschern, kann man an bestimmten Sandstrandabschitten Bernsteine zwischen Holzteilchen, Seegras und Muschelschalen finden. Bevorzugte Bernsteinstrände sind im Mecklenburg-Vorpommern die Westküsten östlich von Markgrafenheide oder der Weststrand von Darß, Prerow und Hiddensee. Die Einheimischen lassen sich natürlich nicht gern in die Karten sehen. Sie gehen nach bernsteinträchtigen Wetterlagen früh am Morgen schon bei Dunkelheit mit Taschenlampen an den Strand. Manche eifrigen Sammler stehen sogar mit Wathosen und Keschern in der Brandung und versuchen dort ihr Glück. Früher gelangte das „Gold der Ostsee" durch das weitverzweigte Netz des Tauschhandels über ganz Europa (Bernsteinstraße).

Die wichtigsten der ergiebigen Bernsteinvorkommen an der Ostsee befinden sich im Samland in der russischen Exklave Kaliningrad. Dort werden sie aus dem Mergel im Tagebau, meistens in kleinen Parzellen abgebaut, aber auch in größeren Gruben wie im Fall von Primorskoje. Hier sollte man auf keinen Fall versuchen selbst zu sammeln. Auch Neugierige sind hier verständlicherweise überhaupt nicht gern gesehen.

Bei Juodkrantė (Schwarzort), der ältesten Ortschaft der Kurischen Nehrung, wurde Bernstein durch die Firma Stantien & Becker im Tagebau abgebaut. In der Zeit von 1860 bis 1890 betrug die durchschnittliche jährliche Fördermenge etwa 75 t. Als die Ausbeute unrentabel wurde, verlegte man die Bernsteinförderung um 1870 an die „Bernsteinküste" nach Palmenicken (Jantarny, 50 km westlich von Königsberg), wo schon seit 1827 der industrielle Bernsteinabbau stattfand. Hier wurde Bernstein untertage abgebaut. Die Produktion steigerte sich bis 1937 auf 650 t Rohbernstein jährlich, der von etwa 700 Beschäftigten gefördert wurde. Im Jahre 2010 förderte man in Primorskoje nahe Jantarny etwa 340 t Bernstein.

INFO

Sand in Serie – Dünamik zum Miterleben

Leichte Brise, blauer Himmel, strahlende Sonne – jetzt am Strand liegen und die Ferien genießen, ist sicherlich das Größte. Irgendwann knirscht jedoch der Sand zwischen den Zähnen, und bald spüren ihn auch die Augen: Der auflandige Wind trocknet die Strandoberfläche aus und hat dann mit den feinen Sandkörnern ein leichtes Spiel. Der Strand wächst jetzt buchstäblich über sich hinaus.

Die Entwicklung einer Düne beginnt ganz unten am Sandstrand. Ihre Entstehung setzt das Fehlen einer geschlossenen Pflanzendecke sowie die reichliche Verfügbarkeit von Sand auch oberhalb der Wasserlinie voraus. Wenn an einer Strandlinie der Wind zuverlässig auflandig weht, trocknet er den anfangs vielleicht noch feuchten Sand rigoros aus. Dann werden die Sandkörner ganz und gar haltlos und sind jetzt nur noch ein Spiel des Windes. Tütenweise treibt er die leichtgewichtigen Körner vor sich her und schüttet sie am oberen Strand in flachen, noch kaum auffälligen Wällen auf. Haben sich solche ersten Sandhügel spontan aufgeschichtet, sind bald auch schon die ersten Landpflanzen zur Stelle: Außer der graugrünen Strand-Quecke, dem helllila blühenden Meersenf und den meist eigenartig bleichgrünen Strandmieren teilen sich nur wenige weitere Pflanzenarten den ausgesprochen windigen St(r)andort.

Bei trockenem Wetter hält auflandiger Wind die Sandlieferung von unten ständig in Gang. Sandkörner, die wegen der fehlenden Kapillarkräfte des Wassers in ihrem Lückensystem nicht mehr zusammenhalten, segeln bei jedem lauen Lüftchen über 12 km/h (ab Windstärke 2 – 3) vor dem Wind in flachen, mathematisch gesehen bestechend schönen parabolischen Flugbahnen landwärts. Hier bauen sie lagenweise den flachhügeligen oberen Strand auf, der im Sommer kaum noch von den Flutständen erreicht wird und erst bei den ersten starken Winterstürmen wieder beträchtliche Umbauten erfährt.

Die zunächst noch flachen Sandwälle wachsen durch weitere Sandzufuhr allmählich in die Höhe und bilden nun höhere Sandberge. Die Windgeschwindigkeit nimmt von unten nach oben zu. Die luvseitigen (seeseitigen) Dünenflanken werden stärker modelliert als ihre rückwärtigen Leehänge: Die zunächst noch wenig auffällige Vordüne wandelt sich so allmählich zur auffällig steilkuppigen Weißdüne (Primärdüne). Auf ihren Kämmen und Leelagen befestigen jetzt charakteristische Gräser das lockere Machwerk – Strandroggen mit breiten, flachen, blaugrauen und Strandhafer mit schmalen, graugrünen, zusammengerollten Blättern. Wie ein Sandstrahlgebläse wirkt der ständig auf sie einprasselnde Flugsand, und doch kann er den

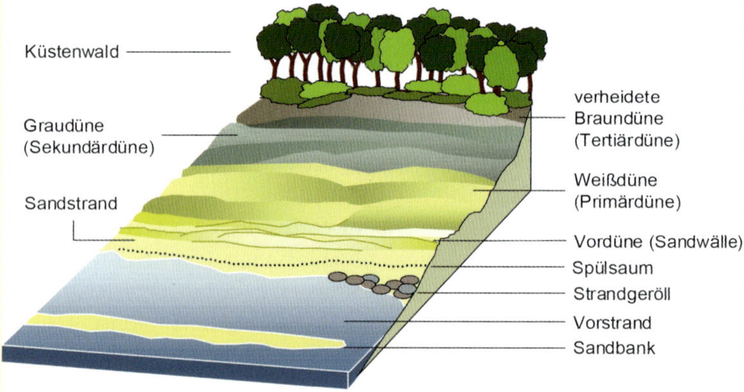

erstaunlich harten und erkennbar widerstandsfähigen Blättern nur wenig anhaben.

Die helle Färbung zwischen den einzelnen Pflanzen verrät, dass der Sandboden noch keinen dunklen Humus angesammelt hat. Außerdem ist sein Wasserrückhaltevermögen nicht sonderlich ausgeprägt. Dünengräser entwickeln deswegen ein unglaublich dichtes Wurzelwerk. Der Strandhafer verzweigt sich an den Knoten und treibt von dort weit reichende Wurzeln aus. Einzelpflanzen bilden mit der Zeit dichte Horste und werden zu Sandfängern, weil sich dahinter der Wind etwas beruhigt und die Sandkörner zur Ruhe kommen lässt. Bezeichnenderweise sind alle Dünengräser erstaunlich übersandungsfest. Sollten sie von den anfliegenden Sandmassen verschüttet werden, bilden sie neue Wurzeletagen und kommen nach kurzer Zeit mit frischen Trieben erneut zum Vorschein.

Dünen schützen die Küste. Mit künstlichen Anpflanzungen von Dünengräsern versucht man daher, Dünen auf Dauer festzulegen. Weil sie eine natürliche Hochwasserbarriere bilden, darf man Dünen meist nicht betreten – wilde Trampelpfade zerstören die Pflanzendecke, und dann könnten Windanrisse erneut Bewegung in die Düne bringen und ihre Sandmassen verlagern: Eine Wanderdüne ist zwar ein interessantes Naturphänomen, aber an unseren Küsten nicht besonders erwünscht.

Auch Dünen entwickeln sich: Sobald die Dünengräser dichtere Bestände aufgebaut haben, finden sich weitere Pflanzenarten ein – darunter Silbergras, Sand-Segge, Sanddorn und Kriech-Weide. Jetzt kann sich allmählich auch eine dünne Humushaut ansammeln, auf der Moose und Flechten siedeln. In der gealterten Düne sieht man keinen blanken Sand mehr wie in der

Weißdüne. Außerdem wechselt ihre Bodenfarbe nach Grau: Die Weißdüne ist zur Graudüne (Sekundärdüne) gealtert.

Schließlich erobern Zwergsträucher wie Besenheide, Krähenbeere und weitere Vertreter der Heidekrautgewächse den Dünenstandort, womit wiederum ein deutlicher Aspektwechsel einhergeht: Die Graudüne wird nach Jahren zur ziemlich stabilen Braundüne (Tertiärdüne) mit anderen Bodeneigenschaften. Wenn es denn die Topographie zulässt, können sich hier schließlich auch Baumgehölze wie Kiefern und Eichen sowie verschiedene Strauchgehölze ansiedeln. Unter dem Einfluss des ständig wehenden Windes verformen sie sich meist zu abenteuerlich aussehenden Gestalten. Windschur nennt man dieses Phänomen. Der Wind wirkt im Luv wie die zuschnappende Schere eines Parkgärtners. Nur ganz windoffene Dünengebiete bleiben weitgehend gehölzfrei.

In Mittel- und Nordeuropa zeigen nur die Küstendünen an Flachküsten eine nennenswerte Verbreitung. Der Sand stammt in diesem Fall immer aus dem Meer und geht auf ältere Lockersedimente zurück, die auch die Strände aufbauen. Auf der Kurischen Nehrung hängt die Dünenbildung und -bewegung eng mit den Rodungen des 18. Jh. zusammen. Südlich von Nida findet sich eine bis heute unbewaldete Düne von 73 m Höhe. Sie steigt mit einem Winkel von 4–12° auf und fällt auf der Leeseite mit 30–35° ziemlich steil ab. In den nicht gerodeten Bereichen rund um Nida sind die Dünen nur 20–30 m hoch.

Am Wegesrand

Memeldelta (4 h)

Das idyllische Memeldelta (Nemunas delta) können Sie sich bei einer Bootstour von Klaipeda (Memel) aus sowie mit dem Fahrrad erschließen. Mit ihren beiden Hauptmündungsarmen Matrossowka (Gilgestrom) und Rusnė (Ruß-Strom) mündet sie in das Kurische Haff. Der Ruß-Strom verzweigt sich in weitere Mündungsarme. Auf der größten Insel Litauens im Delta liegt der Ort Rusnė (Ruß). Ein alter Leuchtturm (außer Betrieb) auf der Landzunge Ventės ragas (Windenburger Eck) ragt in das Kurische Haff.

Lettland – mitten im Baltikum

Besondere Erlebniswerte: Rigaer Bucht mit Moränenkliffs und Strandseen, Salzwiesen und Strandseen im Westen sowie dem roten Sandsteinkliff im Osten. Eine Umrundung der Rigaer Bucht entlang der Küste über die EuroVelo-Route EV10 ist nicht möglich.

Die litauische Küste geht ohne Veränderungen der Richtung und des Typs in die lettische Küste über. Ein abrupter Richtungswechsel des Küstenverlaufs erfolgt erst am Kolkas rags (Kap Kolka). Hier endet die etwa 900 km lange Ausgleichsküste ohne Inseln, die auf der polnischen Insel Wolin beginnt.

Am Kap Kolka treffen Ostsee und Rigaer Bucht aufeinander. Der Küste sind jetzt wieder Inseln vorgelagert, die jedoch zu Estland gehören. Die estnischen Inseln Saaremaa (Ösel) und Muhu (Moon) begrenzen die Rigaer Bucht im Norden und schützen sie vor Stürmen und einer langen See aus nördlichen Richtungen, wie der Seemann eine Folge von weiten Wellenzügen nennt. Im Osten der Bucht findet der Übergang von der Ausgleichsküste mit eiszeitlichen Sandböden zur Felsenküste statt.

Die Küste verläuft vom Kap Kolka aus zunächst bis zur Hauptstadt Riga nach Südost, um dann wieder eine nördliche Richtung einzunehmen. Die

Feldsteinscheune bei Salacgrīva (Salismünde)

Gesamtküstenlänge Lettlands beträgt 560 km, davon entfallen allein 352 km auf die Rigaer Bucht und 178 km auf die Ostsee. Sandstrände mit und ohne Schilfbewuchs prägen die Küstenlandschaft. Hier und da bringen Blockfelder im Flachwasser eine Abwechslung ins wenig spektakuläre Landschaftsbild. Die Blöcke, die auch auf den Äckern vorkommen, wurden als Baumaterial für Kirchen, Scheunen und auch Wohnhäuser verwendet.

A: Der Nordeuropäische Braunbär kommt in geringer Zahl in Lettland vor.

B: Masuren-Elch

C: Fischadler

Der Wasseraustausch zwischen Ostsee und Rigaer Bucht erfolgt hauptsächlich über die 27 km breite Irben-Straße (Irbes jūras šaurums), die zwischen der Halbinsel Sõrve, welche die südlichen Spitze der estnischen Insel Saaremaa bildet, und Kap Kolka liegt. Die Rigaer Bucht hat eine maximale Meerestiefe von 51 m. Die größte Nord-Süd-Ausdehnung beträgt 174 km, die Ost-West-Richtung 137 km.

Die Küste Lettlands ist ein gutes Beispiel für den Erhalt der regional typischen biologischen Vielfalt, die durch die wenig vom Menschen gestaltete Natur charakterisiert wird. Das Schlechte bringt im Nachhinein manchmal auch etwas Gutes: In der Sowjetzeit war die Ostseeküste ein militärisches Sperrgebiet. Aus diesem Grund sind hier heute immer noch Pflanzen- und Tierarten vorzufinden, die im übrigen Europa sehr selten vertreten oder gar ausgestorben sind. Unter den 125 Brutvogelarten befinden sich Auerhuhn, Birkhuhn und der Schwarzstorch sowie Fischadler, Schlangenadler, Steinadler und Uhu. In den Wäldern kommen Wolf, Luchs, Elch, Braunbär (12 Tiere) und Biber vor.

Erlebnistour 22

Kap Kolka bis Engure See

Anreise: Von Kap Kolka aus nutzen Sie die Straße P131 entlang der Küste. Von Riga gelangen Sie über die Straße P128 an die Küste und wechseln bei Kesterciems auf die P131.

Kap Kolka mit einem stillen, unberührten Strand und einem wilden, bis zu 20 m hohen Steilufer ist ein markanter Abschnitt an Lettlands Küste. Vom Kap erstreckt sich eine 6 km lange, flache Sandbank ins Meer und trennt die Ostsee von der Rigaer Bucht. An stürmischen Tagen bietet sich dem Betrachter ein einmaliges Schauspiel, wenn die Wellen der offenen See auf diejenigen der Rigaer Bucht treffen. Wir erleben hier eine ähnliche Situation wie in Skagen, wo Skagerrak und Kattegat aufeinander treffen. Im Park sind Naturpfade sowie Rad- und Fußgängerwege eingerichtet worden, auf denen man die Natur und die Kulturgeschichte des Nationalparks kennenlernen kann.

Besuchen Sie zunächst das kleine Informationszentrum des Nationalparks Slītere (Slīteres nacionālais parks) am Kap Kolka. Das „scharfe" Kap ist der nördlichste Punkt der Halbinsel Kurland („scharf" wegen des Richtungswechsels des Küstenverlaufs von Nordost nach Südost) (2–3 h).

Der Nationalpark Slītere, gegründet im Jahr 2000, ist der kleinste der vier Nationalparks in Lettland. Seine Fläche beträgt 163 km^2 Land- und 101 km^2

Blick vom Beobachtungsturm des Nationalparks Slītere (Slīteres nacionālais parks)

Wasserfläche bis zur 10-m-Tiefenlinie in der Ostsee. Der Nationalpark von Slītere wurde 2000 gegründet.

Alle nacheiszeitlichen Entwicklungsphasen der Ostsee sind im Relief des Nationalparks abgebildet. Zeugen dieser geologischen Ereignisse sind:

Am Kap Kolka

Koniks am Engure-See

- die Blauen Berge (Zilie kalni) von Slītere im Süden des Nationalparks, eine steile, bis zu 20–30 Metern hohe Stufe der alten Uferlinie des Baltischen Eismeeres im Ausklang der Weichsel-Kaltzeit (die Ostsee vor 10000 Jahren),
- die Stiebru Berge, die alte Uferlinie des Ancylus Sees (vor 8000–9000 Jahren), die in Europa nach der Fläche größte Szenerie
- die Dünenlandschaft mit Dünenberg (Kangaru) und Dünental (Vigu, feuchte Senke), die sich in der Zeit des Litorinameers vor 4000–7000 Jahren bildete.

Die Hänge der Blauen Berge sind mit Bärlauch, Eiben, Baltischem Efeu, Berg-Ehrenpreis und Schildfarn bewachsen.

A: Beobachtungsturm am Engure-See (Nationalpark Ķemeri)

B: Beutelmeisen bevorzugen weite Schilfflächen

C: Bartmeise

Während des Frühjahrszuges der Vögel ziehen hier innerhalb einer Stunde mehrere Tausende Vögel vorbei. In den Feuchtgebieten des Nationalparks befinden sich Balzplätze von Birkhähnen. (2 – 3 h Wanderung und Beobachtungszeit).

Das Kap und die Ortschaft Kolka liegen im Nationalpark Slītere. Im Frühjahr und Herbst rasten hier tausende Zugvögel. Vom Kap Kolka aus werden bei gutem Wetter Bootsfahrten zum 6 km entfernten Leuchtturm angeboten. Der um 1884 erbaute 21 m hohe Leuchtturm wurde auf einer künstlichen Insel am Außenrand einer Sandbank errichtet. Zur Zeit der Erbauung des Leuchtturms betrug der Abstand vom Kap 5 km; mittlerweile beträgt er schon 6 km. Wind- und Wellenerosion sowie starke Strömungen zwischen Ostsee und Rigaer Bucht in der Irben-Straße führen zu dem beträchtlichen Abtrag am Kap.

Auch das Ufer des etwas weiter südlich gelegenen Ortes Kaltene unterliegt einem Abtrag. Der Strand ist hier mit Sand, Geröll und Blöcken bedeckt. Die Bäume, Kiefern und Schwarz-Erlen, wuchern bis an den Strand.

Bei Mērsrags beginnt der Naturpark Engure See. Sie gelangen an den See von Mērsrags aus über den Mersragas-Kanal mit dem Boot und von der Straße 131 über eine Schotterstraße, die nach etwa 8,5 km südlich von Mersragas nach Westen abbiegt (Engures Ezers 2,2 km ausgezeichnet). Vom Parkplatz am Ende der Schotterstraße wandern Sie etwa eine halbe Stunde bis zu einem Beobachtungsturm, der einen Ausblick über den See und seine weiten Schilfflächen bietet.

Rigaer Bucht bei Engure

Küstenwald an der Westküste der Rigaer Bucht

Der Naturpark wurde schon 1957 als Vogelschutzgebiet gegründet. Er umfasst den flachen, buchtenreichen See und das Küstengebiet der Rigaer Bucht mit Kiefernwald von Mērsrags bis Engure. Die Ufer des Sees sind zu großen Teilen mit einem breiten Schilfgürtel und anschließenden Weideflächen, auf denen Rinder (Rassen Highland, Scharlotte und Alpengrey) und Konik-Pferde gehalten werden, umgeben. Dichte Unterwasserwiesen bedecken die Flachwasserzonen. Der Naturpark bietet ideale Brut- und Nahrungsbedingungen für Wasservögel, Schilf- und Wiesenbrüter.

Hier können Seeadler, Uhu, Wachtelkönig, Kleines Sumpfhuhn, Silberreiher und Beutelmeise sowie weitere Arten beobachtet werden. Während des Herbstzuges werden hier mehr als 20000 Vögel, meistens Kraniche und Gänse, gezählt. Im Gebiet um den See befinden sich Beobachtungstürme.

Ende Juni bzw. Anfang Juli blühen am eigens ausgewiesenen Orchideenpfad etwa 20 Orchideenarten.

Bei Plieņciems (auf halber Strecke zwischen dem Engure-See und dem Kaņieris-See) befindet sich die einzige große Düne an der Küste Lettlands, die nicht mit Vegetation bewachsen ist. Die Düne hat eine Länge von 3,5 km und eine Breite von 250 m. Im Jahr 1810 wurde ein Teil der Düne abgetragen, damit Zarin Elisabeth aus dem Fenster ihres Sommerhauses das Meer sehen konnte. Heute steht die Düne unter Naturschutz (2 h).

Erlebnistour 23

Nationalpark Ķemeri (3 h)

Anreise: Mit dem Auto fahren Sie über die E22/A10 zum Parkzentrum vom Nationalpark Ķemeri (Ķemeru nacionālais parks). Biegen Sie in dem Ort Ķemeri ab. Das Nationalparkzentrum befindet sich in nordöstlicher Richtung an der Turistu iela. Nach Ķemeri gelangt man auch mit Bus (www.autoosta.lv) und Bahn (www.ldz.lv).

Der etwa 40 km westlich von Riga an der Küste der Rigaer Bucht gelegene Ķemeri-Nationalpark mit einem Moorgebiet im Zentrum umfasst eine Fläche von rund 400 km^2. Der Nationalpark wurde 1997 gegründet. Damit wurde eine der letzten Urlandschaften Europas unter Naturschutz gestellt. Der Großteil der Fläche ist bewaldet. An der Küste finden sich die charakteristischen Kiefernbestände auf dem sandigen Boden. Feuchtgebiete machen ein Viertel der Gesamtfläche des Nationalpark Ķemeri aus. Von den zahlreichen Seen sind der Kaņieris und der Schlock-See (Slokas ezers) die Größten. Der Kaņieris-See ist über einen Kanal mit der Ostsee verbunden. Am See steht ein Beobachtungsturm, von dem man die artenreiche Vogelwelt gut beobachten kann. Auf sandigem Dünenboden finden sich die charakteristischen Kiefernbestände. Über das Nationalparkzentrum können Bootstouren reserviert werden.

Als Vogelarten werden u.a. Schreiadler, Schwarzstorch (7–8 Paare), Kranich, Wachtelkönig, Dreizehenspecht, Mittelspecht und Weißrückenspecht aufgeführt.

Besuchen Sie die Gaststätten der kleinen Livendörfer entlang der Küste, um beispielsweise fangfrischen Fisch genießen zu können.

Am Wegesrand

Das Bild der alten Hansestadt Riga, der Hauptstadt Lettlands, wird wesentlich durch die Daugava (Düna) geprägt. Nach dem Besuch der Stadt empfiehlt sich der Besuch der Mündung der Daugava in die Rigaer Bucht. Hier befindet sich eine kleine, idyllische Nehrung mit feinem Sandstrand und Dünen. Im Gegensatz zu dem mondänen Jurmala ist diese Ecke nicht überlaufen.

Sandsteinfelsen bei Tuja

Etwa 5 km nördlich des Abzweiges nach Tuja von der E67 gelangen Sie beim Dorf Oltuzi über eine 5,2 km lange Schotterstraße zu den Roten Sandsteinfelsen (Veczemju Klintis ausgezeichnet). Erstmals tritt hier uraltes Gestein an die Oberfläche und verdrängt den eiszeitlichen Schotter der südlichen Ostsee. Das Kliff hat eine Länge von 200 m und erreicht eine Höhe von 4 m. Bis zur Kliffkante wachsen Birken und Kiefern (1 h).

Rotes Sandsteinkliff „Altländische Felsen" (Veczemju klintis) im Nordlettischen Biosphärenreservat

Mündung der Vitrupe in die Rigaer Bucht. Der Fluss gelangt ungestört in das Meer. Durch einen küstenparallelen Sandtransport aus Nord wird die Flussmündung nach Süden verdrängt und verläuft somit zwischen Steilufer und Nehrung. Erst nach 350 Metern gelangt er in das Meer.

Mündung der Vitrupe in die Rigaer Bucht (1 h)

Direkt nördlich der Mündung der Vitrupe in die Rigaer Bucht liegt an der E67 ein Parkplatz, über den Sie auf eine einige 100 m lange Nehrung an die Mündung der Vitupe gelangen. Die feinsandige Nehrung hat Primärdünen ausgebildet, die teilweise mit Strandhafer bewachsen sind. Zwischen Kliff und Nehrung fließt das braune Moorwasser der Vitrupe entlang und gelangt am

Muschelschalen am Strand der Rigaer Bucht. Baltische Plattmuschel und Seepocken sind Arten der Ostsee, während die Dreikantmuschel eine Süßwasserart ist.

Ende der Nehrung in einer fast rechtwinkligen Biegung mit Prallhang in die Rigaer Bucht.

Verglichen mit dem Kattegat ist der Strandanwurf an der Rigaer Bucht recht ärmlich ausgestattet. Der Salzgehalt beträgt hier nur noch 5–6‰. Die Baltische Plattmuschel ist die einzige marine Muschelart, die unter diesen salzarmen Bedingungen existieren kann.

Nordlettisches Biosphärenreservat Rote Felsen von Salacgrīva (1–2h)

In der Nähe von Salacgrīva (Salismünde) befindet sich das Nordlettische Biosphärenreservat (http://www.latvia.travel/de/sehenswurdigkeit/nordlett-land-biosphaerenreservat). Das Reservatgebiet liegt im Becken der Flüsse Salaca, Vitrupe, Svetupe und Liepupe. Der Salaca-Fluss ist berühmt für seinen Fischreichtum mit der größten natürlichen Lachspopulation in der gesamten ostbaltischen Region. Im Reservatgebiet befindet sich einer der größten unberührten Hochmoorkomplexe im Baltikum. Malerische Sandsteinfreilegungen umgeben das Flusstal. Die Wiesenkomplexe sind auch ornithologisch von großem Interesse. Das offene Meer westlich von Tūja ist ein wichtiges Gebiet zum Schutz der Zwergmöwe während der Frühlingsmigration.

Auf Ihrem Weg nach Estland fahren Sie auf der E67/A1 (Via Baltica) am Ostufer der Rigaer Bucht entlang. Es lohnt sich, hier einige Pausen einzule-

Rotes Sandsteinkliff an der Salaca

gen. Unmittelbar vor der Grenze zu Estland biegen Sie in Ainazi (Hainasch) landeinwärts (Ost) ab. Von der asphaltierten Straße gelangen Sie auf einen Schotterweg mit dem Hinweis „Sarkanas Klintis". Folgen Sie dieser Straße bis zu einem ausgewiesenen Parkplatz. Am gegenüberliegenden Ufer befinden sich die roten Sandsteinfelsen.

Die roten Felsen liegen am linken Ufer des Flusses Salaca. Es handelt sich um eine Sandsteinformation aus der Zeit des Devon mit einer Länge von mehr als 400 m. Die Steilwand ist nicht hoch – nur ca. 10 m, aber sehr malerisch, besonders bei untergehender Sonne. In den Felsen findet man auch kleine und flache Höhlen und Grotten, die nur von der Flussseite zugänglich sind. Gegenüber den Felsen wurde an der Flussbiegung Ziedoņu ein Rastplatz eingerichtet.

Die so genannten Altländischen Felsen (Veczemju klintis) – eine 200 m lange und bis 4 m hohe rote Sandsteinformation mit Grotten und Höhlen – gilt als die prächtigste Küste an der lettischen Ostseeküste.

Hochmoore

In der Vegetationskunde unterscheidet man üblicherweise zwischen Nieder- und Hochmoor. Zugegebenermaßen wäre es verführerisch, die betreffenden Begriffsinhalte mit Niederungs- bzw. Höhenmoor zu umschreiben. Den entscheidenden Unterschied macht jedoch nicht die Höhenlage im Tiefland bzw. im Gebirge aus, sondern die Herkunft des Wasserüberschusses, weswegen man auch von einer hydrologischen Einteilung der Moortypen spricht.

Ein Nieder- oder Flachmoor ist immer ein Grundwassermoor. Der jeweilige Moorstand- bzw. -bildungsort erhält sein lebenserhaltendes Wasser aus dem Oberflächenabfluss und vor allem aus dem ganzjährig hoch anstehenden Grundwasser. Niedermoore sind somit immer grundwasserernährt. Sie entwickeln sich in feuchten Mulden und Senken, in Quellgebieten, in breiten Flussauen und vor allem in den Randbereichen von Seen. Der Begriff Niedermoor erklärt sich daraus, dass dieser Moortyp bevorzugt, aber nicht ausschließlich in der Niederungslandschaft (Tiefland) auftritt. Die Bezeichnung Flachmoor verweist dagegen auf die ebene Oberflächengestalt dieses Moortyps. Niedermoore können demnach auch durchaus im Gebirge vertreten sein.

In niederschlagsreicheren Gebieten entwickelt sich dagegen ein Moortyp, der vom Grundwasserstand unabhängig ist und nur vom Niederschlagswasser gespeist wird. Solche Moore bezeichnet man als ombrogen, om-

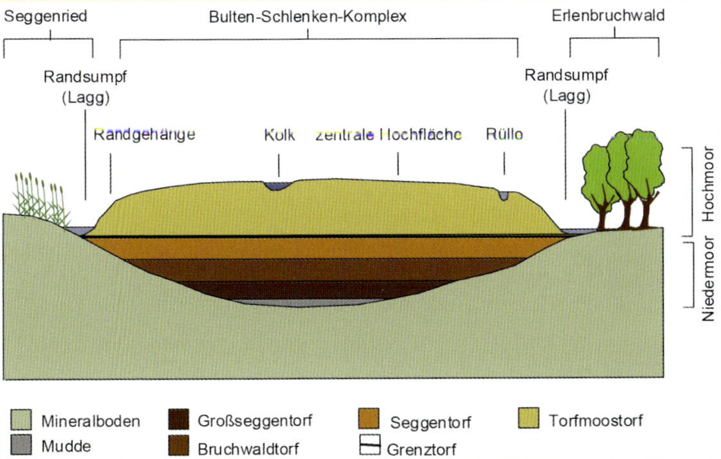

brotroph oder Hochmoore. Sie sind im Allgemeinen ziemlich nährstoffarm, weil Regenwasser von Natur aus kaum pflanzenverfügbare mineralische Nährstoffe enthält. Der Name erklärt sich aus ihrer eigenartigen Form: Die angesammelte, abgestorbene Pflanzensubstanz hebt die Mooroberkante deutlich über das ursprüngliche Geländeniveau hinaus. Die alsbald einsetzende Torfbildung riegelt den Moorkörper sogar vollends vom mineralischen Untergrund ab. Im Schnittbild erscheint ein solcher Moor- bzw. Torfkörper daher deutlich gewölbt. Die Wölbung kann etliche Meter betragen. Im Ostseeraum finden sich ausgedehnt kuppelförmige Schildregenmooren, die man nach einem finnischen Wort auch Kermimoore nennt.

Für einen Naturfreund ist es angesichts eines Moores nicht immer einfach zu entscheiden, ob er gerade vor einem topogenen Nieder- oder einem ombrogenen Hochmoor steht. Ein Niedermoor zeichnet sich fast immer durch eine üppige, artenreiche Vegetation mit großblättrigen Gräsern und Kräutern aus. Die Hochmoore zeigen dagegen eine eher spärliche und artenarme Vegetation, die hauptsächlich aus gelbgrünen, bräunlichen oder roten Torfmoosen besteht. Die wenigen hier wachsenden Zwergsträucher wie Rosmarinheide oder Moosbeere sind ebenso klein- bzw. schmalblättrig wie die wenigen Vertreter der Riedgrasgewächse wie die Wollgräser oder das Schnabelried.

Adressen: Tourismusinformation der Region Salacgriva in Salacgriva, Rīgas iela 10a, Tel.: +371 64 04 12 54, Fax: +371 26 46 30 25 und die Tourismusinformation von Ainazi – in Ainazi, Valdemāra iela 50a, Tel.: +371 64 04 32 41, +371 29 37 73 78, tic.parsla@salacgriva.lv

Estland – kleines Land mit langer Küste

Besondere Erlebniswerte: Übergang von der Moränenküste zur Felsküste, die Kalksteininseln Saaremaa und Hiiumaa, die Nationalparke Matsalu und Lahemaa mit Inseln und Flachwasserzonen

Estlands Küsten verlaufen von der nordöstlichen Rigaer Bucht bis weit in den Finnischen Meerbusen. Bisher haben wir von Dänemark bis Lettland ausgeglichene, mehr oder weniger geradlinig verlaufende Küsten kennengelernt. Ausnahmen davon stellten die Förden- und Buchtenküsten in Dänemark und Deutschland, die Kreideküsten auf Møn und Rügen sowie der Granitfelsen auf Bornholm dar.

Estland, das nach der Fläche kleinste der baltischen Länder, erreicht wegen seiner stark gegliederten Küste und der beiden großen vorgelagerten Inseln Saaremaa und Hiiumaa eine in dieser Größenordnung unerwartete Küstenlänge von 3794 km. Zur Erinnerung: Die Küstenlänge von Litauen liegt nur bei knapp 100 km, diejenige von Lettland bei 560 km. Mit Estland verlassen wir die Ausgleichsküsten der südlichen Ostsee und wenden uns den Felsküsten der nördlichen Ostsee zu. Grundgebirge des Baltischen Schildes treten mit magmatischen Gesteinen oder mit Graniten an die Oberfläche oder sind von einer Decke aus eiszeitlichem Moränenmaterial überdeckt (vgl. S. 35).

Nach etwa 950 km nahezu geradliniger Küste ohne Inseln ändert sich das Bild an der estnischen Küste abrupt: 1520 große und kleine Inseln, Halbinseln mit Buchten und wenige lange Strände. Neu an dieser Küste ist weiterhin, dass auch dem Landhub (vgl. S. 28, 299/300) eine wichtige Rolle bei der Gestaltung der Küsten zukommt. Estlands Küsten steigen derzeit um 2–3 mm

Etwa 44 % der estnischen Landesfläche sind bewaldet.

pro Jahr. Ehemalige Küsten sind durch den Landhub einige Kilometer entfernt von der derzeitigen Küstenlinie anhand von Blöcken und Strandwällen zu erkennen.

Die Inseln und die Küste Nordestlands sind während einer warmen Periode im Paläozoikum aus Kalk aufgebaut worden. Dieser Baltische Glint gilt als das gewaltigste Naturmonument Estlands. Als Kliff tritt er an der Nordküste auf den Pakri-Inseln (Fährverbindungen bestehen nicht kontinuierlich, vom Hafen Kurkse aus können individuelle Schiffstouren bestellt werden) und bei dem Ort Ontika etwa 57 km westlich von Narva auf. Hier erreicht das Kliff 56 m hohe Küstenabschnitte (biegen Sie von der E20/1 bei Kohtla-Järve nach Norden auf die 137 ab und fahren Sie entlang der Küste auf der 133).

Die estnische Küste bietet mit ihren Sand- und Geröllstränden, mit Dünen und Steilufern aus Kalkgestein sowie zahlreichen Inseln eine Menge an Charme und Geschichte. Die beliebtesten Inseln sind Saaremaa, Hiiumaa, Kihnu, Ruhnu und Vormsi.

Auf den Inseln schreitet das Leben langsamer voran, und die traditionellen estnischen Werte sind dort stark ausgeprägt. Das liegt unter anderem daran, dass zur Sowjetzeit an der Küste und auf den Inseln als militärische Sperrbezirke nahezu jegliche Entwicklung verhindert wurde. Für den Naturhaushalt hatte diese Stagnation durchaus Vorteile. Die Natur an den Küsten ist im Wesentlichen unberührt. Wir finden ähnliche Inseleffekte später auch auf der schwedischen Insel Gotland und besonders auf der Nachbarinsel Fårö.

Anreise: Mit Fähren von Finnland oder Schweden aus oder mit dem Auto den bisher gewählten Weg auf der E67/A1 in Lettland fortsetzen und der E67/4 über Pärnu nach Tallinn folgen. Besuchen Sie zunächst die wunderschöne Altstadt der alten Hansestadt Tallinn (Reval).
Fahrrad: Baltic Sea Cycle Route (Hansa circuit), die EuroVelo Route EV10. Die Route führt an der Küste nach Pärnu und weiter nach Virtsu, auf die Inseln über Muhu nach Saaremaa. Mit der Fähre gelangen Sie von Saaremaa auf die Insel Hiiumaa und wieder auf das Festland nach Haapsalu, weiter östlich vorbei am Lahemaa-Nationalpark und durch Kohtla-Järve und Sillamäe nach Narva. Die gesamte Route durch Estland ist fertiggestellt (http://www.eurovelo.com/en/eurovelos/eurovelo-10).
Adresse: www.tallinksilja.com/de/web/de/helsinki-tallinn, www.vikingline.de/de/deutschland/reise-finden

Nördlich des lettischen Hafens Ainaži liegt die Grenze zu Estland. Es bietet sich an, die Fahrt nach Norden auf einer kaum befahrenen Nebenstraße (331) in unmittelbarer Strandnähe fortzusetzen. Kiefernwälder, Sandstrände oder Schilfgürtel bis über die Wasserlinie und Findlinge prägen das Bild dieses südestnischen Küstenstreifens an der Rigaer Bucht.

Kraniche sind während der Brut- und Zugzeit häufig zu beobachten.

Erlebnistour 24

Nationalpark Matsalu (6 h)

Anreise: Auf der Straße 10 (die Sie auch auf der Anreise nach Saaremaa nutzen) biegen Sie bei Lihula nach rechts (Nord) ab und fahren zum Naturzentrum Matsalu und Gutshof Penijõe (Straße 193), wo sich ein Naturzentrum befindet, in dem Sie sich informieren können. Über die Straßen 191 und 192 gelangen Sie an die Küstenabschnitte des Nationalparks. Das günstigste Fortbewegungsmittel im Nationalpark ist das Fahrrad.

Der Nationalpark Matsalu liegt an der gleichnamigen Bucht am nordöstlichen Ausgang der Rigaer Bucht. Der landschaftlich sehr schöne Park stößt bei Ornithologen sowohl während der Brutzeit als auch während des Zuges auf großes Interesse. Er umfasst die seichte Bucht Matsalu mit breiten Schilfgürteln und Schilfinseln sowie das Gebiet Väinameri. Als Väinameri, der Moonsund, ist das Seegebiet mit einem Archipel von etwa 50 Inseln zwischen den westestnischen Inseln Saaremaa, Hiiumaa, Muhu (Moon) und Vormsi und dem estnischen Festland. Dazu gehört auch die Aue des Flusses Kasari (Kasari jõgi), eine der größten erhaltenen Flussauen in Europa. Sie ist Nistplatz für seltene Arten wie Wachtelkönig, Doppelschnepfe und Tüpfelsumpfhuhn sowie Rastplatz von Gänsen und Wasseramseln während des Zuges. Wiesen und Flachwassergebiete dienen Zugvögeln als Rast- und Nahrungsplatz auf ihrem Weg zwischen den Brutplätzen im Norden und den Winterquartieren in Westeuropa oder Afrika.

Der Nationalpark schützt eine alte Kulturlandschaft. Er setzt sich aus Laubwäldern, extensiv genutztem Weideland und Streuobstwiesen an verlassenen Gutshöfen zusammen. Das extensiv genutzte Weideland der Küstenwiesen an der Bucht Matsalu ist auch ein wichtiger Nistplatz für Watvögel wie verschiedene Strandläufer, Kiebitz, Großer Brachvogel und Schnepfe. Die Schilfflächen von Kasari sind die größten ihresgleichen an der Ostsee. Sie dienen als Nistplatz für Gänse, Schwäne, Enten und Blässhühner. Das dumpfe nebelhornähnliche Rufen der Rohrdommeln ist hier während der Brutzeit häufig zu hören.

Hervorgehoben werden soll das Vorkommen seltener Arten wie Alpenstrandläufer, Zwerggans und Weißrückenspecht. Der Weißrückenspecht nutzt die naturnahen, aufgelockerten Wälder mit einem hohen Anteil an Totholz. Zustände, die nur in weitgehend naturbelassenen unkultivierten Wäldern bestehen. Man kann Seeadler beobachten, und außerdem besteht hier eine gewisse Wahrscheinlichkeit, einen Elch zu erblicken.

Weißrückenspecht

Gutshof Penijõe, NP

Altes Gehöft am Waldrand

Breite Schilfgürtel umsäumen die Matsalu-Bucht.

Auch aus botanischer Sicht hat der Nationalpark einiges zu bieten. In extensiv genutzten Laubwaldwiesen kommen unter Eichen und Haselnussbüschen artenreiche Pflanzengemeinschaften vor, darunter auch mit Orchideen. Die Küstenterrasse aus Korallenriffen verleiht der flachen Landschaft der Westküste ihr typisches Bild. Alte Scheunen und Fischerhütten mit Rohrdach sowie Gutshäuser sind teilweise wieder hergestellt worden.

Von Salevere aus an der Straße 190/187 wird ein Wanderweg angeboten, der durch den mit Wacholdern bedeckten Alvar bis an die Kalkstein-Steilküste führt. Am Fuße des Salumägi wächst ein artenreicher Laubwald. Auf Salumägi stehen die Überbleibsel der altertümlichen Burg. Salevere Salumägi ist ein Naturschutzgebiet, in dem zahlreiche Schlangenarten vorkommen. Der Weg ist 1,5 km lang.

Adresse: Es werden unterschiedliche Touren angeboten:
Treffpunkt und Information: Naturzentrum Matsalu und Gutshof Penijõe
Penijõe küla, Lihula vald, Lääne maakond, Tel: +372 – 472 42 36;
www.matsalu.ee, matsalu.looduskeskus@rmk.ee
Angebote für Touren: Penijõe küla, Lihula vald, Lääne maakond, Tel. +372 - 472 42 36, http://www.matsalu.ee, matsalu.looduskeskus@rmk.ee, Tel. +372 - 477 82 14; http://www.naturetours.ee, raili@naturetours.ee

Erlebnistour 25

Nationalpark Lahemaa (3 Tage)

Anreise: Vier Halbinseln, im Westen die beiden großen Tammistu (Juminda) und Pärispea sowie im Osten die kleineren Käsmu und Vergi (Lahe) mit den Spitzen Natturi, Lobi, Käsmu, Pärispea und Juminda. Pärispea weist mit einem sehr langen, schmalen Finger, der Nehrung Purekkari neem, nach Finnland. Die Spitze markiert den nördlichsten Punkt Estlands bei 59°39′, also etwa auf der Höhe von Bergen in Norwegen und St. Petersburg in Russland. Der Name Lahemaa bedeutet Land der Buchten.
Von Tallinn aus über die E20/1 biegen Sie auf der Kreuzung mit der Straße 176 nach Palmse ab (ausgeschildert). Im Besucherzentrum erhalten Sie Informationen und Kartenmaterial über den Nationalpark. Der Park umfasst 72 500 ha, ein Drittel davon gehört zum Finnischen Meerbusen. Mit dem Fahrrad oder zu Fuß lässt er sich gut in mehreren Etappen erkunden.
Die Kombination Auto/Fahrrad ist sicherlich am günstigsten. Mit dem Rad gelangen Sie an spannende Orte, die Sie mit dem Auto nicht erreichen.

Der Nationalpark Lahemaa, der erste und größte Nationalpark in Estland, ist eine Stunde Autofahrt von Tallinn entfernt. In Palmse befindet sich das Besucherzentrum; in Sagadi kann man das Waldmuseum besichtigen und in Oandu an den Aktivitäten der Naturschule teilnehmen.

Von historischem Interesse ist, dass der Nationalpark schon 1971 als erster Nationalpark der Sowjetunion gegründet wurde. Noch interessanter ist die Begründung in der Zeit der Sowjetmacht, dass nämlich die Artenvielfalt und die nordestnische Landschaft als „estnisches Erbe" zu erhalten sind. Eine unglaubliche Leistung zur damaligen Zeit.

Der Nationalpark Lahemaa bietet einen großartigen Überblick über die meisten Natur- und Kulturlandschaften, die für Estland charakteristisch sind. In Lahemaa finden Sie Block- und Sandstrände, Hochmoore sowie Urwälder. Lokal kommen hier sogar Alvare vor, Magerflächen mit einer dünnen Vegetationsschicht auf felsigem Kalkuntergrund. Dort wachsen Pflanzengesellschaften, die nur in Estland und Schweden (vgl. S. 256, 309, 341) vorkommen. Beispielsweise blüht im Mai/Juni das Große Windröschen (vgl. S. 344). Im Schatten wächst der seltene Judaspfennig (Einjähriges Silberblatt). Alvare lernen wir auf Öland und Gotland in Schweden näher kennen (siehe Öland).

Der nördlichste Punkt des estnischen Festlandes liegt auf einer schmalen Nehrung – die 1,5 km lange Landspitze Purekkari auf der Halbinsel Pärispea ist reich mit erratischen Blöcken versehen. Sie endet mit einer kleinen Insel,

Palmse Gutshaus

Zerborstener Block bei Käsmu

die Sie bei Niedrigwasser zu Fuß erreichen können. Im Herbst sammeln sich hier Zugvögel aus dem Norden.

Erratische Blöcke, auch Findlinge genannt, bestimmen das Landschaftsbild in weiten Teilen der Küste. Ihre Menge und ihre Größe setzen den Besucher in Erstaunen. Einige erreichen einen Durchmesser von 30 m. Diese Riesen befinden sich allerdings in den landesinneren Bereichen des Nationalparks. Besuchen Sie den Badeort Käsmu auf der gleichnamigen Halbinsel und wandern Sie am Strand entlang nach Norden. Zahlreiche und sehr große Findlinge gestalten hier das Landschaftsbild. Hier befinden sich auch Brutgebiete von Watvögeln.

Lahemaa ist eines der wichtigsten Waldschutzgebiete in Europa, wo viele große Säugetiere leben. Südlich vom Nationalpark liegen die großen Sümpfe und Wälder von Kõrvemaa, in denen Elche, Bären und Luchse vorkommen. Sie können auf einem Biberpfad, gelegen in einem malerischen Tal zwischen den Flüssen Oandu und Altja, zumindest Spuren von Bibern entdecken. An Vögeln sind u.a. Habichtskauz, Schwarzspecht, Fischadler, Steinadler, Seeadler, Moorschneehuhn und Schwarzstorch erwähnenswert. Im Herbst kommen Kraniche zur Nahrungsaufnahme auf die Felder um den Gutshof Sagadi am Rande des Nationalparks. Auch die in Europa sehr selten gewordene bzw. in weiten Gebieten ausgestorbene Flussperlmuschel (*Margaritifera margaritifera*) wird in den klaren Bächen des Nationalparks nachgewiesen.

Blockstreu auf Saaremaa

Alte Militärlasten

Besuchen Sie auch die berühmten Fischerdörfer wie z. B. das alte Kapitänsdorf Käsmu, das Fischerdorf Altja und das Dorf der Spirituosen-Schmuggler Viinistu, wo sich heute das Kunstmuseum befindet. Weiterhin befinden sich hier auch vier große historische Gutskomplexe, von denen drei renoviert worden sind: Palmse, Sagadi und Vihula.

Im Spülsaum finden wir hier nur noch kleine, dünnschalige Vertreter der Salzwasserfauna (Baltische Plattmuschel, Lagunenherzmuschel) sowie Süßwasserschnecken.

Insel Saaremaa (3 Tage)

Anreise: Von Tallinn über die E67/4, wechseln auf die Straße 9, bei Risti auf die Straße 10 bis zum Fährhafen Virtsu, dort mit der Fähre nach Kuivastu (Moonsund) auf die Insel Muhu (Moon). Fahren Sie jetzt weiter auf der Straße 10 bis Kuressaare (A(h)rensburg).

Saaremaa ist die viertgrößte Insel der Ostsee. Sie liegt im Westen von Estland und begrenzt die Rigaer Bucht im Norden. Die kleinere Schwesterinsel Hiiumaa liegt nördlich von Saaremaa, beide sind über eine Fährlinie von Leisi aus verbunden. Die Nord-Süd-Ausdehnung von Saaremaa beträgt etwa 88 km, die Entfernung zwischen westlichstem und östlichstem Punkt 90 km. Vom Festland aus ist Saaremaa nur mit einer Fähre von Virtsu (Werder) nach Kuiwast (Kuivastu) auf der Insel Moon erreichbar. Zwischen Muhu und Saaremaa besteht ein über 100 Jahre alter Damm.

Bischofsburg von Kuressaare

Beweidung durch Rinder in einer Wacholderheide

Hauptort der Insel und des Landkreises ist Kuressaare, ein gepflegter kleiner Ort mit der sorgsam überholten Bischofsburg A(h)rensburg. Der Deutsche Ritterorden errichtete diese Burg im Jahre 1380 für die Bischöfe von Ösel-Wieck. Überragt wird die Burg vom 29 m hohen Turm Pikk Hermann (Langer Hermann). Heute befindet sich in dem Komplex das Saaremaa-Museum.

Nach kurzer Fahrt über die Insel stößt man schnell auf Windmühlen, von denen allerdings nur noch wenige in einem guten Zustand sind. Fünf gut erhaltene Windmühlen unmittelbar nebeneinander befinden sich bei Angla im Norden Saaremaas, andere in Metsküla, Kuusnõmme, Ohessaare sowie auf den Inseln Muhu und Abruka.

Das Landschaftsbild und die Vegetation der estnischen Küsten werden überwiegend von paläozoischem Kalkgestein geprägt. Beide estnischen Kalksteininseln sind im Gegensatz zu den schwedischen Kalksteininseln mit dichten Kiefern- und Fichtenwäldern bewachsen. Ehemaliges Weideland, das seit den 1990er Jahren nicht mehr landwirtschaftlich genutzt wird, wird von Wacholder überwachsen. Wertvolle Wiesen und Weiden gehen verloren. Dem ist nur mit aufwendigen Naturschutzmaßnahmen, z.B. Beweidung durch Schafe oder Rinder, entgegenzuwirken.

Die Küstenlänge von Saaremaa beträgt 1300 km. Die Halbinsel Sõrve erstreckt sich bis zu 30 km in die Ostsee und endet im südlichsten Punkt im Dorf Sääre. Auf der Spitze, schon fast im Wasser, steht ein 52 m hoher Leuchtturm aus dem Jahre 1960. Der Ausblick in die Rigaer Bucht bis Lettland ist überwältigend. In der Verlängerung der Halbinsel fällt der Blick auf Sandbänke, die zunächst schwarz erscheinen. Ein Blick durch das Fernglas zeigt, dass es sich um Tausende von Kormoranen handelt, die hier rasten.

Neben einigen markanten Kliffen ist Saaremaa von Flachufern und oft weiten Flachwasserzonen umgeben. Mächtige Blöcke und Gerolle, die das Eis aus dem Norden mitgebracht hat, prägen das Bild dieser Küstenlandschaft (vgl. S. 125, 258).

Erlebnistour 26

Kliff von Panga (2 h)

Anreise: Von Kuressaare aus auf der Straße 86 bis zum Ort Panga, das letzte Stück bis zum Kliff auf der Straße 21127.
Adresse: Panga küla, Mustjala vald, Saare maakond, Tel: +372 – 505 04 34, panga@kylastuskeskus.ee

Das Kliff liegt an der Nordküste Saaremaas an der Bucht von Küdema (Küdema-laht). Für Taucher ist von Interesse, dass nach einer schmalen Flachwasserzone mit dichten Blasentangbeständen der Meeresboden steil abfällt. Auch auf Fårö findet sich ein ähnliches Küstenrelief. Die Steilküste Panga Pank ragt als eine aufgeschlossene Kalksteinmauer direkt an der Wasserlinie empor. Sie ist die höchste unter den Steilküsten von Saaremaa und Muhu. Die maximale Höhe beträgt 21,3 m, ihre Länge etwa 2,5 km.

An der Kliffwand, direkt über dem Wasser, nisten überraschenderweise Mehlschwalben.

Um auf die Westseite der Küdema-Bucht zu gelangen, fahren Sie die 127 und 86 bis zur Kreuzung mit der Straße 129 zurück und wechseln auf diese nach rechts (Südwest). Sie gelangen zur Straße 101 und fahren von dort nach

Kalksteinfelsen am Panga Kliff

Blöcke mit Flechten

Norden auf die Tagarana-Halbinsel. Dort befindet sich wiederum eine Steilküste, die jedoch nur eine Höhe von 5 m erreicht. Hier ist ein Denkmal zur Erinnerung an den Untergang des Fährschiffes „Estonia" am 28. September 1994 errichtet worden, mit über 850 Opfern das schwerste Schiffsunglück der europäischen Nachkriegsgeschichte.

Küdema-Bucht (5 h)

Die Küdema-Bucht schließt im Westen an das Kalksteinkliff an. Die Bucht erstreckt sich etwa 7 km nach Süden und erreicht eine Breite von 3 – 5 km. Flachwasserzonen mit Blöcken und Geröll, Kies- und Sandstrände wechseln miteinander ab. Die Idylle dieser märchenhaften Bucht ist seit 2006 etwas durch den Seehafen Ninase gestört. Trotzdem lohnt es weiterhin besonders während der Zug- und auch während der Brutzeit, die Bucht zu umrunden und Wasservögel zu beobachten. Die gesamte Bucht ist als Vogelschutzgebiet ausgewiesen. Vom Pangakliff aus gelangen Sie (zu Fuß oder per Fahrrad) im Nordosten der Bucht auf eine nach Süden verlaufende Nehrung, hinter der sich östlich eine kleine seichte Lagune verbirgt. Der Strand besteht aus Kalkplatten, die stellenweise zu einer Reihe von Strandwällen aufgetürmt sind.

Natternkopf

Meerkohl ist durch gewaltige Stauden vertreten.

Mit dem notwendigen Glück des Ornithologen und einem Spektiv können Sie hier eine Reihe seltener Wasservögel antreffen: Prachttaucher, Hauben- und Rothalstaucher, Zwerg-, Sing- und Höckerschwan, Spieß-, Löffel-, Krick-, Pfeif-, Schnatter-, Schell-, Reiher-, Berg-, Scheck- und Eiderente, Brandgans, Zwerg-, Gänse- und Mittelsäger. Von den Limikolen (Watvögeln) halten sich Alpenstrandläufer, Sandregenpfeifer, Rot- und Grünschenkel, Dunkler Wasserläufer und Kiebitz zur Brut und während des Zuges an den Stränden auf: Lach- und Sturmmöwen kommen als Brutvögel vor. Küstenseeschwalben brüten in den Strandwällen. In Gebieten mit Schilf oder Seggen kommen Wasserralle und Tüpfelsumpfhuhn vor.

Halbinsel Harilaid und Undva (5 h)

Wer noch Mut hat, sollte sich nach dieser Bucht/Kap-Tour noch eine Halbinsel weiter in den äußersten Nordwesten nach Undva und Harilaid wagen. Die Halbinsel Harilaid ist einer der schönsten und ältesten Teile im Nationalpark Vilsandi, die wegen ihrer vielseitigen Fauna, Flora und Geologie schon seit 1924 unter Schutz steht. Die Halbinsel hat eine längliche, von Südosten in den Nordwesten verlaufende Trapezform. Es handelt sich um ebenes Flachland, mit Wacholder und Kiefernwald bewachsen, dessen höchster Punkt im Nordwesten knappe 5 m misst. Feuchtgebiete und Seen sowie Kalkstein-Küsten prägen diese weit in die Ostsee ragende Halbinsel. Ornithologisch und botanisch ist sie von großem Interesse. Ende Mai/Juni hört man hier in der Abenddämmerung Ziegenmelker. Auf den Strandwällen blühen im Juni/Juli üppige Bestände des Natternkopfs, Meerkohls und Meersenfs. Auf dem nährstoffarmen Schotter sind die Strandpflanzen auf Nährstoffquellen angewiesen. Dazu nutzen sie abgestorbene, stickstoffreiche Wasserpflanzen (Seegras oder Algen), die bei Hochwasser angespült werden. So entstehen die typischen Pflanzenreihen (einjährige Krautsäume), die parallel zur Wasserlinien verlaufen. Sie können geführte Touren mitmachen oder mit dem Fahrrad bis an die Spitze vordringen. Auch eine Wanderung am Strand,

Block bei Veere, Saaremaa

Strandwälle bei Undva

Färberkamille

Steilufer bei Veere

durch eine heile Dünenlandschaft ist angebracht (u.a. brütende Sandregenpfeifer).

Im Mai – Juni blühen hier zahlreiche Orchideenarten. Die nordwestliche Spitze von Harilaid trägt den Namen Kiipsaare Spitze.

Harilaid ist dem Meer vor 1000 – 2000 Jahren als Insel entsprungen. Am nordwestlichen Ende der Landspitze Kiipsaare stand ein sehr schiefer 25 m hoher Leuchtturm, der umzukippen drohte. 2006 wurde er wieder aufgerichtet und mit einer besseren Gründung versehen.

Erlebnistour 27

Nationalpark Vilsandi (Tagestour)

Anreise: Von Kuressaare aus auf der Straße 78. Das Besucherzentrum des Nationalparks Vilsandi befindet sich im Gutskomplex Loona, wo man eine Dauerausstellung zum Nationalpark und Fossilien besichtigen kann.

Die Insel Vilsandi ist die einzige bewohnte Insel. Auf ihr befindet sich eine biologische Station mit Übernachtungsmöglichkeit für Wissenschaftler und Touristen.

Der Nationalpark wurde 1993 gegründet. Er umschließt die Insel Vilsandi und die umgebenden Flachwasserzonen mit etwa 160 kleinen Inseln. Ein Drittel seiner Fläche ist Land, der Rest sind küstennahe Flachwasserzonen. Der Meeresboden ist mit Unterwasserpflanzen bewachsen (zahlreiche Armleuchteralgen), die von Enten und Gänsen sowie Schwänen als Nahrung genutzt werden. Schon seit 1910 sind diese Gebiete als Vogelreservat ausgewiesen. Von Bedeutung für überwinternde Wasservögel ist, dass die Gewässer hier weitgehend eisfrei bleiben. Vilsandi ist Brutgebiet von 114 Vogelarten. Etwa 70 Arten überwintern in eisfreien Wintern hier. Häufigste Art ist die Eiderente, weiterhin kommen Weißwangengänse, Mantelmöwen, Silbermöwen, Seeschwalben, Säbelschnäbler und Steinwälzer vor. Seeadler sind häufige Gäste. Die seltene Scheckente hat im Nationalpark ein Überwinterungsgebiet. Auf der Spitze der Halbinsel Kuusnomme Poolsaar befindet sich ein Beobachtungsturm.

Kegelrobben bevorzugen die kleine Insel Innarahu als Liegeplatz.

Auch aus botanischer Sicht hat der Nationalpark einiges zu bieten: 30 Orchideenarten, der endemische Saaremaa-Klappertopf und Efeu, für den dies die nördlichste Grenze seines Verbreitungsgebiets darstellt, kommen hier vor.

Im Sommer werden täglich Wanderungen organisiert: Ein Naturfremdenführer bringt Sie auf eine halbtägige Tour in die südlichste Ecke des Nationalparks Vilsandi. Die geologische Entstehung (Baltische Glint) wird erläutert, Fossilien werden vorgestellt.

Adresse: Loona küla, Kihelkonna vald, Saare maakond, Tel +372 – 526 99 74, +372 - 454 65 10, www.parimusmatkad.ee; info@parimusmatkad.ee.

Orchideenwiese auf Saaremaa (NP Vilsandi)

Fleischfarbenes Knabenkraut (*Dactylorhiza incarnata*)

Fliegen-Ragwurz (*Ophrys insectifera*)

Meteoritenkraterfeld von Kaali (1 h)

Anfahrt: Von Kuressaare auf der Straße 10 Richtung Muhu (Nordost) fahren, auf die Straße 21130 links abbiegen (Kaali ist ausgezeichnet). Kaali erreicht man in 3,4 km, der Ausschilderung zum Krater nach rechts abbiegen 2,4 km (Straße 21131), dort parken und zu Fuß zum Krater etwa 300 m wandern.

In einem kleinen Wald befindet sich der mit Wasser gefüllte Krater. Der ungefähre Zeitraum des Meteoriteneinschlags liegt 7500 – 7600 Jahre zurück. Der Einschlag verursachte große Zerstörungen. In etwa 5 – 10 km Höhe zerschellte der Meteor und regnete in zahlreichen Stücken auf die Erde herab, das größte dieser Stücke verursachte einen Krater von 110 m Durchmesser und 22 m Tiefe. In der Umgebung befinden sich 8 weitere kleine Krater. In der Rangliste der Riesenkrater der Welt liegt der Kaali-Krater an achter Stelle. Das Kaali-Meteoritenkraterfeld auf Saaremaa gilt als das eindrucksvollste Kraterfeld in Eurasien.

Meteoritenkrater bei Kuressaare

Insel Hiiumaa (4 h)

Von Saaremaa können Sie eine Tagestour auf die Insel Hiiumaa machen. Hiiumaa (deutsch und schwedisch Dagö, „Taginsel“) liegt nördlich von Saaremaa.

Anreise: Fahren Sie über die Straße 79 bis Leisi und folgen Sie den Hinweisschildern zur Fährverbindung Triigi–Sõru. Während der Saison sind die Fähren oft überlastet. Mit dem Auto müssen Sie mehrere Stunden Wartezeiten einkalkulieren. Fahren Sie mit dem Fahrrad, dann umgehen Sie die Wartezeiten. Die Fähren verkehren außerhalb der Saison nur 1 bis 2 mal täglich. Erkundigen sie sich in den Informationsbüros nach den Abfahrtszeiten.

Hiiumaa ist die waldreichste Region Estlands. Rund 60 % der Insel sind mit Kiefern- und Fichtenwäldern bewaldet. Feuchtgebiete machen 7 % der Insel aus. Die Insel ist flach, die höchste Erhebung ist der Tornimägi mit 68 Metern auf der westlichen Halbinsel Kõpu. Der auf dieser Anhöhe stehende wuchtige Leuchtturm ist sehenswert. Das Leuchtfeuer strahlt auf 102 m über dem Meeresspiegel und ist damit eines der höchsten der Ostsee. Der Ausblick vom Turm beweist den Waldreichtum Hiiumaas, in alle vier Himmelsrichtungen blicken Sie auf Wälder.

Ein moderner Leuchtturm befindet sich an der Nordküste von Hiiumaa auf der Halbinsel Tahkuna. Historisch von Interesse ist, dass die russische Regierung den Turm 1871 auf der Weltausstellung in Paris erwarb. Er steht an einer flachen Küste. Mit fast 43 m über dem Meeresspiegel ist er der höchste Turm der estnischen Küstenlinie.

Südlich des Ortes erstreckt sich das Naturschutzgebiet Tahkuna. Das ausgedehnte Waldgebiet mit zahlreichen Dünen ist auf beschilderten Pfaden für Besucher zugänglich. Das Gebiet dient vor allem dem Schutz der Eibe. Seeadler brüten auf alten, hohen Bäumen und in den unwegsamen Feuchtgebieten brütet das sehr seltene Tüpfelsumpfhuhn.

Tüpfelsumpfhuhn

Finnland: Schären in Scharen

Die finnischen Ålandinseln begrenzen die Zentrale Ostsee nach Norden zum Bottnischen Meerbusen. Dieser verläuft über ca. 700 km von dieser Inselgruppe nordöstlich bis fast an den Polarkreis. Mit dem Bottnischen Meerbusen erreichen wir auf unserer Rundreise arktische Regionen. Haparanda und Tornio, die Grenzstädte an der finnisch-schwedischen Grenze, liegen nördlicher als Grönlands Hauptstadt Nuuk. Der gewaltige nordöstliche Ausläufer der Ostsee ist im Winter zumindest mit seinem nördlichen Teil, der Bottenwiek, mit Eis bedeckt (vgl. S. 42, 44).

Bottnischer Meerbusen

Die schärenreiche Region Kvarken (finnisch: Merenkurkku) zwischen der finnischen Stadt Vasa und der schwedischen Stadt Umeå teilt den Bottnischen Meerbusen in die südliche Bottensee und die nördliche Bottenwiek. Zu Kvarken gehört ein Schärengarten, in dem jährlich durch die nacheiszeitliche Landhebung neue Inseln mit einer Fläche von etwa 100 ha auftauchen. Im Jahre 2006 wurden Teile des finnischen Kvarken als natürliche Fortsetzung des Gebietes Höga Kusten an der schwedischen Küste in das UNESCO-Welterbe aufgenommen (Höga Kusten/Kvarken).

Wesentliche Merkmale der gesamten Region des Bottnischen Meerbusens sind Felsenküsten, zahlreiche Inseln (Schären) und die Landhebung, die am Beispiel des Skulebergs an der schwedischen Küste erläutert wird (vgl. S. 42, 44).

Die Ostseeküsten sind im Allgemeinen flach. Die 70 m hohen Dünen auf der Kurischen Nehrung oder 120–130 m hohen Kreidefelsen von Møn und Rügen gelten schon als gewaltige Erhebungen. Aber weit im Norden an der Westküste des Bottnischen Meerbusens erstreckt sich über 85 km eine bergige Küstenlandschaft, die ihrem Namen „Höga Kusten“ (Hohe Küste) alle Ehre macht. Der höchste Punkt ist der Slåtdalsberg mit 330 m über dem Meeresspiegel. Das Kuriose ist, dass er erst vor erdgeschichtlich kurzer Zeit durch die Landhebung dem Meer entstiegen ist.

Die Küstenlänge des Bottnischen Meerbusens beträgt etwa 1600 km. Die „Vermessung“ erfolgte großzügig von Kap zu Kap, ohne die Buchten, Fjorde und die schier unendliche Zahl der Inseln und Schären zu berücksichtigen. Immerhin 35 mächtige Flüsse münden auf der finnischen Seite und 58 Flüsse auf der schwedischen Seite in den Bottnischen Meerbusen (vgl. S. 17). Der oberflächliche Salzgehalt der Ostsee sinkt von 6 ‰ bei den Ålandinseln auf 4 ‰ nördlich von Kvarken und auf 1 ‰, also nahezu Süßwasser, im nördlichsten Teil der Bottenwiek.

Die Zahl der finnischen Ostseeinseln wird offiziell von der Landesvermessung mit etwa 80 000 angegeben. In dieser Zahl sind die ca. 6500 Inseln von Åland ebenso enthalten wie dessen Schären.

Kaum bewachsene Schären an der Außenküste

Zwischen der Südwestküste Finnlands und den Ålandinseln liegt das Schärenmeer mit geschätzten 20 000 Inseln. Man unterscheidet einen äußeren und einen inneren Schärengürtel. Im äußeren Gürtel befinden sich die

Geta – glatt geschliffener Rapakivi-Granit

gerade aufgetauchten, noch flachen Schären, die nur wenige Meter aus dem Wasser ragen. Die größten Inseln des Archipels sind die zu Finnland gehörenden Ålandinseln. Eine Besonderheit der Ålandinseln und der Hohen Küste ist der charakteristische Rapakivi-Granit (vgl. S. 35, 272), der diese Küstenstreifen in prächtigem Rot erstrahlen lässt. Die finnische Seite des Bottnischen Meerbusens läuft meistens unspektakulär flach aus. Anders die schwedische Küste, die zumindest im Gebiet der Hohen Küste schroff in das Meer übergeht und die mit der Region „Höga Kusten" das einzige bergige Gebiet an der Ostsee aufweist (vgl. S. 297).

Der Baumbestand geht von Nadel- und Mischwäldern auf den Ålandinseln zu Nadelwäldern (Fichte, Kiefer) mit Birken im Norden über. In südlichen Bereichen dominiert die Fichte, im Norden die Wald-Kiefer.

Die nordskandinavische Bergkette hält das maritime Klima und den Einfluss des Golfstroms wirksam fern von der Region des Bottnischen Meerbusens, so dass sie überwiegend von kontinentalem Klima beeinflusst wird. Auch bei starken West- bis Nordwestwinden bleibt es durchweg trocken, da die Luft beim Überqueren des skandinavischen Gebirges sich auf der atlantischen (norwegischen) Seite abregnet.

Im Winter erfassen strenge Fröste von Skandinavien und/oder Russland die Gewässer des Bottnischen Meerbusens (vgl. S. 44). Das Sommerhalbjahr wird dagegen durch Festlandsluft aus Südost häufig von Perioden mit warmem und beständigem Schönwetter geprägt.

Generell ist das Klima kühl-gemäßigt mit kalten Wintern im Januar und Februar unter –10 °C und milden Sommern im Juli und August bei 12 – 15 °C. Die Jahresniederschlagssumme liegt unter 500 mm. Alle zwölf Monate sind humid.

Sie können also von häufigen Schönwetterperioden und geringem Niederschlag ausgehen. Die Ostseeinseln erreichen von Deutschland bis zum Bottnischen Meerbusen um die 2000 Stunden Sonnenschein/Jahr. Die Ostseeküste im hohen Norden liegt nur knapp unter diesem hohen Durchschnitt. Aber Regen ist dennoch durchaus nicht ausgeschlossen!

Auf den Ålandinseln erwartet Sie aufgrund der Insellage in der Ostsee im Vergleich zum schwedischen und finnischen Festland ein milderes Klima. Die Ostsee erwärmt im Winter die kalten Nordostwinde und kühlt im Sommer die warmen Südostwinde. Der jährliche Niederschlag liegt bei durchschnittlich 541 mm pro Jahr und ist damit geringer als auf dem schwedischen und dem finnischen Festland.

Im hohen Norden an den Küsten der Bottenwiek müssen Sie von Mitte Oktober bis Anfang Mai mit vereisten Seen und Schnee rechnen.

INFO

Das besondere Artporträt

Moltebeere

In Deutschland kommt sie nur selten als arktische, streng geschützte Reliktpflanze in einigen niedersächsischen Mooren vor, aber in den kaltgemäßigten Klimaten der Nordhalbkugel ist sie weit verbreitet: Die Moltebeere *(Rubus chamaemorus)* ist das Wahrzeichen von Lappland, kommt aber im Bereich des Finnischen und Bottnischen Meerbusens auch in Küstennähe vor. Finnland hat ihr auf der 2-Euro-Münze ein wunderbares Denkmal gesetzt. Wörtlich übersetzt bedeutet ihr wissenschaftlicher Name „Bodenbrombeere". In Finnland nennt man sie *Lakka* oder *Hilla*, in Schweden *Hjortron*. Insgesamt kommt die Art zwischen 54 und 78° nördlicher Breite zirkumpolar vor, somit auch in Kanada, Grönland und Russland.

Die mehrjährigen Moltebeeren sind eigenartigerweise zweihäusig, d.h. es gibt männliche und weibliche Pflanzen. Sie sind aber nicht genetisch als männlich oder weiblich festgelegt, sondern erreichen die Zweihäusigkeit dadurch, dass in den Blüten entweder die Staubblätter oder die Fruchtknoten frühzeitig abgeworfen werden. Auffallend sind auch die im Unterschied zu anderen Vertretern der Gattung (Himbeere, Brombeere) immer stachellosen Stängel. Die Blüten sind weiß oder gelegentlich auch rötlich und öffnen sich ab Mitte Mai bis Ende Juni. Aus den befruchteten Blüten entwickeln sich wie bei den Him- und Brombeeren Sammelsteinfrüchte, die bis zu 2,5 cm groß werden. Reifende Früchte sind grünlich und anfangs von den Kelchblättern dicht umschlossen, verfärben sich dann rötlich und sind reif kräftig gelborange. Wenn sich die Kelchblätter nach rückwärts krümmen, ist die Moltebeere erntefähig, aber ziemlich weich und entsprechend schwer zu pflücken. Die Laubblätter verfärben sich im Herbst intensiv karminrot. Im Baltikum gilt sie ebenso wie in Polen und Tschechien als Glazialrelikt.

Moltebeeren sind reich an Spurenelementen und Vitaminen. In Finnland isst man sie gerne zusammen mit dem Käsegericht *Leipäjussto*. Aus Finnland werden jährlich mehrere hundert Tonnen als relativ teure Delikatesse in die Nachbarländer exportiert.

Finnlands Küste

Finnlands Meeresküste zwischen der Grenze zu Russland im Finnischen Meerbusen und der Grenze zu Schweden im Norden des Bottnischen Meerbusens wird mit der unglaublichen Länge von ca. 46 000 km angegeben. Davon fallen 6300 km auf die Außenküste und ca. 39 700 km auf die Inseln. Eine vermessungstechnisch ganz exakte Bestandsaufnahme sämtlicher Küstenlinien liegt bislang nicht vor. Rund 43 % der Meeresküste besteht aus Moränenstrand, der am Bottnischen Meerbusen und auf den Inseln überwiegt. Ein nahezu gleich großer Anteil entfällt auf die Felsküsten. So ist beispielsweise die Küste des Finnischen Meerbusens von Wyborg bis Björneborg felsig mit einem Streifen von zahllosen vorgelagerten Schären. Weichböden (Kies, Sand, Schlick) machen nur ca. 15 % aus.

Die dichteste Ansammlung von Schären findet sich im finnischen Schärenmeer, deren Hauptinseln die Ålandinseln sind. Da die nacheiszeitliche Landhebung noch nicht abgeschlossen ist, tauchen ständig neue Inseln auf. Alte Schären mit einer Erdschicht sind mit Kiefern bewachsen und enthalten Baum- und Buscharten der borealen Nadelwälder wie Wacholder, Zwergstrauchheiden sowie Krähenbeeren, Bärentraube und Preiselbeere. Moose und Flechten bedecken die Felsen und Baumstämme. Die nackten Felsen der äußeren exponierten Schären werden von Alkenvögeln, Großmöwen und Seeschwalben als Rast- und Brutplätze genutzt. Ringel- und Kegelrobben haben in den äußeren Schären des Bottnischen Meerbusens ihr Hauptvorkommen in der Ostsee.

Ålandinseln

Besondere Erlebniswerte: Inselwelt aus über 6500 Inseln mit abwechslungsreicher Schärennatur. Abgeschliffener roter Rapakivi („Bröckelstein") und karge Schärenklippen, Kiefernwald und blühende Wiesen

Anreise: Mit dem Flugzeug von Stockholm Arlanda nach Mariehamn ca. 40 min. Fährverbindungen bestehen von verschiedenen Häfen in Stockholm nach Mariehamn und Eckerö, von Turku sowie Helsinki (Finnland) und von Tallinn (Estland) nach Langnäs und Mariehamn. Allein die Fahrt durch die Schärengärten ist schon den Urlaub wert.
Alternativ, auch als Fahrradtour geeignet, schlagen wir ein reizvolles „Islandhopping" von Turku aus vor: Über Brücken und Fähren (teilweise kostenlos) gelangen Sie auf die Ålandinseln über die Straße 180 auf die Insel Kuusisto, weiter über die Stadt Pargas auf die Insel Lillmälö, von dort mit der Fähre auf die Insel Lillandet und weiter auf der Straße 180 über Brücken zur Ortschaft Nagu. Nagu ist ein idealer Ausgangspunkt, von dem aus Sie Ihre Reise direkt mit einer Fähre oder weiter über die Schären bis zu den Ålands selber gestalten können.
Fahrrad: Der Ostseeküstenweg gilt als realisiert.

Fjorde, Seen und Kiefernwälder im Nordwesten der Ålandinseln

Die Hauptinsel der Åland-Inselgruppe (finnisch: Ahvenanmaa) ist Fasta Ålan und mit einer Fläche von 685 km^2 Finnlands größte Insel. Die Inselgruppe gehört zu Finnland, wird aber weitgehend autonom verwaltet. Amtssprache ist allerdings Schwedisch. Burgen, Kirchen und andere Baudenkmäler zeigen, dass die Geschichte der Ålandinseln schwedisch ist. Nach dem Niedergang der Hanse und Versuchen einer Expansion Russlands in den Ostseeraum wollten Napoleon und Zar Alexander I. Europa neu aufteilen. Dem Zaren fällt dabei u.a. Schweden zu. Schweden wird also überfallen und verliert den Krieg gegen Russland. Im Frieden von Frederikshamn muss König Karl XIII.

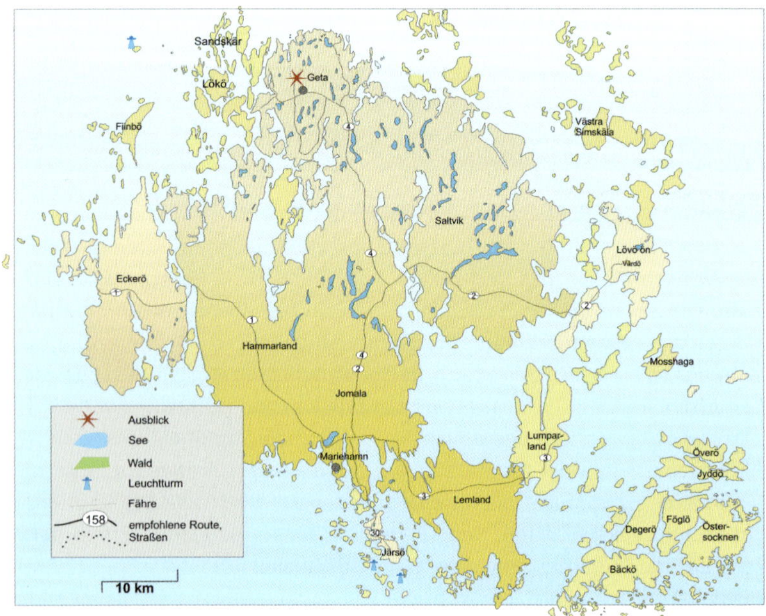

Vom Wind geformte Kiefer

Stiller Waldsee auf Geta

A

B

A: Aussichtsturm auf dem Getaberg
B: Schloss Kastelholm (gebaut um 1400) bei Sund
C: Fjordküste mit Rapakiwi-Granit

C

von Schweden Finnland, die Ålandinseln und weitere Gebiete an Russland abtreten. So entstand 1809 das russische Großfürstentum Finnland. Russland baute die Befestigungsanlage Bomarsund, deren Reste renoviert und zu besichtigen sind (im Südosten der Hauptinsel an der Straße 2). Nach dem Krimkrieg 1854 wurde die Inselgruppe entmilitarisiert. Nach dem Ersten Weltkrieg sprach der Völkerbund die Ålandinseln Finnland zu.

Mariehamn ist Hauptstadt der aus über 6500 Inseln bestehenden Provinz Åland. Die Landschaft ist weitgehend flach. Nur im Nordwesten werden am Orrdalsklint 129 m Höhe erreicht. Hier findet man Granite, die meistens als roter Rapakivi auftreten. Rote Steine im eiszeitlichen Geschiebe Norddeutschlands stammen übrigens oft aus dieser Gegend. An anderen Orten steht uraltes Gestein des Baltischen Schildes an.

Neben den borealen Nadelwäldern kommen Mischwälder mit Eichen, Eschen, Ulmen, Ahorn und Linden vor. Der Spätherbst bietet bei milden Temperaturen eine einzigartige Farbvielfalt der Laubbäume.

Åland ist ein Paradies für Radfahrer, Wassersportler und Angler. Außerhalb der Ferienzeiten ist der Autoverkehr ruhig.

Erlebnistour 28

Getaberg (Wanderung vom Getaberg bis an das Meer 3 h)

Besonders empfehlenswert ist eine Tour zu den höchsten Aussichten und Klippen in die Region Geta im Nordwesten der Hauptinsel. Nutzen Sie dafür die Straße 2/4 nach Norden bis zum Ort Västergeta, der als gesellschaftlicher und touristischer Mittelpunkt der Region gilt. Sie können hier mit der Sakristei und einem Langhaus gleich zwei der ältesten Gebäude des Landes besichtigen, deren Entstehung in das frühe 16. Jahrhundert datiert wird. Sehenswert ist hier weiterhin die Feldsteinkirche (St. Görans Kyrka) mit einem abseits stehenden Glockenturm aus Holz. Kurz hinter Västergeta biegen Sie rechts zum nahe gelegenen Geta-Berg ab, auf dem ein Aussichtturm einen großartigen Panorama-Blick über Kiefernwälder, Fjorde und Seen auf die Küste bietet. Ein gekennzeichneter Wanderweg führt Sie über das Plateau. Die Straße 4 endet hier. Sie können aber auf kleineren, meistens asphaltierten Straßen weiter fahren und gelangen von dort über Wanderwege oder Schotterstraßen und Dämme oder Fähren auf einige der vorgelagerten Inseln. Immer wieder ergeben sich herrliche Aussichten über das Schärenmeer, über schilfbestandene kleine Buchten oder rote Felsenufer.

Am Wegesrand

Insel Vallgrund (4 h)

Anreise: Von Süden auf der E6 fahren Sie hinter Vasa links über die Straße 724 auf die Insel Vallgrund. Vallgrund ist durch ein Brücke, die „Raippaluodon Silta", mit dem Festland verbunden. Sie ist mit 1045 m die längste Brücke Finnlands.

Besonders unter Ornithologen hat Vallgrund einen guten Ruf: Die Insel ist für ihre Vielzahl von Vogelarten bekannt, die während des Zuges hier zu beobachten sind. Auf Vallgrund befindet sich auch der dichteste Seeadlerbestand

Finnlands. Auch zahlreiche Küstenvögel wie Möwen, Knäk- und Eiderenten, Mittelsäger, Singschwäne und Schneeeulen brüten hier.

Schneeeule

Ende September sammeln sich Scharen von Kranichen auf den Feldern in Nähe der Küste. Die letzten Zugvögel, die die Insel verlassen, sind auch hier die Singschwäne, die zum Teil erst im Dezember aufbrechen. Im Oktober finden sich Zugvögel aus Sibirien ein wie z.B. Seidenschwanz oder Tannenhäher. Von Vallgrund aus kann man auch die Insel Valassaaret in der Mitte des Bottnischen Meerbusens besuchen, die von Tausenden von Gänsen, Enten und Kranichen im Frühling auf ihrem Weg Richtung Norden passiert wird.

INFO

Das besondere Artporträt

Ringelrobbe

Die Vorkommen dieser ältesten Robbenart in der Ostsee ist auf den Bottnischen Meerbusen, zeitweise auch auf die Küste Estlands beschränkt. Weltweit sind sie eine der häufigsten Arten. Ringelrobben sind in der Vermehrungsphase auf Eisschollen angewiesen. Die neugeborenen Jungtiere haben ein schneeweißes Fell, was sie vor Seeadlern und Großmöwen tarnt. Im Hinblick auf Feinde leben die Ringelrobben in der Ostsee jedoch geradezu paradiesisch. Weder Eisbären, Orcas oder Grönlandhaie noch Jäger stellen ihnen hier nach. Sie erreichen ein Alter von über 40 Jahren. Die Art hat in der Ostsee weitaus gefährlichere Feinde in Form der über Abwässer eingeleiteten Schwermetalle und Pestizide sowie pharmazeutische Produkte. Sie erleiden

Ringelrobbe

einen Gebärmutterverschluss, der zur Unfruchtbarkeit führt. Der kleine Bestand vergrößert sich nicht. Die Ringelrobbe ist somit die einzige Art, deren Ostseepopulation derzeit gefährdet ist.

Insel Hailuoto (Tagestour mit dem Fahrrad)

Besondere Erlebniswerte: Sandinsel des Bottnischen Meerbusens, Dünen, Sandstrände, Vogelbeobachtungen (Zug, Brut), Kiefern- und Birkenwälder. Hailuoto Natur-Ausstellung zur Geologie.

Anreise: Mit dem PKW über die E4/E8 von Schweden aus. In Finnland über die E75/E8 bis Oulu/Ouolunsalo zum Fährhafen Riutunkari. Die Straße zur kostenfreien Fähre ist ausgewiesen. Von Dezember bis März verbindet eine Eisstraße Hailuoto mit dem Festland. Oulu ist auch mit dem Flugzeug von Helsinki erreichbar.
Information: www.hailuototourism.fi

Hailuoto (schwedisch Karlö) liegt in der nordöstlichen Bottenwiek. Mit einer Landfläche von etwa 200 km^2 und einem Durchmesser von 35 km ist sie die fünftgrößte Insel Finnlands und die größte des Bottnischen Meerbusens. Im Gegensatz zu der Felsenküste des Festlandes ist Hailuoto eine Sandinsel mit

Am Fährhafen vom Festland nach Hailuoto

Dünen und Stränden und stellt damit im Bottnischen Meerbusen eine seltene Ausnahme dar. Hailuoto ist vor etwa 2000 Jahren durch Landhub dem Meer entstiegen. Noch im 18. Jahrhundert waren die Inseln Luoto, Hanhinen und Santonen durch die Straße von Kirkkosalmi voneinander getrennt, bevor sie über Landbrücken miteinander verschmolzen. Die Küsten Hailuotos zählen zu den 10 wertvollsten Feuchtgebieten Finnlands.

Hailuoto ist großflächig mit Kiefernwald bedeckt. In Feuchtgebieten und an den Waldrändern wachsen Birken. Die Vegetation ist artenarm. Zahlreiche Arten, die auf dem nahegelegenen Festland verbreitet sind, kommen auf der Insel nicht vor. U.a. wird dies auf geringe Niederschlagsmengen von 300 mm/Jahr zurückgeführt. Das mag ein Grund sein, vorrangig wird die Flora aber von dem borealen Klima, den sandigen, nährstoffarmen Böden und sogar noch vom geringen Salzgehalt der Bottenwiek beeinflusst.

Dementsprechend setzt sich die Flora aus arktisch-alpinen Arten, Arten der Heiden und Dünen sowie aus Halophyten (Salzpflanzen) zusammen, von denen hier einige aufgeführt werden. Vertreter der arktisch-alpinen Arten sind Schwedischer Hartriegel (*Cornus suecica*), Schmalblättriges Weidenröschen (*Epilobium angustifolium*), Wiesen-Knöterich (*Bistorta vivipara*), Bärentraube (*Arctostaphylos uva-ursi*)

Leuchtturm Marjaniemi auf Hailuoto

Flache, schilfreiche Buchten und Birkenwälder auf Hailuoto

Bewaldete Düne auf Hailuoto

Primärdünen, Schilfflächen, Birken- und Kiefernwald

und die arktische Zwerg-Birke (*Betula nana*). In den Dünen findet man Besenheide (*Calluna vulgaris*), Schwarze Krähenbeere (*Empetrum nigrum*) und Strand-Platterbse (*Lathyrus japonicus*). In Mooren und auf Torfböden kommen Sumpf-Blutauge (*Potentilla palustris*), Sumpfporst (*Rhododendron tomentosum*) und der Langblättrige Sonnentau (*Drosera anglica*) vor. Zu den weit verbreiteten, häufigen Arten gehören Echtes Mädesüß (*Filipendula ulmaria*)

Singschwäne verlassen im Spätherbst als Letzte den Hohen Norden

Pfuhlschnepfen

Ruhende Alpenstrandläufer

und Doldiges Habichtskraut (*Hieracium umbellatum*). Halophyten bzw. salztolerante Arten besiedeln den Uferstreifen und Überschwemmungsflächen an der Bottenwiek: Strand-Dreizack (*Triglochin maritima*), Strand-Wegerich (*Plantago maritima*), Salzmiere (*Honckenya peploides*), Strand-Aster (*Tripolium pannonicum*), Strand-Milchkraut (*Glaux maritima*), Pfeilblättrige Melde (*Atriplex calotheca*) und Stiel-Melde (*Atriplex longipes*). Sogar Orchideen kommen hier hoch im Norden vor wie beispielsweise das Gefleckte Knabenkraut (*Dactylorhiza maculata*).

Aus ornithologischer Sicht bietet Hailuoto während der Brut und des Zuges einige Sehenswürdigkeiten. Ca. 300 Vogelarten wurden bisher registriert. Rohrdommel und Graugans leben hier an der Grenze ihrer nördlichen Verbreitung. Auf Hailuoto brüten vor allem Reiherenten, aber auch Krick- und Pfeifenten. Unter den Watvogelarten (Limikolen) sind Austernfischer, Kampfläufer, Rotschenkel und Bekassine besonders zahlreich. Während des Zuges stellen Watvögel die artenreichste Gruppe: u.a. Dunkler Wasserläufer, Temminck-, Alpen- und Meerstrandläufer, Sand- und Kiebitzregenpfeifer, Pfuhl- und Uferschnepfe, Schnatterente, Zwerggans, Kurzschnabel- und Blässgans sowie See-, Stein- und Fischadler wurden beobachtet. Weiterhin kommen Schneeammern, Fichtenkreuzschnabel, Kiefernkreuzschnabel, Bindenkreuzschnabel vor. An günstigen Rast- und Brutplätzen stehen Beobachtungstürme zur Verfügung.

Dünenlandschaft von Marjaniemi (2 h)

Da die Hinweise meistens in Finnisch ausgezeichnet sind, beschreiben wir hier einige Touren detailliert. Fahren Sie zunächst quer über die Insel zum Strand und Leuchtturm von Marjaniemi im Westen der Insel (Straße 816). Hier sind Wege in südlicher Richtung durch die Dünenlandschaft ausgezeichnet. Fluss- und Küstenseeschwalben sowie die seltenen Zwerg- und Raubseeschwalben brüten im Strandbereich um den Leuchtturm. Nach Norden können Sie ebenfalls entlang der Küste wandern und gelangen in ein Naturschutzgebiet, das den gesamten nördlichen Küstenstreifen umfasst. Auf dem Rückweg zur Fähre biegen Sie im Ort Hailuoto rechts auf die Straße 8162 nach Pöllä ab. Am Ende der Straße kommen Sie auf die Lentokentäntie, der Sie bis zum Parkplatz folgen. Von dort haben Sie einen guten Einblick auf Überschwemmungszonen und Flachwassergebiete mit zahlreichen Brutvögeln (Spektiv).

Fahren Sie zurück auf die 816 und weiter Richtung Fähre und biegen Sie rechts (nach Osten) auf den Schotterweg (Straße 18674) ab. Kurz hinter der Brücke über einem Bach biegt rechts ein Wanderweg (Kaarantie) ab, an dem sich ein Beobachtungsturm befindet. Kehren Sie zurück zur Schotterstraße und folgen Sie der Straße links bis zum Parkplatz, von dem sich wiederum ein sehr guter Blick auf die seichten Gewässer der Lahdenperä und der Ojakylänlahti sowie auf die rundum gelegenen Feuchtgebiete und Seen mit reicher Vogelwelt eröffnet.

Das besondere Artporträt

Seepocken – Fischen mit den Füßen

Sie gehören sicherlich zu den eigenartigsten Lebewesen an der Meeresküste. Sie besiedeln in der Gezeitenzone alle festen Unterlagen und finden sich in großer Siedlungsdichte auf Fels, Steinen, Buhnen, Molen, Muschelschalen, Strandschnecken oder auch Strandkrabben. In der Ostsee kommen sie bis weit in den hohen Norden vor. Noch zu Beginn des 19. Jahrhunderts hielt man die Seepocken für besonders absonderliche Muscheln – eine Art aus ihrer engsten Verwandtschaft trägt bis heute die Bezeichnung Entenmuschel. Als man jedoch die typischen Larvenstadien der Seepocken entdeckte, war die Sache eindeutig: Wir haben es hier mit einfachen, erst im Erwachsenenalter festsitzenden Krebsen zu tun.

Wenn die zunächst im Plankton lebende Seepockenlarve zur festsitzenden Lebensweise übergeht, wandelt sie sich völlig um. Gleichzeitig legt sie ein aus mehreren Kalkplatten bestehendes Gehäuse an, das in der Mitte einen verschließbaren Deckel aufweist. Er ist zwar vierteilig, arbeitet jedoch wie ein rechter und linker Türflügel. An Form und Größe des Kalkgehäuses kann man die verschiedenen Seepocken-Arten einfach unterscheiden. In

Seepocken sind Besiedler auf Hartsubstraten (Steine, Muscheln, Holz u. a.)

der Ostsee ist die Brackwasser-Seepocke, eine Neozoe, die um 1880 in die Ostsee einwanderte, anzutreffen.

Die innere Organisation der Tiere ist nur schwer zu ergründen. Am besten stellt man sich eine Seepocke als einen bei der Umwandlung S-förmig gekrümmten und auf den Kopf gestellten Kleinkrebs vor. Die Beine dienen dann nicht mehr der Fortbewegung. Die hintersten drei Beinpaare (4–6) werden zu einer Fangreuse entrollt. Ihr dichter Borstenbesatz ergibt eine Maschenweite von etwa 35 μm. Die drei vorderen Beinpaare (1–3) nehmen an der Strudelbewegung nicht teil, sondern bleiben im Gehäuse. Ihr Reusenapparat ist mit etwa 1 μm Maschenweite noch ungleich feiner. Die Schlagbewegungen dienen wie bei allen Filtrierern nicht nur dem Nahrungserwerb, sondern auch dem Austausch des Atemwassers. Der Gasaustausch innerhalb des Gehäuses findet über die gesamte Körperoberfläche statt. Beim Trockenfallen behalten die Tiere einen kleinen Wasservorrat im Gehäuse zurück. Der Deckel wird nur teilweise verschlossen, so dass Sauerstoff eindiffundieren kann. Geringe Beinbewegungen verteilen das O_2-angereicherte Wasser in der Gehäusekammer. Zur Entrollung der Rankenbeine erhöht die kräftige Muskulatur im Vorderkörper den Blutdruck (Herz und Blutgefäße fehlen). Das muskelvermittelte Rückholmanöver treibt das Blut aus den Rankenfußhohlräumen wieder zurück.

Erlebnistour 29

Kemijoki (Tagestour mit dem Auto)

Lappland ist die Region mit den meisten und wasserreichsten Flüssen Finnlands. Das Gewässersystem des Kemijoki entwässert mehr als die Hälfte Lapplands. Sein Einzugsgebiet erstreckt sich über 51 127 km². Der größere Teil

Der Kemijoki ist zur Stromgewinnung in eine Kette von Stauseen umgebaut worden.

Wasserkraftwerk am Kemijoki

liegt auf finnischem Gebiet, kleinere Flächen befinden sich auf russischem und norwegischem Territorium. Der Kemijoki ist mit 550 km der längste Fluss Finnlands. Mit einem Abfluss von 189 km^3 jährlich bei einer mittleren Abflussmenge von 556 m^3/s ist er der wasserreichste Süßwasserzufluss des Bottnischen und Finnischen Meerbusens. Er entspringt in der Nähe der Grenze zu Russland und fließt in südwestlicher Richtung durch den finnischen Teil Lapplands. Bei Kemi mündet er in die Bottenwiek.

Temminckstrandläufer

Dem Kemijoki kam schon seit dem frühen Mittelalter eine große Bedeutung als Lachsfanggebiet zu. Jeweils im Juni zog es gewaltige Mengen Lachs aus der Ostsee in den Kemijoki, um dort abzulaichen (vgl. S. 293, 294). Der wasserreiche Fluss wird jetzt zur Erzeugung von Elektroenergie genutzt. Insgesamt verteilen sich 18 Kraftwerke auf seinen Lauf. Rund 34,5 % der in Finnland durch Wasserkraftwerke produzierten Energie stammt von diesen Kraftwerken. Das bedeutet, dass von dem eigentlichen Flusslauf nur noch wenig erkennbar ist. Stattdessen reiht sich ein Stausee an den anderen. Vor allem an seinem Unterlauf ist der Kemijoki seeartig erweitert.

Die Staumauern sind mit Fischtreppen versehen, die den Lachsen den Aufstieg von der Ostsee zu ihren Laichplätzen ermöglichen sollen. Der Erfolg dieser Maßnahme ist aber mehr oder weniger ausgeblieben.

Am Wegesrand

Bottenwiek Nationalpark

Der Nationalpark Perämeren kansallispuisto setzt sich aus Flachwasserzonen mit etwa 30 Inseln zusammen. Besucher können hier traditionelle Fischereistützpunkte besichtigen und nachvollziehen, wie die Landhebung die Natur verändert. In Kemi informiert eine Infohütte über den Nationalpark.

Im Gebiet des Nationalparks brüten rund 60 Vogelarten, darunter Küsten- und Zwergseeschwalben, Samtenten, Gryllteisten, Steinwälzer, Temminckstrandläufer und Bergenten.

Samtente

Schweden – wilde Flüsse, hohe Küsten

Besondere Erlebniswerte: Naturbelassene, wilde Flüsse mit Stromschnellen, höchste Küste an der Ostsee, beträchtlicher Landhub, große Kalksteininseln Gotland und Öland, abwechslungsreiches Skåne

Von Norden (Haparanda) nach Süden (Trelleborg/Malmö) erreicht Schweden eine Länge von 1572 km, von Osten nach Westen etwa 500 km (Umeå–Grenze Norwegen). Die Gesamtlänge der Ostseeküste von der Bottnischen See (Haparanda) bis zum Kattegat (Göteborg) beträgt etwa 3000 km. Etwa 222 000 Inseln sind dieser Küste vorgelagert – wie viele es ganz genau sind, weiß niemand. Gotland (2994 km^2) und Öland (1347 km^2) sind zwei der größten Ostseeinseln. Die längsten Flüsse Schwedens, die in die Ostsee münden, sind Torne älv (Haparanda), Dalälven (nördlich Uppsala), Ume älv (Umeå) und der wasserreichste Ångermanälven (Härnösand).

Schwedens Küsten bieten einen Salzgehalt für jeden Geschmack. Vom Skagerrak und Kattegat mit vollmarinen Bedingungen über 30 ‰ bis fast Süßwasser in der Bottenwiek im hohen Norden ist die gesamte Salzgehaltsorgel über 3000 Küstenkilometer vorhanden.

Das wellige Hügelland im Schatten des Skandinavischen Hochgebirges läuft flach in den Bottnischen Meerbusen aus. Unterschiedlich große Inseln und Schären sind der buchtenreichen Küste vorgelagert. Die Mündungen der zahlreichen großen Flüsse sind oft fjordartig ausgebildet. In dieser Landschaft befinden sich auch die großen Erzvorkommen (Eisen, Kupfer, Zink, Blei) Schwedens, denen die meisten Städte im Norden ihre Existenz verdanken. Südlich von Härnösand liegt die höchste Küste des gesamten Ostseeraumes, die sich bis auf über 300 m erhebt (Höga Kusten, Nationalpark). Der Schärengarten, der als breiter Gürtel unzähliger kleiner Inseln um die Hauptstadt liegt, zählt sicherlich zu den schönsten Küstenlandschaften Schwedens und der gesamten Ostsee.

Zwei der vier Großen Kalksteininseln, Gotland und Öland, liegen vor der schwedischen Küste. Kalksteinkliffe, Rauken, Alvare (vgl. S. 330, 341) und Feuchtgebiete gehören zu den Besonderheiten dieser Ostseeinseln. Hinzu kommen Seevogelschutzgebiete mit Lummen und Alken auf den Inseln Lille und Store Karlsö auf der Westseite Gotlands. Die südliche schwedische Küste, die historische Provinz Schonen (Skåne), ist eine Fortsetzung der Tiefebenen Norddeutschlands und Dänemarks und deren Küsten. Lange Sandstrände mit Nehrungen und Moränenkliffe prägen hier das Landschaftsbild.

Anreise: Von Kemi kommend fahren Sie weiter auf der Straße 29 (E8), die in Tornio endet und auf der schwedischen Seite in die E4 übergeht. Sie können auf beiden Seiten des Flusses nach Norden flussaufwärts fahren. Fahrrad: Der Internationale Fahrradweg gilt als „nicht realisiert". Trotzdem sind aber Teilabschnitte fertig gestellt und ausgewiesen. Sie führen aber selten direkt oder in geringer Entfernung entlang der Küste, weil dies aus topographischen Gründen kaum möglich ist.

Bottenwiek

Besondere Erlebniswerte: Große, wilde Flüsse mit Stromschnellen

Die Ostseeküste läuft im Norden der Bottenwiek flach aus. Ihre buchtenreichen Ufer sind mit Geröll und Blöcken gesäumt, die sich bis in die weiten Flachwasserzonen erstrecken. Die gesamte Küstenlandschaft ist bewaldet und wird von Feuchtgebieten durchzogen. Die Wälder setzen sich aus Fichten und Kiefern sowie an feuchten Stellen aus Birken zusammen. Leicht erhöhte Geröllflächen werden von Weiden besiedelt. Nur vereinzelt sind auch Dünen ausgebildet.

Erlebnistour 30

Flussunterläufe und -mündungen (2–4 h)

Der Torneälv ist der Grenzfluss zwischen Schweden und Finnland. In seinem Mündungsgebiet trennt er die Städte Tornio (Finnland) und Haparanda (Schweden). Der etwa 450 km lange Fluss ist der Abfluss des Torneträsk, eines großen Sees im schwedisch-norwegischen Grenzgebiet. Der Torneälv hat mit 40 131 km^2 das größte Wassereinzugsgebiet eines schwedischen Flusses. Er gilt weiterhin als einer der wenigen Flüsse mit einem natürlichen Lachsbestand. Hier kann der Fisch auf seinen Wanderungen vom Meer zu seinen Laichplätzen ungehindert aufsteigen und die Jungfische können in das Meer wandern.

Wir schlagen einen Abstecher zu den Stromschnellen von Kukkola auf der schwedischen Flussseite vor. Im Kreisverkehr am Ortsausgang von Haparanda biegen Sie rechts auf die Straße 99 nach Övertorneå ab und erreichen Kukkola nach 22 km. An der Straße bieten sich Aussichtspunkte auf den bis zu 1 km breiten Torneälv mit zahlreichen bewaldeten Inseln: Ein wunderschöner Anblick, besonders während der Laubfärbung der Birken im Herbst.

Das Dorf Kukkola fällt außerhalb der Saison durch zahlreiche an Land gezogene Holzkähne und durch große Stapel von Reusenpfählen auf. Auch wei-

A

B

C

A: Düne mit Kiefernwald südlich von Kalix

B: Niedermoor mit Birkenwald

C: Die Ufer sind oft mit Geröll und Blöcken bedeckt

sen überdimensionierte Schilder auf die Möglichkeit hin, hier einen Lachs zu fangen. Während der Saison wird aus den Reusenpfählen ein etwas wackelig erscheinender, 150 m langer Steg („Pata“) quer zur Stromrichtung errichtet, von der aus Felchen und Lachs mit Keschern gefangen werden. Die Fallhöhe der Kukkola-Stromschnellen (Kukkolankoski) beträgt 13,8 m. Da sie jedoch eine Länge von 3,5 km erreichen, fällt die Fallhöhe kaum auf.

Man fährt nicht unbedingt wegen des Essens nach Schweden. Aber im historischen Dorf Kukkola sollten Sie es sich leisten, eine Abendmahlzeit am Ufer des Tornionjoki einzunehmen. Sie lernen nebenbei die Esstraditionen und die Kultur des Dorfes kennen. Hier wird Brot gebacken und fangfrischer Fisch (Felchen oder Lachs) geräuchert angeboten. Lachs und Rentier sind auch gegrillt zu haben.

Die Lachsfangstation von Kukkola am Torneälv

Stromschnellen des Kalixälv

Von Haparanda aus gelangen Sie über einen schnellen, aber langweiligen Weg in einer knappen Stunde nach Kalix am Kalixälven. Eine viel interessantere Straße führt über die BD 729, 730, 720 durch eine hügelige, dicht bewaldete Gegend mit stillen Waldseen. Die Straße ist meistens asphaltiert, streckenweise aber nur mit Schotter befestigt. Mit einigem Glück sehen Sie hier Birk- und Auerwild sowie Waldschnepfen.

Eine mächtige Brücke führt über die breite, fjordähnliche Mündung des Kalixälven. Der etwa 450 km lange Fluss entspringt im Gebiet des mit 2104 m höchsten Berges in Schweden, am Kebnekaise (Kessel-Kamm) westlich von Kiruna. Er gilt als der längste naturbelassene Fluss Schwedens. Von Kalix aus schlagen wir Ihnen folgenden Abstecher vor: Fahren Sie den Kalixälv auf der Ostseite (Straße 744, nicht auf der E4) flussaufwärts. Biegen Sie nach rechts auf die Straße nach Töre (701) ab. Von der Brücke aus blicken Sie auf eine der mächtigen Stromschnellen des Kalixälv. Einige Kilometer weiter nördlich bei Kamlunge folgen am Abfluss des Kamlungesees (Kamlungeträsket), einer Verbreiterung des Flusses, die Kamlungestromschnellen. Hier befinden sich

Uferweg in Kalix. Von einem Beobachtungsturm blickt man auf ein Brutgebiet von Enten, Sägern und Limikolen.

ein Parkplatz und Bänke mit Blick auf die Stromschnellen. Der Kalixälv ist außer als Lachs- auch als Forellen- sowie Meerforellenfluss bekannt. In einigen Nebenflüssen kommen Flussperlmuscheln vor.

Wenn Sie während der Brutzeit Anfang Mai durch Kalix fahren, empfehlen wir, die Uferpromenade am Fluss zu besuchen. Auf einer schmalen Insel in Ufernähe brüten zahlreiche Wat- und Wasservögel. Aus naher Distanz können Sie vom Beobachtungsturm bzw. direkt vom Gehweg aus z.B. Rotschenkel, Flussuferläufer, Großer Brachvogel, Löffel-, Pfeif-, Reiher- und Stockenten sowie Gänsesäger beobachten.

INFO

Das besondere Artporträt

Ostseelachs

Der in der Ostsee vorkommende Lachs gehört zum Atlantischen Lachs *(Salmo salar)*, der in den temperierten Regionen des Nordatlantiks verbreitet ist. Lachse sind anadrome Fische: Als Wanderfische steigen sie zum Laichen vom Meer in den Oberlauf von Flüssen auf. Die Laichreife erreichen sie dagegen nach Abwanderung ins Meer. Bei einer Länge von 50–110 cm kehren die geschlechtsreifen Lachse an ihren Geburtsort zurück. Nach dem Laichen sterben die meisten Lachse, nur wenige kehren noch einmal in das Meer zurück und laichen ein zweites Mal. Der Aufstieg in flache, strömungsreiche Regionen der Laichflüsse mit kiesigen

Böden erfolgt im Herbst. Die Jungtiere leben bis zu 4 Jahre im Fluss und wandern im Frühjahr erneut zum Meer.

Lachs war schon in prähistorischer Zeit der wertvollste Fisch des Bottnischen Meerbusens. Eine gewisse Bedeutung kam weiterhin dem Fang der Meerforelle (*Salmo trutta*) und der Großen Maräne (*Coregonus nasus*) zu, beide ebenfalls anadrome Wanderfische. Der Lachs war der Hauptgrund für die ersten Ansiedlungen an den Zuflüssen des nördlichen Bottnischen Meerbusens. Die schwedischen Könige erkannten schon früh seinen Wert und erklärten den Lachsfang zum Staatsmonopol. In der Praxis bedeutete dies eine Steuerpflicht für alle Lachsfischer. Der Staat erhob schon im Mittelalter eine im Raum des Kemijoki im wahrsten Sinne des Wortes „gesalzene" Lachssteuer. Ebenfalls versuchten beide Kirchen, die römisch-katholische und die orthodoxe, über Karelien einen tüchtigen Anteil davon zu erhaschen. Auch nach der Reformation änderte sich für die Fischer nicht viel. Die „aufgeklärte protestantische" Priesterschaft versuchte ebenfalls, Geld aus dem Lachsfang zu ziehen. Das Aus für die traditionelle Lachsfischerei in den wichtigsten Lachsfanggebieten Finnlands in den Flüssen Kemi-, Li- und Oulujoki läuteten die Holz- und Elektrizitätswerke seit dem Ende des 19. Jh. ein und wurden nach dem Zweiten Weltkrieg verstärkt. Der Aufstieg von Lachs im Kemijoki endete 1948 mit dem Bau des Staudamms von Isohaara.

Die Industrialisierung der noch wenig entwickelten Länder brachte es mit sich, dass Energie benötigt wurde. Nichts war logischer, als die Wasserkraft zu nutzen. Schweden und Finnland bauten zahlreiche Flusssysteme um und setzten einen Staudamm hinter den anderen. Ein ehemals schnell fließender Fluss ohne künstliche Barrieren wurde in eine Kette von Seen mit unüberwindbaren Hindernissen umgewandelt. Nicht allein die künstlichen Barrieren, sondern auch Verschmutzung, Habitatveränderungen sowie Überfischung werden als weitere Gründe für den Rückgang der Wildbestände des Ostseelachses aufgeführt. Die Probleme sind bekannt, und Versuche zur Kompensation sind im Gange. Der Bau von Fischtreppen an den Staudämmen, die den Lachsen wieder eine Möglichkeit geben, ihre uralten Wanderwege auch weiterhin zu nutzen, konn-

Lachsverarbeitung

te den Rückgang allerdings nicht verhindern. In großem Stil wird heute Fischlaich erbrütet und Jungfisch in Flüssen ausgesetzt. Jährlich werden über 5 Mio. Setzlinge in den traditionellen Gebieten ausgebracht.

Der Ostseelachs laichte ursprünglich in 80–120 Flüssen vorrangig im Bottnischen und Finnischen Meerbusen. Von den ehemals 20 Lachsflüssen Finnlands tummeln sich ursprüngliche Bestände heute nur in den Flüssen Simojoki, Tornionjoki und Teno. Der Fluss Teno (finnisch Tenojoki, norwegisch Tanaelva), liegt im subarktischen Gebiet in einem Flusstal, das von hohen Bergen, den Fjelds, umgeben ist und mündet in das Eismeer. Der Tenojoki gilt weltweit als einer der besten Lachsgründe. Hier werden Lachse von bis zu 20 kg gefangen! Im Teno werden durchschnittlich 130 t, im Tornionjoki jährlich 20–40 t Lachs erbeutet. Besonders am Tornionjoki und Simojoki sorgen sich viele Fischereibetriebe um ihre Zukunft, die ihren uralten Beruf gefährdet sehen. Der Tornionjoki gilt weltweit als der größte Fluss mit vollkommen naturbelassenen Lachsbeständen.

Die Lachsbestände haben sich in den letzten Jahren gut entwickelt. U. a. liegt das daran, dass schwedischer Lachs wegen eines zu hohen Dioxingehaltes nicht exportiert werden darf und daher nicht überfischt wird. In Schweden wird er verkauft, und Sie können ihn bedenkenlos essen. Bei den Fischern werden Ihnen sehr feine Lachsgerichte angeboten.

Am Wegesrand

Haparanda Skärgård (4 h)

Dieser Nationalpark auf der schwedischen Seite setzt sich aus den Inseln Seska-Furö und Sandskär sowie zahlreichen kleinen Inseln zusammen. Sanddünen, breite Sandstrände und Kiefernwälder stellen an den felsigen Küsten der Bottenwiek eine Besonderheit dar (vgl. Hailuoto S. 280). Der Inselkomplex und die Wasserflächen sind wegen ihres Reichtums an Pflanzen und Küstenvögeln als Nationalpark ausgewiesen worden. Zur Hauptinsel Sandskär werden im Juli Bootsfahrten mit Führungen von Haparanda Hamn (Nikkala) angeboten. Reservierungen können beim *tourist information office* in Haparanda unter der Telefonnummer +46 (0) 922-120 10 oder online unter der Webseite: www.bosmina.se gebucht werden. Weitere Information beim Haparanda Tornio turistbyrå, Krannigatan 5, 953 36 Haparanda, S, Tel: +46 922 262 00, tourist@haparandatornio.com

Während der Brutzeit ist das Betreten der meisten kleinen Inseln untersagt.

Inseln in der Bottenwiek (5–7 h)

Vor der Nordküste des Bottnischen Meerbusens in der Bottensee liegen unzählige kleine und große, bewohnte und meistens unbewohnte Inseln. Nur wenige sind regelmäßig über Fähren mit dem Festland verbunden. Zu einigen Inselgruppen führen jedoch Dämme und Brücken. Parkplätze und damit Beobachtungsmöglichkeiten bestehen meistens an den Brückenköpfen sowie in den Häfen. Wir empfehlen einen Abstecher zur Insel Seskarö. Von der E4 14 km westlich von Haparanda links (Süd) auf die BD 725 abbiegen (Seskarö 12 km ist auf der E4 ausgewiesen). Auf Seskarö gelangen Sie über schmale, teilweise Schotterstraßen auf einige Spitzen der Halbinseln. Im Südosten befindet sich ein herrlich gelegener Campingplatz. Ornithologische Beobachtungen: Gänsesäger, Pfeif-, Reiher-, Stock-, Schellenten, Singschwäne; Großer Brachvogel, Flussuferläufer, Rotschenkel.

Höga Kusten

Besondere Erlebniswerte: höchste Küste an der Ostsee, Phänomen Landhub

Die „Höga Kusten“ (Hohen Küsten) sind das einzige bergige Küstengebiet an der Ostsee. Im Gebiet des Nationalparks Skuleskogen und speziell am Skuleberg ist der Landhub durch isostatische Landhebung (vgl. S. 28, 299/300) besonders gut sichtbar und deutlich gekennzeichnet. Hier ist mit 285 m weltweit die höchste Bodenhebung seit der letzten Eiszeit zu verzeichnen. Dieses einzigartige Merkmal war die Begründung für die Aufnahme in die Liste des Weltkultur- und -naturerbes der UNESCO.

Anreise: Die „Hohen Küsten“ liegen an der zerklüfteten schwedischen Ostküste nördlich von Härnösand. Von Süden kommend beginnt das Gebiet gleich hinter der mächtigen Högakustenbron (Hohe-Küsten-Brücke, 1,8 km) über die fjordartige Mündung des Angermansflusses in der schwedischen Provinz Västernorrlands län.
In der Nähe des Städtchens Docksta an der E4 liegt das Nationalpark-Informationszentrum „Naturum“. Hier erhalten Sie Literatur und Informationsmaterial. Der Nationalpark mit einer Gesamtfläche von 2360 Hektar hat drei Zugänge, die an der E4 ausgeschildert sind. Von Süden aus führen sie über Docksta und von Norden aus über Näske. Parkplätze und Informationstafeln sind vorhanden.

Die Wanderpfade im Nationalpark sind markiert. Fünf kostenlose, frei zugängliche Übernachtungs- und Rasthütten in traumhaft schöner Umgebung stehen im Park zur Verfügung. Der „Höga Kustenleden“ (Hohe-Küsten-Wanderweg, (www.highcoast.net/deutsch/deutsch.html) erstreckt sich von Hornöberget bis Örnsköldsvik parallel zur Küste. Für die 127 km werden 13 Etappen empfohlen.

Während der Saison werden Boots- und Fährtouren entlang der Küste angeboten. Linienschiffe halten auch außerhalb der Saison die Verbindung zu den Inseln. Vom Hafen Köpmansholmen fahren Linienschiffe nach Trysunda und Norra Ulvön.

Adressen: Naturum, Skuleberget, 87033 Docksta, S, +466 13 70 02 00
www.destinationskuleberget.se
www.skuleskogen.se/aufdeutsch/tourenvorschlage
Auf den Skuleberg fährt von Mitte Juni bis August eine Seilbahn.

INFO

Landhub

Im Naturum finden Sie ausführliche Antworten auf alle Fragen, die sich mit dem Phänomen der Landhebung befassen. Hier wird deutlich, wie Inlandeis, Landhebung und marine Erosion das Land um den Bottnischen Meerbusen geformt haben. Rund 9500 Jahre rasante postglaziale Geschichte ist auf dem Hang des Skulebergs abzulesen.

Eine Eisdecke von etwa 3000 m drückte die Erdkruste im Gebiet des Bottnischen Meerbusens ca. 800 Meter unter das heutige Niveau. Als das Eis vor etwa 18 000 – 20 000 Jahren zu schmelzen begann, setzte die Landhebung ein. Die zuvor eingedellte Erdkruste wurde wieder aus dem Erdinneren „herausgedrückt". Dieser Prozess der Landhebung hält an und liegt zurzeit bei etwas mehr als 8 mm pro Jahr. Das Zentrum der Landhebung des Fennoskandischen Schildes nach der letzten Eiszeit liegt im Bottnischen Meerbusen nahe bei Hailuoto (siehe dort), welches sich jedes Jahr um 8 mm aus der Ostsee erhebt. Die älteste Küstenlinie auf dem Skuleberg liegt bei 285 m fast an der Bergspitze. Der Abstand zwischen der höchsten (ältesten) und der heutigen Küstenlinie beträgt am Skuleberg nur etwa 2 km.

Auffällig ist der unterschiedliche Bewuchs der Bergkuppen mit dichtem Nadelwald oder mit einzelnen Kiefern auf blankem Felsen. Bergkappen mit einer Erdschicht und Wald oberhalb der ältesten Küstenlinie nennt man Kalotten (oder Kalottberge). Dieser Teil des Berges war zur Zeit des Abtauens eine Insel (z. B. der Berg Nylandsruten). Die Erdschichten der Moräne sind nicht vom Wasser abgetragen worden, so dass sich ein Nadelwald ansiedeln konnte. Typisch für eine Kalotte ist auch, dass sich unterhalb der bewaldeten Kuppe ein kahler Berghang befindet. Dieser Abschnitt lag schon unterhalb der höchsten Wasserlinie und war den Wellen ausgesetzt. Die Bodenkrume wurde weggewaschen. Anders beim Berg Längtjärnshällorna, der zur Zeit des Abtauens völlig unter Wasser lag. Die Erdkruste wurde durch Strömungen und Wellen des Yoldiameeres weggeführt. Daher steht hier blanker, von

Der Skuleberg erreicht eine Höhe von fast 300 m. Der Landhub beträgt 8 mm/Jahr.

Das Band auf dem Plateau des Skulebergs in etwa 280 m Höhe markiert die Wasserlinie vor 10 500 Jahren.

Eis und Wellen glatt geschliffener Felsen an. Bewuchs konnte sich nur in Mulden und Felsritzen ansiedeln, in denen sich etwas Humus angesammelt hat.

Beide Berge sind vom Westeingang des Nationalparks aus gut gekennzeichnet. Der Weg führt an einem lichten Wald vorbei auf das Plateau des Längtjärnshällorn, dessen Boden durch das Meer abgetragen wurde. Diese Zone liegt in einer Höhe von 285 m über dem heutigen Meeresspiegel und gilt weltweit als die höchste Küstenlinie, die durch postglazialen Landhub entstanden ist.

Zusätzlich eröffnet sich Ihnen von hier aus eine fantastische Aussicht über den Nationalpark, die Bottensee mit Fjorden, Buchten und Inseln.

Landhub

Erlebnistour 31

Skuleberg und Naturum (5 h)

Ein einzigartiges Lehrbeispiel für den Landhub bietet der Skuleberg. Der Aufstieg erfolgt über einen steilen, 600 m langen Weg sowie über einen langsam ansteigenden, 3 km langen Weg. Während der Saison verkehrt ein Sessellift. Der steile Aufstieg links neben dem Naturum bietet fantastische Aussichten auf die zerklüftete Fjordlandschaft mit dem Norrfjord und dem Dockstafjord. Auf halbem Wege erreicht man über einen schmalen Stieg auf einer Höhe von 185 m die Königsgrotte (Kungsgrottan), die vor etwa 8500 Jahren von der Meeresbrandung geformt wurde.

Auf dem Plateau bieten sich märchenhafte Panoramaansichten über die Fjorde, Inseln und Seen. Die höchste Insel Schwedens, Mjälton mit 236 m, hebt sich deutlich von den anderen Inseln ab. Die Felsen auf der Kuppe sind vom Eis glattgeschliffen. Dieser Teil lag nach dem Abschmelzen des Eises über dem Meeresspiegel. An mehreren Stellen wird mit Stahlbändern auf den Wasserstand zu bestimmten Zeiträumen hingewiesen.

Neben der Norne, die im gesamten Gebiet Hohe Küsten vorkommt, ist die Felsen-Schaumkresse *Cardaminopsis petraea* zu erwähnen. Das weiß blühende Kreuzblütengewächs tritt nur an der Ångermanlands-Küste auf, wo es an einigen Stellen recht häufig auf Kiesstränden und Klippen sowie an Berghängen in der Nähe des Strandes wächst.

Blick vom Skuleberg auf den Norrfjord

Kungsgrottan am Skuleberg auf etwa 185 m Höhe.

Erlebnistour 32

Nationalpark Skuleskogen

Nicht stören – nichts zerstören. So lautet die Grundregel des Jedermannsrechtes (Allemansrätt), des vorbildlichen schwedischen Rechts zum Gemeingebrauch der Natur.

In Schweden hat man fast ohne Einschränkung freien Zugang zur Natur. Mit Ausnahme von privaten Flächen hat der Besucher *in Eigenverantwortung* das Recht, sich frei in Feld und Wald bewegen zu können – das ist in keinem weiteren europäischen Land selbstverständlich. Gehen Sie verantwortungsvoll, in Eigenverantwortung, mit diesem Recht um.

Eine Fläche von 3062 ha der Höga Kusten wurde 1984 als Nationalpark Skuleskogen ausgewiesen. Rund 30 km gut markierte Wanderwege führen durch die Fichtenwälder, vorbei an mächtigen Blöcken aus rotem Rapakivi-Granit und Geröllhalden im Bereich des früheren Meeresspiegels auf das ebene, fast baumlose Plateau. Der Weg vom Südeingang aus durch den alten Fichtenwald und über Geröllfelder (Klappersteinfeld zum Slåttdalsberg) und zur Slåttdalsschlucht bietet immer wieder überwältigende Aussichten auf die Wasserlandschaft. Der Rückweg sollte über den Stampberg, vorbei an kleinen Waldseen, zum Westeingang gewählt werden. Am See Tärnattvattnet hört man die schaurigen, durch Mark und Bein dringenden Rufe der Prachttaucher, die hier brüten. Eine Hütte lädt zum Übernachten ein (und wer zuerst kommt, mahlt zuerst).

Eine weitere Tagestour führt entlang der Küste vom Nord- zum Südeingang durch den Nadelwald. Ausblicke auf die Küste werden auf diesem Weg nur selten gewährt. Wir empfehlen einen Umweg auf die Halbinsel Tärnättholmarna, die über eine schmale Nehrung erreicht wird. Auf der Halbinsel befindet sich eine Hütte.

Erlebnistour 33

Slåttdalsberg und Slåttdalsschlucht (6 h)

Am Parkplatz zum Südeingang (wie auch bei den anderen Eingängen) informieren Tafeln über die Wanderrouten und die Schutzziele des Nationalparks. Bevor Sie in den Fichtenwald eindringen, eröffnet sich ein märchenhafter Blick auf die Kälsvik und die Ostsee (Bottensee) mit Inseln und Landzungen. Auf dem Wanderweg vom Südeingang aus treffen Sie auf die bedeutendsten Sehenswürdigkeiten des Nationalparks: Der Weg auf den Slåttdalsberg führt über Bachläufe, vorbei an Wasserfällen und durch Fichtenwälder. Der Boden ist mit Rentierflechten und Moosen überwachsen. Der dunkle, trop-

A: Am Südeingang des Nationalparks

B + C: Hütte im Nationalpark

fende Fichtenwald glimmt silbergrau mit leicht grünlichem Schimmer und schafft eine verzaubernde Atmosphäre. Die langen Bartflechten unterstreichen den gespenstischen Eindruck. Oft ist nicht sicher, ob der Weg ein Bach oder ein Bach der Weg ist. Wasserfälle stürzen über die Pfade. Am Hang wird der Wald lichter – knorrige Kiefern und roter Rapakivi-Granit bestimmen jetzt das Bild. Über große Strecken sind die steinigen, feuchten Wege mit Holzbrettern belegt. Zwar erleichtert dies das Wandern, aber Vorsicht, denn bei Feuchtigkeit sind sie sehr glatt.

Die Hochflächen sind fast baumlos. Nur einige an den Boden gedrückte, verkrüppelte Kiefern trotzen Wind, Sonne sowie Eis und Schnee. Die Aussichten auf die Fjorde und die Inselwelt sind atemberaubend schön. Mit der Laubfärbung oder den Wetterbedingungen wechseln die Bilder schnell. Vom Plateau des Slåttdalsbergs führt ein markierter Pfad steil abwärts in die 200 m lange, 40 m tiefe und 7 m breite Slåttdalsskrevan (Schlucht). Ein pittoresker, stimmungsvoller Ort! Vermutlich entstand die Schlucht dadurch, dass eine weiche Gesteinsschicht erodierte, die zwischen zwei Rapakivi-Platten lag. Wenn Sie die Schlucht durchwandern, gelangen Sie nach etwa 200 m auf ein Plateau, von wo aus Sie wiederum eine spektakuläre Aussicht auf den Näskefjord und die gegenüber liegenden bewaldeten Hügel erwartet.

Bretterweg durch den feuchten Hangwald (Vorsicht bei Nässe)

Rapakiviblöcke auf dem Weg zum Slåttdalsberg

Krüppelkiefer auf dem Plateau

Slåttdalsschlucht

Die Wälder sind Heimat für eurasische und paläarktische Vogelarten, wie z. B. Grauspecht, Dreizehenspecht, Buntspecht und Kleinspecht. Mit einigem Glück stößt man auch auf Auer- und Haselhuhn. Mehrere Pflanzen finden in Skuleskogen ihre nördlichste Grenze, z. B. Ahorn, Silber-Linde und Haselnuss, die als Relikte aus wärmeren Zeiten gelten. Bis in den Oktober hinein finden Sie hier reichlich Blau- und Moosbeeren.

Erlebnistour 34

Naturreservat Balesudden (5 h)

Anreise: Von der E4 bei Bjästa auf die Straße Y922 Svedjeholmen abbiegen. Kurz bevor Sie die Küste erreichen, fahren Sie nach links (Süd) entlang der Küste bis zum Parkplatz Sandlågen. Das Balesudden-Naturreservat ist auch Ziel des Höga Kustenleden.

Der Uferweg führt direkt zum zauberhaften Balestsee (Balestjärn) und Balesberg. Vom Balesberg eröffnet sich ein märchenhafter Ausblick auf das Bergmassiv der Hohen Küste. Der glasklare See gilt unter Tauchern als Geheimtipp. Der See ist nährstoffarm und hat einen hohen pH-Wert, so dass nur eine geringe planktische Produktion besteht.

Fjordlandschaft

In den Tälern überwiegen Kiefern und Fichten, während große Pappeln und Schwarz-Erlen sich an feuchten Stellen befinden. Typische Blütenpflanzen sind Rotfrüchtiges Christophskraut (*Actaea rubra*), Leberblümchen (*Hepatica nobilis*), Seidelbast (*Daphne mezereum*), Königskerzen (*Verbascum* spp.), Ruprechtskraut oder Stinkender Storchschnabel (*Geranium robertianum*), Weiße Waldhyazinthe (*Platanthera bifolia*), die hier an ihrer nördlichen Verbreitungsgrenze

Nordschweden ist eine beerenreiche Gegend: Blau- (schwedisch Blåbär) und Preiselbeeren (schwedisch Lingon)

wächst, sowie Mauerlattich (*Mycelis muralis*). Auer- und Birkhahn, verschiedene Spechtarten (z. B. auch Grauspecht) sowie Seeadler sind hier anzutreffen. Im felsigen dichten Wald sollen Luchse vorkommen.

Erlebnistour 35

Halbinsel Mjällom mit den Naturreservaten Högklinten und Norrfällsviken (4–6 h)

Anreise: Norrfällsviken ist von der Autobahn E4 aus ausgewiesen. Högklinten zweigt am Ortseingang der Ortschaft Mjällom links ab und ist nur an diesem Abzweig angezeigt. Eine schmale, steile Schotterstraße führt zu einem Parkplatz, von dem man 800 m bis zur Spitze des 281 m hohen Berges, einem blauen Punkt folgend, geleitet wird. Die öffentlich zugängliche Straße endet an dem Parkplatz rechts von der Straße.

Naturreservat Högklinten (3 h)

Zunächst führt der Fußpfad durch dichten Fichtenwald, weiter oben folgen Heiden mit einzelnen knorrigen, an den Boden gedrückten Kiefern (gamla krumma „bonsai-tallar"), die versuchen, den extremen Witterungsbedingungen zu trotzen. Von hier aus eröffnet sich ein malerischer Ausblick auf den Norrfjord und auf die Inseln Mjälltön und Ullvön sowie die Schären. Im Nordwesten ist der Skuleberg zu erkennen. Die Stadien des Meeresspiegelanstiegs sind auch hier gekennzeichnet. Zum Plateau lichtet sich der Wald.

Die südlichen und östlichen Hänge des Berges waren den Kräften des Meeres stark ausgesetzt. Hier finden wir Geröllfelder, die einst in der Brandungszone geformt wurden. Der Landhub hat sie den Meereskräften entzogen und zu Berghängen angehoben. Rund 300 m südlich der Bergspitze befindet sich bei 260 m über dem derzeitigen Meeresspiegel das weltweit höchste Steinfeld einer ehemaligen Brandungszone. Dieses Feld hat schätzungsweise vor 9000 Jahren begonnen, sich vom Meeresspiegel abzuheben.

Norrfällsviken und Villmyrans (Mjällom Spitze 1 h)

Für botanisch Interessierte lohnt sich kurz vor dem Ort Norrfällsviken ein Abstecher nach Norden zum Naturreservat Villmyrans. Neben weiteren Orchideen wie dem Fleischroten Knabenkraut (*Dactylorhiza incarnata*) und der Hohlzunge (*Coeloglossum viride*) findet man hier eine typische Orchidee der skan-

Die Rampe bietet einen guten Ausblick auf die Strandwälle und auf die Norrfällsviken.

Der schwarz-weiße Leuchtturm von Norrfällsviken hebt sich deutlich von den roten Rapakivifelsen ab.

dinavischen Nadelwälder, die Norne *Calypso bulbosa*, die nach der Schneeschmelze von April bis Juni blüht.

Die Distanz vom jüngsten (Wasserlinie) bis zum ältesten Strandwall (Waldrand) beträgt etwa 450 m, der Höhenunterschied 40 m.

In Norrfällsviken überquert man den Zeltplatz und gelangt direkt an den Strand und zum Naturreservat. Hier sind verschiedene Wanderwege ausgewiesen. Nach Süden führt ein Weg durch die Heidelandschaft und über ausgedehnte Geröllfelder zu einer Aussichtsplattform, von der aus sich eine herrliche Aussicht über die Strandwälle des gewaltigen Klappersteinfelds bietet. Die Geröllfelder erstrecken sich von der Wasserlinie bis zum oberen (ältesten) Strandwall auf etwa 450 m bei einem Höhenunterschied von ca. 40 m. Die Felsenküste ist mit mächtigen Blöcken des roten Rapakivi-Granits umsäumt. Die Vegetation besteht überwiegend aus Zwergkiefern. Vom felsigen Ufer aus kann man Küstenseeschwalben, Tordalken und Kormorane beobachten. Während der Zugzeiten sind hier die prächtigen Hakengimpel zu sehen.

Besuchen Sie auch das kleine private „Fiske Museum", in dem Ihnen die Fischereigeschichte des Ortes erzählt wird.

Gotland und Fårö

Besondere Erlebniswerte: Rauken, Strandwälle, Orchideen, Alvarmarken und Hällmarken

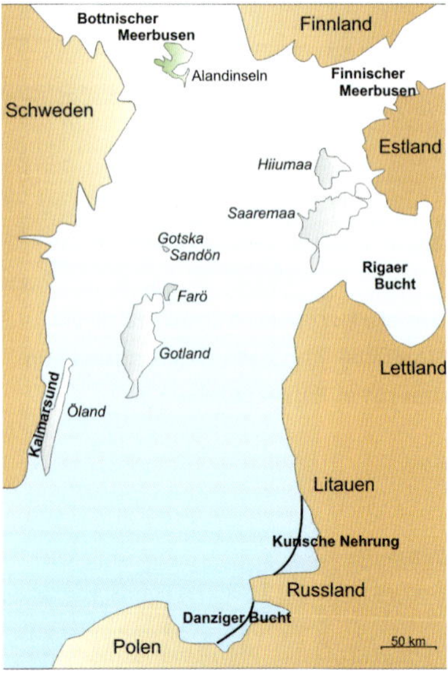

Als große Kalksteininseln werden vier Inseln am Rande des Zentralbeckens der Ostsee vor der schwedischen Küste und im Nordosten der Rigaer Bucht bezeichnet. Gemeinsam ist ihnen ihr Ursprung aus kalkigen Schalenüberresten von Meerestieren, die in einem warmen Meer lebten. Die Entstehung dieses Gesteins ist auf 480–417 Mio. Jahre vor heute zu datieren und gehört demnach dem tiefen Erdaltertum (Silur) an. Die großen Kalksteininseln gehören zu den 10 größten Inseln der Ostsee. Gotland und Öland sind schwedische Inseln, während Hiiumaa (Dagö) und Saaremaa (Ösel) zu Estland gehören. Gotland liegt etwa 80 km entfernt vom Festland. Nach der dänischen Insel Seeland ist Gotland die zweitgrößte Insel der Ostsee (3140 km^2). Die Entfernung von der Nordspitze Fårös bis zur Südspitze Gotlands beträgt 176 km. Die breiteste Stelle erreicht etwa 50 km. Das Relief ist flach-plateauartig und daher fast eben. Die höchste Erhebung, die Lojsta Hed (Lochsta Heide), erreicht 82 m. Sie liegt 3 km nordwestlich von Lojsta im Russpark.

Gotland ragt als mächtiger Kalksteinfelsen weit in das Zentralbecken der Ostsee vor und ist schweren Stürmen und einer langen See aus Nord und Ost ausgesetzt. Rund um Gotland befinden sich die größten Wassertiefen der Ostsee im Landsorttief mit 459 m und im Gotlandtief mit 249 m unter dem Meeresspiegel.

In der erdgeschichtlich kurzen Zeit nach der letzten Eiszeit hat die Ostsee die Klippen von Gotland und Fårö stark überformt und zu einer der bizarrsten Küsten Europas umgestaltet. Beide Inseln bestehen aus einer Kalk- und Sandsteinplatte und unterscheiden sich damit vom skandinavischen Festland, das auf Granit und Gneis steht. Die Länge der Küste Gotlands zusammen mit einigen kleineren Inseln beträgt etwa 800 km. Die Westküste fällt steil zum Meer ab, während die Ostküste oft als Flachküste ausläuft. Zwischen den vorstehenden Klippen erstrecken sich besonders an der Westküste wunderbare Sandstrände. Gotland wird von einer Vegetationsdecke aus Kiefernwald und Heideflächen mit Wacholderbüschen sowie zahlreichen Feuchtgebieten und flachen Seen bedeckt.

Besonderheiten sind die wüstenähnlichen Alvarmarken und Hällmarken sowie an der Küste die Rauken. Das Alvar ist ein außergewöhnlicher, seltener Lebensraum, der außer auf Öland und Gotland nur in wenigen kleinen Gebieten in Schweden vorkommt. Alvare sind Magerflächen mit einer dünnen Vegetationsschicht auf felsigem Kalkuntergrund, baum- und buscharm (siehe Öland). Alvarmark ist eine Gras-Kräutersteppe. Hällmark ist ein fast vegetationsloses Kalksteinplateau, welches von Gletschern glatt geschliffen wurde.

Gotland ist zu etwa 50% mit Fichten und Kiefern bedeckt. Die Insel ist ein traditionelles Agrargebiet, in dem die Viehzucht dominiert.

Die kleinere Nachbarinsel Fårö (139 km^2) schließt im Nordosten an Gotland an, getrennt durch den Fårösund. Fårö war lange Zeit militärisches Sperrgebiet. Auf Fårö hat sich u.a. daher eine urtümliche Kulturlandschaft erhalten: Wacholdersteppen mit (meistens geschickt renovierten) altertümlichen Gehöften und Windmühlen, ferner unfruchtbare Böden mit Felsen, die nur in kleinen Flächen landwirtschaftlich genutzt werden können. Dazwischen Weideland. An den Küsten drückt der ständige Wind die knorrigen Kiefern flach auf den Boden. Im Nordosten von Fårö befinden sich Wanderdünenlandschaften, die jedoch größtenteils durch Bepflanzung mit Kiefern festgelegt wurden.

Anreise: Mit den Fähren von Nynäshamn oder Oskarshamn dauert die Reise nach Visby etwa 3 Stunden (www.destinationgotland.se). Das Flugzeug braucht von Arlanda nach Visby 40 min.
Das Busnetz auf Gotland ist gut ausgebaut (www.gotland.se/kollektivtrafiken). Das ideale Verkehrsmittel auf Gotland ist jedoch das Fahrrad. Fahrradwege verlaufen oft entfernt von den Straßen und parallel zur Küste.
Informationszentrum Gotland: Skeppsbron 4-6, Visby, Tel: +46 (0) 498-20 17 00, Fax: +46 (0) 498-20 17 17, info@gotland.info, www.gotlandsguiden.se/places/category/247 mit Karte und Beschreibung der Naturschutzgebiete auf Gotland.
www.keil-2000.de/v_region/ggm/exponat/palaeozoische_kalkgesteine.htm

Steinkoralle am Strand der Rauke „Jungfrun"

Auf Gotland wird mit 2000 Sonnenstunden pro Jahr die längste Sonneneinstrahlung Schwedens gemessen. Das Inselklima ist überwiegend mild, die Winter erreichen nicht die arktischen Temperaturen wie in Mittel- und Nordschweden. Gerne wagt die Tourismusbranche unter solchen Bedingungen den Vergleich mit dem mediterranen Klima. Lassen Sie sich nicht täuschen: Dieser Gedanke kann schnell von einer Westwetterlage mit Sturm und Regen verweht werden.

Das gesamte Jahr über lohnt sich ein Besuch auf Gotland/Fårö, nur während der Ferienzeit im Juli bis Mitte August sollte man den Schweden ihre Insel überlassen. Kurz nach der Schneeschmelze Mitte April schießen die Frühjahrsblüher aus dem Boden (Leberblümchen, Pestwurz u. a.). Großer Brachvogel und Kraniche führen jetzt ihre Balzflüge und -tänze vor, Eiderentenerpel werben an den Küsten um die Gunst der Enten. Auf Fårö bei Ståra Gasemora rasten etwa 10 000 Weißwangengänse. Ende Mai/Anfang Juni bis Ende Juli ist die Hauptblütezeit der Orchideen. Von August bis Oktober rasten nordische Wat- und Wasservögel auf dem Zug an den Küsten und den strandnahen Flachgewässern. Im Herbst blüht die Erica-Heide.

Erlebnistour 36

Visby und Umgebung

Ob mit Fähre oder Flugzeug – Gotland erreicht man immer über Visby. Wer die nächtliche Anreise mit der Fähre wählt, erreicht die alte Hansestadt am frühen Morgen. Der Anblick der mittelalterlichen Stadt im Morgenlicht hinterlässt einen unvergesslichen Eindruck.

Unbedingt sollte man mindestens einen Tag dieser beschaulichen, geschichtsträchtigen Stadt widmen. Beginnen Sie mit einem Spaziergang um die fast vollständig erhaltene, 3,5 km lange Stadtmauer mit einem Abstecher

Leberblümchen

Pestwurz an der Stadtmauer von Visby

Marienkirche und Ruine der Hl. Dreifaltigkeitskirche (Drotten)

Sankt-Maria-Kirche, Dom

Panorama der Hansestadt Visby

zum Galgenberg. Von den Hügeln in der Stadt (Kyrgberget) aus hat man einen sehr schönen Blick über die alte Stadt. Die große Marienkirche (Dom) beherrscht das Stadtbild. Sie war zur Hansezeit die Gemeindekirche der deutschen Kaufleute. Die zahlreichen Kirchenruinen stoßen auf Verwunderung, denn Schweden hat über 200 Jahre keine Kriege mehr geführt. Die Kirchen wurden schon bei Kriegen im Mittelalter zerstört. Nachdem die Hanse und damit Visby ihre Bedeutung verloren hatten, fehlte das Geld zum Wiederaufbau.

Im Naturkundemuseum (*Museum of Natural History*, Mellangatan 19) können Sie sich über die Geschichte und Geologie informieren und auf Ihre Rundreise über die Insel vorbereiten. Bücher und Informationsmaterial zur Geschichte und architektonischen Besonderheiten liegen aus. Im Botanischen Garten in der Strandgatan 5 im Schutz der Stadtmauer finden Sie neben einheimischen Kräutern „exotische" Blumen sowie Bäume wie Walnuss, Magnolie und Feige, die als Nachweis für das warme Klima auf Gotland gelten.

Von Visby aus fahren Sie auf der Straße 149 nach Norden in Richtung Kappelshamn. Biegen Sie so oft es Ihre Zeit erlaubt von der Straße nach links an die Küste ab. Fast überall öffnen sich märchenhafte Ausblicke auf Buchten, Strände und auf die Ostsee.

Brucebo Naturreservat (3 h Fahrradtour)

Von Visby aus bequem mit dem Fahrrad erreichbar liegt 5 km nördlich in Richtung Kappelshamn ein interessantes Naturreservat. Vom Parkplatz an der Straße führt ein Wanderweg in dieses Gebiet. Von der oberen Kliffkante (Bygdeborg) bietet sich eine wundervolle Fernsicht auf die Ostsee mit ihren kleinen Nehrungen, Lagunen, Grotten und Strandwällen. In den Quellmooren kommen Alpen- und Gewöhnliches Fettkraut vor, beide tierfangende Blütenpflanzen. Auch etliche Orchideen sind hier anzutreffen, u. a. Mücken-Händelwurz, Fliegen-Ragwurz, Traunsteiners Knabenkraut oder Vogel-Nestwurz. Sehr guter Beobachtungsplatz von Küstenvögeln (Spektiv dringend empfohlen!): Grau- und Brandgans, Eider-, Schell-, Reihe-, Trauer-, Krickente, Kiebitz, Austernfischer, Rotschenkel u. a.

Högklint Naturreservat (4 h Fahrrad und Strandspaziergang)

Auf der L 140 Richtung Klintehamn fahren, nach 5,9 km vom südlichen Kreisverkehr in Visby rechts abbiegen Richtung Kneippbyn, dann den Schildern

Hoegklint südlich von Visby

nach Högklint folgen. Parkplatz am Kliff. Das Reservat erstreckt sich über einen rund 1,3 km langen Abschnitt der schroffen Steilküste. Högklint erreicht seine maximale Höhe von 48 m im nördlichen Teil. Ein fantastischer Ausblick eröffnet sich auf Visby und die Steilküste nach Süden. Treppen führen hinunter zu einem Felsvorsprung „Getsvältan", einer kleinen Klippe mit einigen Brandungshöhlen.

„Getsvältan" bedeutet Ziegentod. Der Geschichte nach sollen Ziegen immer wieder versucht haben, auf das mit üppigen Kräutern bewachsene Plateau unterhalb der Klippe zu klettern und dort zu grasen. Sie schafften es angeblich aber nicht, den steilen Hang wieder hinauf zu gelangen – eine eigenartige Geschichte. Heute gibt es eine kleine, steile Treppe, die Sie hinunter und auch wieder hinauf führt. Ein Weg, der sich lohnt, allerdings nichts für weiche Knie oder Schwindelgefühle.

Eine Fußwanderung am Strand entlang Richtung Süden ist empfehlenswert. Hier trifft man auf Berg-Holunder und die Braunrote Stendelwurz.

Grotte von Lummelunda (Besichtigung Höhle und Umgebung 3 h)

Rund 13 km nördlich von Visby ist die Tropfsteinhöhle von Lummelunda für den Besucherverkehr erschlossen. Der Fluss Lummelundaån entspringt im

Üppige Bärlauchbestände im Garten von Lummellunda, nördlich von Visby

Martebo Myr und mündet an der Steilküste in die Ostsee. Die erkundete Länge der Höhle beträgt 4 km.

Überall in Schweden trifft man auf die Spuren des großen schwedischen Naturforschers Carl von Linné (1707 – 1778), so auch an dieser Grotte, die auch als „Linnaeus' Höhle" bezeichnet wird. Linné hat sie besucht und Pflanzen der Umgebung bestimmt. Unter anderem entdeckte er hier den Bär-Lauch, von dem Wildbestände zuvor in Schweden nicht bekannt waren. Eine markante Klippe, der Schneckenberg, war Linnés erste Begegnung mit einer Gotlandklippe. Hier fand und beschrieb er auch Fossilien. Die Grotte ist von Mai bis September geöffnet.

Von der Grotte fahren Sie zurück zur Straße 149. Unser Ziel sind die höchste Rauke und der höchste Ausblick Gotlands.

INFO

Rauken und Strandwälle

Eine Besonderheit von Gotland und Fårö sind die Rauken (Raukar). Die bis zu 12 m hohen Kalksteinsäulen und -felsen waren einst Teil der großen Kalksteinplatte. Die See wusch weiches Material wie Mergel und Ton aus dem harten Kalkstein aus und schuf die seltsamen, märchenhaften Gebilde. Diese natürlichen Meisterwerke wurden einer weiteren Überarbeitung durch das Meer, die kurz über lang ihrer Zerstörung geführt hätte, durch den Landhub entzogen (vgl. S. 28, 299/300).

In der Nähe der Rauken findet sich im Flachwasser meistens genügend Material aus Kalksteinbruch. Die Wellen werfen die Platten an den Strand, und der Landhub entzieht die Wälle der Brandung. Eine Sturmflut kann in einer Nacht einen meterhohen Steinwall vor der alten Küste aufbauen. Dabei werden unter günstigen Umständen kleine Meeresflächen durch die Wälle abgeteilt, so dass Strandseen (Lagunen) entstehen. Dass nun ein Strandwall vor den anderen geworfen wird, ist wiederum dem Landhub zu verdanken. Im Laufe der Jahrhunderte entsteht so eine zum Wasser geneigte, wellige Geröllebene.

Strandwälle sind im gesamten Ostseegebiet zu finden, jedoch selten so markant ausgebildet wie an der schwedischen Ostseeküste und besonders auf Gotland oder Fårö. Das Geröll setzt sich aus dem jeweils zur Verfügung stehenden Gestein zusammen. Auf den Kalksteininseln sind es Kalksteinplatten, an der „Hohen Küste" sind es abgerundete Steine aus Granit, an der Kreideküste von Rügen und Møn dagegen Feuersteine (vgl. S. 73, 175).

Erlebnistour 37

Gotlands Rauken und Strandwälle (3 h)

Die vermutlich berühmteste Rauke auf Gotland trägt den netten Namen Jungfrun. Von Visby über die Straße 149 kommend biegen Sie nach etwa 25 km links auf die I 709 zum kleinen Fischereihafen Lickershamn ab. Schon am Ortseingang zum Fischerdorf stößt man auf ein Feld von Rauken, die durch den Landhub etwa 400 m landeinwärts versetzt wurden. Die Rauken wurden so der zerstörenden Kraft der See entzogen.

Nach der ersten Bekanntschaft mit Rauken setzen Sie die Fahrt zum Parkplatz am Hafen fort. Über einen etwa 600 m langen, leicht ansteigenden Waldweg mit alten Kiefern erreichen Sie Gotlands höchste Felsskulptur. Sie überqueren einen reißenden (im Frühjahr) Bach und gelangen zu einer freien Fläche, auf deren linker Seite unübersehbar der gewaltige Kalksteinfelsen „Jungfrun" in die Höhe ragt. Der Kliffrand liegt hier auf 16 m über dem Meeresspiegel. Die Rauke „Jungfrau" erhebt sich vom Kliffrand 11 m. Ihre Krone liegt also auf 27 m über dem Meeresspiegel. Diese Rauke wurde in der Zeit des Littorinameeres (vor ca. 8000 Jahren) geformt. Der Wasserspiegel befand sich damals leicht oberhalb der „Krone" der „Jungfrun".

„Jungfrun", die höchste Rauke Gotlands

Setzen Sie den Weg vom Rauk „Jungfrun" etwa 300 m weiter aufwärts fort. Sie gelangen auf die Klippen von Häftingsklint und können einen überwältigenden Ausblick auf die Steilküste, einen Sandstrand und die Ostsee genießen.

Wandern Sie auch am steinigen Strand entlang bis nahe an den Fuß des Kliffs unterhalb der Rauke. Sie finden hier reichlich Fossilien, die jedoch nicht gesammelt werden dürfen.

Nördlich vom Parkplatz aus erreicht man etwa nach 150 m am Steilufer ein Quellmoor. Hier befindet sich ein Bestand des Breitblättrigen Stendelwurz (*Epipactis helleborine*), eine Orchidee, die Ende Juni/ Anfang Juli blüht. Weiterhin kommen Mehlprimeln (*Primula farinosa*), Alpen-Fettkraut (*Pinguicula alpina*) und Kelch-Simsenlilie (*Tofieldia calyculata*) vor.

Naturreservate an der Nordostküste (6 h)

Stellvertretend seien hier drei weitere besuchenswerte Naturreservate Gotlands genannt: Malms-Kyllaj an der Straße I 677 (von Rute aus nach Süden) und Lergravsviken an der Straße I 683, 6 km SO von Rute. Am Ortseingang des Dorfes Kyllaj stehen am Hang etwa 50 5 – 6 m hohe Rauken. Im Dorf befinden sich ein restaurierter Kalkofen und ein Gehöft aus dem 18. Jahrhundert, das als Museum eingerichtet ist.

Durch den Landhub „aufgestiegene" Rauken bei Kyllaj

Raukenfeld bei Lergravsviken

Von Kyllaj aus können Sie St. Olofsholmen erreichen, ebenfalls mit einem Raukenfeld. Sie fahren vorbei an der restaurierten Kalkbrennerei auf das höher gelegene Plateau, dann bis zur Straße I 167, dort nach Süden abbiegen. Nach der Gota-Saga ist hier im Jahr 1029 der norwegische König Olaf Haraldson, später Olaf der Heilige, an Land gegangen und hat die Gotländer christianisiert (1 h).

INFO

Kalkstein und Fossilien

Fossilien sind die versteinerten Reste von Lebewesen. Das lateinische Wort *fossilis* = ausgegraben ist der Stammbegriff, der den Sammelnamen gab. An Land muss man tatsächlich in fossilführenden Schichten graben. An der Ostsee nimmt uns das Meer das mühsame Freilegen solcher Schichten ab. Fossilien finden sich in Ablagerungsgesteinen, und genau diese haben wir an vielen Stellen der Ostseeküste vor uns. Bequemer geht es wirklich nicht: Man weilt am Strand, genießt Meer und Sonne und kann sich auch noch sinnvoll beschäftigen – zum Beispiel sitzend die Steine durch die Finger gleiten lassen und den Blick für Versteinertes schärfen. Zunächst erkennt man das fossile Tier vor lauter Steinen vielleicht gar nicht, aber bald bekommt man einen Blick dafür: Schwämme, Korallen, Austern und andere

Muscheln, Donnerkeile, Seelilien, Seeigel, Zähne von Haien und vieles mehr liegt Ihnen hier buchstäblich zu Füßen.

Nach dem Absterben eines Organismus beginnt normalerweise dessen Zersetzung. Diese besorgen bei Anwesenheit von Sauerstoff ziemlich rasch die Heere von Mikroorganismen, denen die organische Substanz als Nahrung dient. Anorganische Substanz wie der Kalk von Schalen und Knochen zerfällt zu Mineralstoffen, die wieder von Pflanzen aufgenommen werden. Vom toten Organismus bleibt schließlich nichts mehr, was auf seine ehemalige Existenz hinweist.

Nur, wenn ein Lebewesen unmittelbar nach seinem Ende beispielsweise in Schlick eingebettet und damit unter Sauerstoffmangel gerät, bleiben Reste erhalten. Schlick ist aufgrund seiner Feinkörnigkeit ein sehr geeignetes Erhaltungsmedium und kommt in allen Stillwasserzonen vor. Der eingebettete Kadaver wird zunehmend stärker mit Sediment bedeckt und gerät dann unter den Einfluss erhöhten Drucks und meist auch stark erhöhter Temperatur. Die Prozesse, die zum Erhalt eines Organismus oder seiner Reste beitragen, bezeichnet man als Fossilisation. Der Tod eines Individuums bedeutet insofern noch längst nicht sein Ende.

Steigt der Druck weiter, beginnt die Diagenese – so nennt man fachmännisch die Verwandlung von lockerem Sediment in festes Substrat. Oft wird es von Siliziumverbindungen durchsetzt (Silizifikation, Verkieselung). Man spricht dann von einer Gesteins-Metamorphose. Wenn sich ein Lebewesen oder seine Bauteile im Sediment ganz langsam und so auflösen, dass im umgebenden Gestein ein Hohlraum bleibt, kann auch der mit der Zeit von einsickernden Silicium-Lösungen ausgefüllt werden. So entstehen eindrucksvolle Steinkern-Fossilien. Dabei bleibt die ursprüngliche Gestalt des Innenraums eines Tieres in allen feinen Einzelheiten erhalten.

Hartteile verwesen erwartungsgemäß nicht so schnell wie Weichteile und bleiben daher öfter erhalten. Muschelschalen und Schneckengehäuse sind solche Hartteile, die ihre Träger schon zu Lebzeiten vor vielerlei Angriffen aus der Umgebung schützten. Solche und vergleichbare Strukturen bestehen meist aus Calcium-Verbindungen wie Calciumcarbonat, Perlmutt, Apatit und erweisen sich bei der Fossilisation als recht beständig.

Zwei artenreiche Kopffüßergruppen, die Ammoniten (Ammonshörner) und die Belemniten („Donnerkeile"), traten ungefähr gleichzeitig vom Unterdevon bis zur Kreidezeit vor ca. 358 – 365 Mio. Jahren auf. Die Ammoniten finden sich heute im Gestein in Form ihrer prächtigen, schneckenartig in einer Ebene aufgewundenen Schalen. Von den Belemniten bleibt dagegen als Fossil meist nur das harte Rostrum übrig, eben die Fortsetzung ihres Schulps, von Sammlern nach einer früheren naiven Deutung einfach als

Donnerkeile bezeichnet. Vollständige Funde, bei denen auch die Weichteile konserviert wurden, sind bis heute extrem selten. Lange Zeit war deshalb unklar, zu welchem Tier eigentlich die Donnerkeile gehörten.

Die Belemniten ähnelten im Aussehen den heutigen Kalmaren, hatten 10 Fangarme und einen Tintenbeutel. Im Erdmittelalter waren sie so weit verbreitet, dass man sie heute sogar als Leitfossilien verwendet. Sie lebten in Schwärmen im Küstenbereich der Meere nahe der Wasseroberfläche. Wachstumsschichten, ähnlich den Jahrringen der Bäume, zeigen, dass Belemniten etwa vier Jahre alt wurden.

Fossilien findet man nicht nur auf Gotland und Öland, sondern an fast allen Geröllstränden der südwestlichen Ostsee. Die Kreideküsten auf Rügen und der dänischen Insel Møn und Bornholm und natürlich die Kalksteininseln bergen sicherlich die reichsten Fossilienvorkommen. An der Kreideküste heben sich die dunklen Feuersteinbänder gut von der weißen Kreide ab. Darin befinden sich die meisten Fossilien. An den Kreideküsten der Ostsee findet man erwartungsgemäß überwiegend Fossilien des Kreidemeeres. Auf den Kalksteininseln Gotland und Öland kommen dagegen Riffe aus Korallen, Muscheln und anderen Lebewesen aus dem damals tropischen Silur-Meer vor.

Erlebnistour 38

Naturreservat Hall Hangvar (6 h)

Fahren Sie zurück auf die Straße 149 und biegen Sie nach etwa 5 km N links nach Irevik ab. Hier befinden Sie sich am schönsten Badestrand (Sigsarvestrand), größten Naturreservat (Hall Hangvar) und größten nichtdrainierten Moor Gotlands (Träskmyr mit 180 ha). Das Träskmyr ist ein kalkreiches Moor mit einer artenreichen Flora, zu der auch Orchideen gehören. Hauptattraktion ist das seltene Sumpf-Knabenkraut (*Orchis laxiflora* ssp. *palustris*), das eine Höhe von 0,5 m erreicht und in einigen Sommern hier massenhaft auftritt. An den Rändern der Feuchtgebiete fällt im Frühsommer der Fieberklee (*Menyanthes trifoliata*) mit seinen prächtigen Blüten auf. Rohrweihe, Kranich, Tüpfelsumpfhuhn, Wasserralle und Wachtelkönig sind einige der Brutvögel. Am Ostufer des Gardträsk befindet sich ein Vogelbeobachtungsturm.

Folgen Sie der Straße 149. Falls genügend Zeit vorhanden ist und falls Sie Ihrem Wagen Schotterwege zutrauen, die auch nicht immer gut mit dem Fahrrad befahrbar sind, biegen Sie auf die I 686 über Hall nach Halshuk ab. Zurück zur 149 nutzen Sie den Schotterweg am Ufer der Kappelhamnsviken und später die I 687. Von der 25 m hohen Klippe im NSG Halshuk erkennen Sie bei klarer Sicht unser nächstes Ziel, die Raukenküste von Langhammars und Digerhuvud auf Fårö.

Zunächst empfehlen wir einen weiteren kleinen Umweg: Nutzen Sie im Südende der Bucht weiter die Küstenstraße (I 690) bis Bläse. In Bläse an der Kappelshamnswiek wurde im vergangenen Jahrhundert Kalk gebrannt. Das Kalkbruchmuseum zeigt die Geschichte des Kalkabbaus auf Gotland. Hier rumpeln die Loren immer noch durch den Kalkbruch, allerdings werden keine Steine mehr transportiert, sondern Kinder und Touristen. Auf dem Gelände des Werkes befindet sich eine Steinhalde, die bestiegen werden darf. Ein herrlicher Blick über die Bucht, die Wälder und auf einen breiten Strand mit Kalkbruch und Strandwällen belohnt den Aufstieg (1,5 h).

Fieberklee

Kalksteinberg bei Bläse, von dem sich ein herrlicher Blick auf die Kappelshamnsviken ergibt.

Strandwälle bei Bläse

INFO Kalkbrennereien

Über Jahrhunderte hinweg wurde Gotland durch die Stein- und Zementindustrie geprägt. Carl von Linné hat sich nicht nur Fauna und Flora genau angesehen, sondern auch den vorindustriellen Brennvorgang genau beschrieben. Das Kalkbrennen begann schon im 11. Jahrhundert. Die Gotländer hatten sich zum Christentum bekehrt und brauchten nun Kirchen, die auch als Zufluchtsorte Sicherheit bieten sollten. Zu Beginn des 17. Jahrhunderts wurde der erste große Brennofen errichtet. Der Abbau von Kalk sowie vor allem die Rodung der Wälder als Brennmaterial für die Öfen führten zu einer nachhaltigen Veränderung der Insellandschaft. Voraussetzung für eine lukrative Kalkherstellung war ein Steinbruch in der Nähe eines Hafens. Mitte des 17. Jahrhunderts nahm der Export gebrannten Kalkes zu, und Schiffe mit Kalk segelten zu schwedischen, dänischen und deutschen Häfen. Die meisten Kalköfen wurden zwischenzeitlich stillgelegt. Nur in der Zementfabrik Cementa AB in Slite wird weiterhin Zement produziert.

Kalkofen aus dem 19. Jh. in Malms-Kyllaj

Erlebnistour 39

Rauken und Strandwälle auf Fårö

Fahren Sie nach Fårösund und setzen Sie mit der kostenfreien Fähre nach Fårö über. Wählen Sie den direkten Weg zurück zur 148 oder machen Sie einen Umweg um den Bästeträsk, dem größten See Gotlands. Dazu nutzen Sie etwa 2 km südlich von Bäse die l 692 und danach die l 690 nach links. Auf den Inseln des Bläste-Binnensees brüten mehrere 100 Paare Eiderenten. Der Schwertblatt-Alant (*Inula ensifolia*), eine Pflanze kalkreicher Trockenrasen, kommt im Südosten in der Nähe des Ufers in einem großen Bestand vor (1 h).

Kirche der Ortschaft Fårö

Die Insel Fårö wartet mit einigen Superlativen auf – den größten Raukgebieten sowie Alvar-Flächen, Binnenseen, Wacholderheiden und Wanderdünen. Der karge Boden mit oft anstehendem Gestein ist für die Landwirtschaft nur kleinflächig geeignet. Die Bewohner von Fårö lebten von Schafzucht, Fischerei und Robbenjagd.

Die Dünenlandschaft des Naturreservates Ullahau, die Raukgebiete von Gamle Hamn sowie Digerhuvud und Langhammars sind die wichtigsten Ziele für Gäste aus aller Welt auf Fårö.

Besuchen Sie auf der Fahrt über Gotland bzw. Fårö zumindest einige der zahlreichen herrlichen Kirchen und ihre Friedhöfe. Es gibt fast hundert Landkirchen, von denen 94 im Zeitraum vor 1350 (Christianisierung) und der Eroberung Gotlands in der Schlacht von Visby 1361 durch den Dänenkönig Waldemar IV Atterdag errichtet wurden. Die Kirche der Ortschaft Fårö stammt aus den Anfangsjahren des 14. Jahrhunderts. Sie wurde mehrmals umgebaut. Turm und Langhaus gehören zu den ältesten Teilen, während das eigenartig anmutende wuchtige Querschiff erst 1858 angebaut wurde. Eine Besonderheit ist die „Kutataflan" (Kuta bedeutet Robbe), die aus dem Jahre 1618 stammt. Seehundjäger, die auf einer Eisscholle in Seenot gerieten, haben nach ihrer Rettung die „Robbentafel" der Kirche gespendet.

Auf dem Friedhof der Kirche befindet sich die Grabstelle des bedeutenden schwedischen Regisseurs Ingmar Bergman (1918–2007), der sich im Alter auf diese abgeschiedene Insel zurückgezogen hatte.

„Kutataflan“ (Robbentafel) in der Kirche der Ortschaft Fårö auf Fårö

Verlassen Sie in der Ortschaft Fårö die I 699 und fahren über die I 701 zum „Alten Hafen“ (Gamla hamn). Unter Bäumen im Reservat befinden sich etwa 15 Gräber, die den Wikingern zugeschrieben werden. Am Waldrand südöstlich des Friedhofs sind die Überreste einer kleinen Kirche (St. Olaf Kirche) und

Rauke „Hund“ bei Gamle Hamn auf Fårö

Küstenseeschwalben und Sandregenpfeifer als Brutvögel im Kalksteinschotter

des umliegenden Friedhofs erhalten. Olaf der Heilige soll hier einen Besuch in den frühen 1000er Jahren abgestattet haben. Der Alte Hafen liegt versteckt als kleiner Waldsee zwischen hohen Ufern. Durch den Landhub ist der Zugang zum Meer verschüttet worden. Nach Verlassen des Waldes gelangen Sie auf einen sehr breiten Schotterstrand mit deutlich ausgebildeten Strandwällen. Ziemlich unerwartet öffnet sich dann der Blick auf eine seichte Bucht mit der berühmtesten Rauken-Skulptur überhaupt, die als „Hund" oder „Kaffeekanne" bezeichnet wird. Am Waldrand leuchten Ende Mai die weißen Blütenrispen der Grünlichen (Berg-) Waldhyazinthe (2 – 3 h).

Folgen Sie der Straße, von der Sie zum Gamla Hamn abgebogen sind, nach Norden Richtung Lauters bis zum Hafen Lautervik. Eine schmale asphaltierte Straße führt Sie an der 3,5 km langen Küste des Digerhuvuds-Feldes entlang. Das gesamte Ufer war ein Kalksteinriff, das erodiert wurde und von dem nur die harten Teile stehen blieben und eine erstaunliche Vielfalt von Formen bilden. Das Raukenfeld erstreckt sich über 3,5 km und ist das größte Raukenfeld Schwedens. Die Skulpturen erreichen 8 m Höhe. Seeseitig liegt eine flache, 500 – 700 m breite Kalksteinplatte vor der Küste. Diese fällt dann steil auf 50 – 60 m Wassertiefe ab. Ein beliebter Platz für erfahrene Taucher (2 h).

Brandgänse und Stockenten halten sich im Flachwasserbereich auf und Eiderenten tauchen im tieferen Wasser nach Nahrung oder kümmern sich mit wilden Gebärden um die Dame ihrer Wahl. Küstenseeschwalben, Sandregenpfeifer und Austernfischer verstecken ihre Nester in den Schotterfeldern.

Geräteschuppen der Fischer

Am nördlichen Ende des Weges duckt sich an dem weiten, weißen Strand aus Kalksteinbruch eine Ansammlung von geteerten kleinen Hütten eng aneinander, in denen die Fischer ihre Geräte aufbewahrten und ihre Boote festmachten. Heute werden diese Hütten oft an Touristen vermietet.

Am Ende der Straße biegen Sie links ab und gelangen nach etwa 300 m zu den Rauken von Langhammars (während der Saison herrscht hier Hochbetrieb, Staugefahr, fahren Sie mit dem Fahrrad). Auf diesem Wege passieren Sie ein typisches Fåröer Gehöft aus dem Jahre 1783,

Rauken im Naturreservat Langhammars im Nebel

Wacholder auf einem Strandwall im Naturreservat Langhammars

das als Baudenkmal erhalten wurde. Die Landschaft wurde durch Beweidung mit Schafen geprägt und hat ihren Charakter aus dem 17. Jahrhundert erhalten: kleine Äcker in der Nähe der Gehöfte und steinige Wiesen mit den typischen Zäunen aus schräg gestellten Hölzern.

Strandwall im Langhammarsgebiet/Fårö

Autos und Fahrräder werden am Parkplatz abgestellt. Nachdem Sie die bizarren, etwas mürrischen Figuren bewundert haben, die scheinbar versonnen auf das Meer blicken, lohnt sich ein Spaziergang über die mit Wacholderbüschen bewachsene, nördlich vom Raukenfeld gelegene Halbinsel. Wege sind hier nicht immer erkennbar, gehen Sie den Klappersteinhang abwärts zum Wasser. Hinter dem Hügel senkt sich eine weite Ebene von Strandwällen bis zum Wasser. Dort sind neue, mächtige Strandwälle angeworfen worden, die kleine Wasserflächen von der Ostsee abteilen und so Strandseen (Lagunen) bilden (für Rauken, Strandwälle, Lagunen 4 – 5 h).

Gotlands Süden

Anreise: Von Burgsvik auf der Straße 1500 nach Süden bis zum Parkplatz am Ende der Straße fahren.

Die Burgsviken, eine weit in das Land einschneidende Bucht an der Südostküste Gotlands, verengt die Insel auf eine Breite von 4 km. Südlich der Bucht verbreitert sie sich wieder und läuft in eine Spitze aus. In der Nähe der Spitze steht der Leuchtturm.

An der Küste befindet sich ein Raukengebiet mit hübschen Formationen. Unter anderem findet sich hier die klobige Figur des „Alten von Hoburg" (Hoburgsgubben). Von einem Kalksteinplateau hat man einen beeindruckenden Blick über die Küste und die Ostsee (1 h).

Besichtigen Sie die Kirche von Öja, die nicht nur als die schönste Landkirche Gotlands eingestuft wird, sondern mit 77 m Höhe auch den höchsten Kirchenturm vorweisen kann. Die eigentliche Sehenswürdigkeit ist ein Triumphkruzifix aus dem späten 13. Jahrhundert.

Erlebnistour 40

Große Karlsinsel (mindestens 1 Übernachtung)

Anreise: Mit dem Bus oder mit dem Auto von Visby auf der L 140 zum Hafen Klintehamn. Ein kostenfreier Parkplatz ist vorhanden. Von Klintehamn verkehrt von Anfang Mai bis Mitte September täglich ein Boot zwischen der 6,5 km entfernten Insel und Gotland. Es werden geführte Tagestouren sowie Übernachtung angeboten. Buchen Sie rechtzeitig Karten für die Fähre und für Übernachtungen (www.boka@stora.karlso.se; www.

storakarlso.se, Tel: +464 98 24 05 00). Falls Sie übernachten, sollten Sie an einer Führung teilnehmen und danach auf eigene Faust die Insel erkunden (beachten Sie die Betretungsverbote, besonders zur Brutzeit). Übernachtungsmöglichkeiten bestehen auch am Leuchtturm. Der Ausblick auf die Ostsee von der Gartenbank vor dem Haus am Kliff dürfte wohl kaum zu steigern sein.
Im Inselshop ist ein Inselführer mit Karte, auf dem Hauptvorkommen der Vögel und auch einiger Pflanzen vermerkt sind, erhältlich.

Stora Karlsö und Lille Karlsö (Große und Kleine Karlsinsel) liegen westlich von Gotland. Wie Gotland bestehen beide Inseln aus silurischem Kalkstein. Sie sind unabhängig voneinander und von Gotland entstanden. Es sind autarke Riffe aus Korallen, Muscheln und anderen Lebewesen aus dem tropischen

Kleine und Große Karlsinseln (rechts)

Hafenbucht auf der Großen Karlsinsel

Store Karlsö Leuchtfeuer

Silur-Meer. Stora Karlsö neigt sich im Süden sanft zum Meer, während alle anderen Küsten als Steilufer bis 45 m Höhe ausgebildet sind. Der kleine Naturhafen liegt in einer malerischen Bucht im Norden. Stora Karlsö hat eine Fläche von 2,5 km^2. Die Klippenhöhe beträgt 25 – 45 m. Der höchste Punkt liegt im Osten der Insel bei 52 m.

Die Insel besteht aus zwei Korallenriffen. Das Material um diese Riffkörper besteht aus fossilen Meerestieren, die sich zusammen mit Schlamm im Laufe von Jahrmillionen zu Kalkstein verfestigt haben. Besichtigen Sie die Fossiliensammlung im Naturkundemuseum, wo Sie Spuren des Lebens aus der Entstehungszeit der Insel anschauen können. Hier gibt es unter anderem Kettenkorallen, Stromatoporiden und Seelilien. Beachten Sie bitte unbedingt, dass keine Fossilien oder Steine mitgenommen werden dürfen.

Das Hochplateau der Insel besteht aus Alvar, eine fast baumlose Grasheide, die durch jahrtausendelange Beweidung mit Schafen geprägt wurde. Am höchsten Punkt überragt eine mächtige Esche die Insel („Linnés Esche").

Stora Karlsö ist eines der ältesten Naturschutzgebiete weltweit und berühmt für seine reiche Vogelwelt mit großen Kolonien von Trottellummen und Tordalken, aber auch für eine Vielfalt von kalkliebenden Blumen. Durch jahrhundertelange intensive Beweidung mit Schafen entstanden Alvare. 1880 gründete der Schweriner Willy Wöhler zusammen mit Gotländer Jagd- und Naturenthusiasten den Karlsö Jagd- und Tierschutzverein AB („Karlsö Club"), der noch heute die Insel schützt und bewirtschaftet. Schutzziel war die nahezu ausgestorbene Trottellumme, die durch rücksichtslose Jagd und Absammeln der Eier 1880 auf 20 Paare dezimiert war. Als Jagdwild wurden

Gotlandschaf

Schneehase im Sommerkleid

Große Brachvögel im Revierkampf

Schneehasen wieder angesiedelt. Wie Knochenfunde aus den prähistorischen Gräbern belegen, gab es schon in der Steinzeit Schneehasen auf der Insel. Als der „Karlsö Club" 1887 Eigner der Insel wurde, haben die Jäger die etwa 300 Schafe als Nahrungskonkurrenten der Schneehasen angesehen und die mehrtausendjährige Beweidung eingestellt. Das Einstellen der Beweidung führte zu einer sukzessiven Verbuschung und Bewaldung. Mittlerweile wurde die Weidelandschaft rekultiviert – Gebüsch und Bäume wurden weitgehend gerodet und die Schafe sind auf die Insel zurückgekehrt. Dies begünstigt eine reiche Flora trockenheitsresistenter und sonnenhungriger Alvargewächse, wie auch die vielen Orchideenarten, die es auf Stora Karlsö gibt.

Die ökologische Sanierung der Inseln ist noch nicht abgeschlossen. Ein Projekt zielt auf die Rodung von überhand nehmendem Unterwuchs und exotischen Pflanzen in kalkreichem Grasland und von Alvar-Lebensräumen auf der Insel Stora Karlsö ab. Es soll damit der Startschuss für das langfristige Management von Gebieten gegeben werden, die ohne weidende Schafe verschwinden würden.

Drei Arten Alkenvögel brüten auf Stora Karlsö. Die häufigste Art ist der Tordalk mit 7500 bis 12 000 Paaren. Die Trottellume ist mit 6500 bis 10 000 Paaren vertreten und stellt etwa drei Viertel der Ostseepopulation. Die Gryllteiste ist nur durch wenige Brutpaare vertreten.

Trottellummen sind wie alle Alken schlechte Flieger, aber hervorragende Schwimmer und Taucher. Zum Starten brauchen sie steile, hohe Klippen. Sie bevorzugen daher den oberen Bereich der Klippen als Brutplatz, während die Tordalken in den unteren Bereichen und auch am Fuße der Klippen brüten.

Das Brüten auf schmalen Felsvorsprüngen bringt Vorteile, aber auch Gefahren mit sich. Als Vorteil ist der Schutz vor vierbeinigen Räubern und Greifvögeln zu sehen. Trottellummen gelten als hoch angepasste Klippenbrüter. Sie haben sich während der Evolution für das Leben am Abgrund so einige Tricks „erdacht". Die schmalen Felsvorsprünge und das Gedrängel um den besten Platz bringen Gefahren für Eier und Jungvögel. Die Trottellummen

Trottellumme

Tordalk

brüten stehend und schieben das über 80 mm große Ei (fast so groß wie ein Gänseei) auf ihre Füße. So wird es von oben und unten gewärmt und gleichzeitig gut behütet. Noch wichtiger sind Eigenschaften des Eis, die das Abstürzen von der Klippe verringern. Die Eierschale verfügt über Mikrostrukturen,

Heringsmöwe

Balzende Eiderenten

Eiderenten-Kindergarten

die zu einer rauen Oberfläche führen und das birnenförmige Ei läuft spitz-konisch zu. Wenn es angestoßen wird, rollt es in einer engen Kreisbahn.

Etwa 20 Tage nach dem Schlüpfen erfolgt Mitte Juni der spektakuläre „Lummensprung". In diesem Alter springen die Jungen von den Felswänden in die Tiefe. Beim Sprung selbst verletzen sich die faustgoßen Federknäuel nur selten, weil sie durch eine dichte Brustbefiederung im wahrsten Sinn des Wortes gut „abgefedert" sind und der Sturz zudem durch ein Netz von Luftsäcken gedämpft wird. Allerdings lauert Gefahr aus der Luft, denn Großmöwen nutzen die Chance, bequem zu Nahrung zu kommen, indem sie die tollpatschig abstürzenden Küken fangen und fressen. Haben sie es bis zur Wasseroberfläche geschafft, werden sie vom Vater empfangen und etwa einen Monat lang auf dem Meer begleitet. Er bringt dem Jungen das Fischen und Fliegen bei.

Weitere Brutvögel sind Eiderente, Samtente, Silbermöwe, Heringsmöwe, Großer Brachvogel und seit einigen Jahren auch Kormorane. In heckenreichen Gebieten auf der Insel brüten u. a. Karmingimpel und Sperbergrasmücke. Die halboffene Landschaft des Plateaus bildet das Zuhause für Feldlerche, Goldammer, Steinschmätzer, Neuntöter und Dorngrasmücke.

Orchideenwiese

Frühlings-Adonisröschen

Die Blütenpracht der Alvare (vgl. S. 308) hat sich seit der Rodung von Büschen und Bäumen auf Stora Karlsö wieder ansehnlich entfaltet. Für Schweden seltene Arten wie Frühlings-Adonisröschen (*Adonis vernalis*) im Mai, Gold-Aster (*Galatella linosyris*) im Herbst, Ruten-Lattich (*Lactuca viminea*) im Juli/August sowie eine Reihe von Orchideen im Mai/Juni kommen auf Stora Karlsö vor.

Unter den Insekten soll hier eine Charakterart der Alvare, die Ritterwanze (*Lygaeus equestris*) genannt werden. Die hübsche Wanze lebt an Schwalbenwurz (*Vincetoxicum hirundinaria*), Frühlings-Adonisröschen (*Adonis vernalis*) und an Löwenzahn.

Berg-Sandknöpfchen

Ritterwanze

INFO

Orchideen

Fast alle Pflanzenfreunde geraten heftig ins Schwärmen, wenn es um Orchideen geht. Diese Kostbarkeiten der Pflanzenwelt erwartet man sicherlich nicht im hohen Norden auf den kargen Inseln der Ostsee. Und doch gehören sie zu den besonderen Schmuckstücken der großen Kalkinseln sowie Rügens und Møns. Während der Hauptblütezeit von Ende Mai bis Ende Juli ziehen sie Botaniker aus aller Welt an.

Mit mehr als 20 000 Arten weltweit sind Orchideen die artenreichste Pflanzenfamilie. Schwerpunkt ihrer Verbreitung sind die tropischen Regen-

Brand-Knabenkraut

Waldhyazinthe

Frauenschuh im Naturreservat Kallgatburg (östlich von Slite)

wälder. Mit Ausnahme der Antarktis und der Wüsten kommen sie in allen Regionen der Erde vor, sogar auf dem ansonsten ziemlich eisigen Grönland. In Europa sind über 200 Arten nachgewiesen. An der Ostsee verringert sich ihre Zahl auf weniger als 40. Gotland kann mit 33 Arten damit prahlen, die artenreichste Orchideenprovinz in Schweden zu sein. Drei Arten, nämlich Weißes Waldvöglein (*Cephalanthera damasonium*), Spitzels Knabenkraut (*Orchis spitzelii*) und Sumpf-Knabenkraut (*Orchis palustris*) kommen in Schweden nur auf Gotland vor. Hier und auf Öland erforschte der schwedische Entomologe Bertil Kullenberg (1913–2007) von der Universität Uppsala die eigenartige Bestäubungsbiologie der Ragwurz-Arten (Gattung *Ophrys*), die männlichen Wildbienen ein paarungsbereites Weibchen vortäuschen. Die Mehrzahl der Orchideen bevorzugen Kalkböden. Orchideen

Holunder-Knabenkraut

kommen an den Ostseeküsten bis an den Kliffrand bzw. an die Küstenlinie vor. Sie sind jedoch nicht an die Küste oder an Salzwasser und Überschwemmungen gebunden. Wir finden sie auf gemähten oder beweideten Trockenrasen, in Feuchtgebieten und in den Randzonen der Seen. Andere Arten bevorzugen Schatten oder Halbschatten und sind in lichten Laub- und Mischwäldern anzutreffen.

Tabelle der wissenschaftlichen, deutschen, schwedischen sowie englischen Trivialnamen von im Text aufgeführten Pflanzen von Gotland und Öland (nach http://linnaeus.nrm.se/flora/)

Lateinischer Name	Deutscher Name	Schwed. Name	Englischer Name
Adonis vernalis	Frühlings-Adonisröschen	Våradonis	pheasant's eye
Anacamptis pyramidalis	Pyramiden-Hundswurz	Röd Skogslilja	pyramidal orchid
Anemone sylvestris	Großes Windröschen	Tovsippa	snowdrop anemone
Calypso bulbosa	Norne	Norna	fairy slipper
Cephalanthera rubra	Rotes Waldvöglein	Salepsrot	red helleborine
Cephalanthera damasonium	Weißes Waldvöglein	Stor skogslilja	white helleborine
Coeloglossum viride	Hohlzunge	Grönkulla	frog orchid
Corallorrhiza trifida	Korallenwurz	Korallrot	coralroot orchid
Crambe maritima	Echter Meerkohl	strandkål	sea-kale
Cypripedium calceolus	Gelber Frauenschuh	Guckusko	lady's slipper
Dactylorhiza incarnata	Fleischrotes Knabenkraut	Ängsnycklar	early marsh-orchid
Dactylorhiza majalis	Breitblättriges Knabenkraut	Majnycklar	western marsh-orchid
Dactylorhiza maculata	Geflecktes Knabenkraut	Jungfru Marie nycklar	common spotted orchid
Dactylorhiza sambucina	Holunder Knabenkraut	Adam och Eva	
Dactylorhiza traunsteineri	Traunsteiners Knabenkraut	Sumpnycklar	pugsley's marsh orchid

Lateinischer Name	Deutscher Name	Schwed. Name	Englischer Name
Epipactis atrorubens	Braunrote Stendelwurz	Purpurknipprot	dark-red helleborine
Epipactis helleborine	Breitblättrige Stendelwurz	Skogsknipprot	broad-leaved helleborine
Euphrasia salisburgensis	Salzburger Augentrost	Lappögontröst	
Fumana procumbens	Zwerg-Sonnenröschen	gotlandssolvända	
Filipendula vulgaris	Kleines Mädesüß	Brudbröd	dropwort
Goodyera repens	Netzblatt	knärot	creeping Lady's-tresses
Gymnadenia conopsea	Mücken-Händelwurz	Brudsporre	fragrant orchid
Herminium monorchis	Einknolle, Honigorchis	Honungs-blomster	musik orchid
Inula ensifolia	Schwertblatt-Alant	Svärdskrissla	
Linnea borealis	Moosglöckchen	Linnea	twinflower
Liparis loeselii	Sumpf-Glanzkraut	Gulyxne	fen orchid
Listera ovata	Großes Zweiblatt	Tvåblad	common twayblade
Lunaria annua	Einjähriges Silberblatt	Judaspenningar	honesty
Lychnis viscaria	Pechnelke	Tjärblomster	sticky catchfly
Lythrum salicaria	Blut-Weiderich	Fackelblomster	purple-loosestrife
Menyanthes trifoliata	Fieberklee	Vattenklöver	Bogbean
Neottia nidus-avis	Vogel-Nestwurz	Nästrot	bird's-nest orchid
Neottia cordata	Kleines Zweiblatt		
Orchis spitzelii	Spitzels Knabenkraut	Alpnycklar	
Orchis palustris	Sumpf-Knabenkraut	Kärrknipprot	marsh helleborine
Orchis mascula	Großes Knabenkraut	Sankt Pers nycklar	early-purple orchid
Orchis militaris	Helm-Knabenkraut	Johannesnyckla	military orchid
Orchis ustulata	Brand-Knabenkraut	Krutbrännare	burnt orchid

Lateinischer Name	Deutscher Name	Schwed. Name	Englischer Name
Orchis purpurea	Purpur-Knabenkraut		lady orchid
Ophrys insectifera	Fliegenragwurz	Flugublóm	fly orchid
Pinguicula alpina	Alpen-Fettkraut	Fjälltätört	alpine butterwort
Platanthera chlorantha	Berg-Wald-hyazinthe	Grönvit nattviol	greater butterfly-orchid
Primula veris	Echte Schlüsselblume	Gullviva	cowslip
Pulsatilla pratensis	Wiesen-Kuhschelle	Fältsippa	small pasque flower
Rhinanthus serotinus	Großer Klappertopf	Höskallra	greater yellow-rattle
Saxifraga granulata	Knöllchen-Steinbrech	Mandelblomma	meadow saxifrage
Tofieldia calyculata	Kelch-Simsenlilie	Kärrlilja	alpine asphodel
Vincetoxicum hirundinaria	Schwalbenwurz	Tulkört	swallow-wort

Üppiger Laubwald, dominiert von Eichen und durchsetzt mit Erlen, Linden, Ulmen, Ahorn und Eschen bedeckte am Ende einer Wärmeperiode vor etwa 6000 Jahren Gotland. An den Küsten und in Gebieten mit felsigem Untergrund überwogen Kiefern. Als das warme Klima während der Littorinazeit abkühlte, verdrängten Kiefern und Fichten die dominierenden Laubwaldbestände.

Von der Eisenzeit an vor etwa 2500 Jahren veränderte der Mensch diese Waldlandschaft auf Gotland (und ähnlich auch auf den anderen Kalkinseln) in drei entscheidenden Schritten:

1. Heuwirtschaft

Die Abkühlung des Klimas zu Beginn der Eisenzeit zwang zu einer Futtervorsorge für das Vieh im Winter. Durch Rodung schuf man offene Flächen, die zur Gewinnung von Heu genutzt wurden. Gras und Kräuter wurden

Heuwiese Laxare

nun gemäht und getrocknet. Die Laub- und Mischwälder wurden zu Heuwiesen umgewandelt. Die Nadelwälder ohne krautige Unterschicht wurden als Sommerhude genutzt. Diese Form der Weidewirtschaft war bis zum Ende des 19. Jahrhunderts gebräuchlich.

2. Holznutzung

Erhebliche Einwirkungen auf die Wälder erfolgten im 17. Jahrhundert durch die industrielle Nutzung des Holzes zur Destillation von Teer, als Brennholz zum Kalkbrennen sowie als Bauholz. In dieser Zeit wurden die Waldbestände auf Gotland mehr oder weniger vernichtet.

3. Entwässerung

Im 19. Jahrhundert wurden in großem Umfang Feuchtgebiete entwässert, um Ackerland zu gewinnen. Zurzeit wird versucht, über Beweidung und Heuwirtschaft Waldwiesen und Heiden zu erhalten. Orchideen sind auf Pflege durch Beweidung oder Mahd angewiesen. Für den Erhalt großflächiger Kalkmagerrasen ist die Schafhaltung unerlässlich. Wenn das Wiesenmanagement in Laub- und Mischwälder eingestellt wird, wächst in absehbarer Zeit wieder Wald heran.

Die Hinweistafeln an den Naturschutzgebieten verweisen auf Vorkommen besonderer oder häufiger Arten.

Am Wegesrand

Beispiele für Laubwiesen (1 h)

Zur Alvena Lindaräng auf der L 147 bei Gute nach S abbiegen. Die Alvena ist eine der größten Laubwiesen Gotlands. Hier finden Sie eine Laubwiese des Typs „ängsmarker". Reste eisenzeitlicher Siedlungen weisen auf die frühe Nutzung zur Futtergewinnung hin. Der Baumbestand setzt sich aus Linden, Eiche, Esche, Ulme, Birke und Zitterpappel zusammen. Linden und Eschen wurden beschnitten und ebenfalls als Futter genutzt (Kopfeschen). Orchideen: Manns-, Helm-, Geflecktes Knabenkraut, Wald-Hyazinthe und Mückenhändelwurz.

Zur Laxare änga von der L 147 Richtung Slite nach N auf die I 657 nach Boge abbiegen. Auf der Hinweistafel werden die damalige Bewirtschaftung und die derzeitige Pflege dargestellt. Das herabgefallene Laub wurde im Herbst zusammengeharkt und verbrannt. Mitte Juli mähte man das Gras und trocknete es. Das Heu wurde vor Feuchtigkeit geschützt untergebracht. Danach wurde die Wiese beweidet, wobei die Samen in die Erde getreten wurden. Die Linden und Eschen wurden ebenfalls beschnitten und als Futter eingelagert.

Eiche und Haselnuss dominieren den Busch- und Baumbestand. Der kalkreiche Boden und das offene Gelände begünstigen das Vorkommen von Orchideen. Zu den schon unter Alvena Lindaräng aufgeführten Arten kommt in Laxare im Schatten der Büsche das Schwertblättrige Waldvöglein hinzu. Auffällige Blütenpflanzen der trockenen Stellen sind Knöllchen-Steinbrech, Wiesenkerbel und Scharfer Hahnenfuß.

Erlebnistour 41

Schärengarten um Stockholm (3 h)

Als Beispiel für ein Schärengebiet an der schwedischen Kuste südlich von Stockholm soll hier der Östgöta Schärengarten vor der Ostküste Schwedens vorgestellt werden. Er besteht aus drei Schärengärten: *Gryt* und *Tjust*, *St. Anna* und *Arkösund*. Idyllische, grüne Inseln säumen die Ostküste, während die weiter draußen liegenden Inseln karg und felsig sind.

Die Inseln im Archipel bestehen aus 1,9 Mrd. Jahre altem Grundgebirgsgestein vor allem aus Gneis und Granit. Die bunte Pflanzenvielfalt steht im Kontrast zu den grauen Gesteinsflächen. Die Vegetation setzt sich aus Arten der Trockenrasen und der Salzflora zusammen: In den Klippenspalten, in denen sich eine Humusschicht angesammelt hat, entfalten Wildes Stiefmütterchen, Mauerpfeffer und Schnittlauch ihre Pracht. Strand-Aster, Langblättriger Ehrenpreis und Blut-Weiderich zieren die Strände. Gewöhnliche Pechnelke, Knöllchen-Steinbrech sowie Orchideen (z. B. Breitblättriges Knabenkraut) entfalten auf trockenen Hügeln ihre Blütenpracht. Auf den von Vogelexkrementen gedüngten Felsflächen gedeiht eine ganz besondere Vegetation aus Gewöhnlicher Gelbflechte, Geruchloser Kamille und Klebrigem Leimkraut. Auf den seit Jahrhunderten beweideten größeren Inseln gedeihen u. a. Großer Klappertopf, Kleines Mädesüß und Echte Schlüsselblume.

Die Vogelfauna setzt sich aus Arten der offenen Weiden mit Sträuchern (u. a. Neuntöter, Dorngrasmücke) sowie der Kiefernwäldern (u. a. Schwarzspecht, Gartenrotschwanz) zusammen. Auf den kargen Außenschären leben typische Küstenvögel (Möwen- und Seeschwalbenkolonien, u. a. Samtente, Steinwälzer und Tordalk). In den äußersten Bereichen des Schärenarchipels leben Kegelrobben.

Im salzarmen Flachwasser der Ostsee wuchert der markante Blasentang (*Fucus vesiculosus*) an den Felsen, der hier im Unterschied zur Nordsee ständig untergetaucht bleibt. Auf weichen Böden gedeihen Seegraswiesen (*Zostera marina*) und diverse Armleuchteralgen (Characeen).

Öland

Anreise: Von Kalmar aus erreicht man Öland über die 6 km lange Ölandbrücke.

Mit 137 km Länge und maximal 16 km Breite ist Öland die fünftgrößte Ostseeinsel. An der Westküste befinden sich Steilküsten, während die Ostküste sich eher flach in Terrassen zur Küste neigt. Das ebene Hochplateau erreicht am Galgbacken 57 m über Meereshöhe. Das Plateau besteht aus Kalkstein, Sandstein und Schiefer. Das Alvar befindet sich hier auf einem ordovizischen Kalkuntergrund. Es handelt sich um eine der letzten naturbelassenen Karstlandschaften in Europa.

Öland eignet sich ideal zum Radfahren.

Der Norden der Insel ist vorwiegend von Wiesen mit zahlreichen, zum Teil nur temporären Wasserflächen und Wald bedeckt. Im Süden befindet sich die berühmte Stora Alvaret. Eine spezielle Flora ist dieser trockenen, nährstoffarmen Landschaft angepasst. Windmühlen, He-

Schloss Kalmar

cken und kilometerlange Steinmauern prägen das Kulturland. Die Küste ist flach und unverbaut. Häufig sieht man auf der Sundseite Kegelrobben, die sich auf den Findlingen in den vorgelagerten Flachwasserzonen ausruhen.

Erlebnistour 42

Der Süden von Öland (Tagestour mit Auto, mit Fahrrad und wandernd 3 Tage)

Der Süden Ölands beeindruckt sowohl von der Landschaft als auch von den Beobachtungsbedingungen nahe der Vogelbeobachtungsstation Ottenby. Uralte Eichenwälder sind ebenso zu finden wie fast flachgeschliffene, heideähnliche Flächen im inneren Südteil Ölands, das „Stora Alvaret". Die Farben dieser eigenwilligen Landschaft wechseln mit den Jahreszeiten und den jeweiligen dominierenden Blütenpflanzen, wie beispielsweise Kugelblumen, Sonnenröschen und Küchenschelle. Die offene Landschaft im Süden Ölands ist sehr dünn besiedelt. Nur ab und zu finden sich einzelne Gehöfte und kleine Ortschaften.

An der Südspitze liegt das Naturreservat Ottenby, das als Rastplatz von Zugvögeln unter Ornithologen einen hervorragenden Namen hat. Neben einem Vogelmuseum gibt es hier auch eine Vogelwarte.

Der Leuchtturm Långe Jan liegt in der Nähe. Überschwemmungsflächen (Salzwiesen), Flachwasserzonen und der kleine Wald um die Station und den Leuchtturm locken Singvögel, Watvögel sowie Enten und Gänse zum Rasten und zur Nahrungsaufnahme an.

Ein kleiner Ausschnitt aus den Beobachtungen der Vogelwarte Ottenby zeigt die Vielfalt der Arten, die hier Rasten oder auch brüten: Zu den örtlichen Brutvögeln zählen Sprosser, Sperbergrasmücke, Halsbandschnäpper, Wachtelkönig und Wiesenweihe. Als Raritäten sind zu erwähnen Rötelschwalbe, Rosenstar und Dunkler Wasserläufer. Ab Oktober treffen Vogelarten aus der Arktis und Sibirien auf Öland ein, darunter auch extrem seltene Arten: Regelmäßig sind z.B. Spornpieper, östliche Steinschmätzerarten, Goldhähnchen-Laubsänger, Gelbbrauen-Laubsänger und Dunkellaubsänger vertreten. Unter den rastenden Arten aus dem Norden sind Blaukehlchen, Spornammer, Waldammer und gelegentlich auch Zwergammer zu nennen. Nonnen- und Ringelgänse rasten auf den Strandwiesen oder ziehen in langen Verbänden vorbei. Im Winter sind Schwärme von Seidenschwänzen zu beobachten.

Ein lohnendes Beobachtungsziel ist auch die Ostküste. Im Spätsommer machen Watvögel auf ihrem Zug von den Brutplätzen in der Tundra nach

Leuchtturm und Vogelwarte im Naturreservat Ottenby

Süden hier Rast und finden reichlich Nahrung in den Blasentangbänken im Flachwasser. Es ist nicht ungewöhnlich, dass an einem Tag 30 Arten von Watvögeln gesichtet werden!

Erlebnistour 43

Der Norden von Öland (Tagestour mit dem Auto, mit Fahrrad und wandernd 3 Tage)

Von Byxelkrog an der Nordspitze Ölands fahren während der Saison regelmäßig und außerhalb der Saison zeitweise Fähren zum Nationalpark Blå Jungfrun (Blaue Jungfrau), der im Kalmarsund liegt (Fahrplan: http://www.solkustturer.se/de/bla-jungfrun-blaue-jungfrau). Die Insel ist wegen ihrer eindrucksvollen Granithöhlen, durch das Eis geschliffene Felsen und Steinlabyrinthe 1925 zum Nationalpark erklärt worden.

Zu den Rauken von Byrum (Byrums Raukar) biegen Sie von der Straße 136 im Kreisverkehr auf die Straße 983 nach Löttorp ab, dort dem Wegweiser „Norra Udden" nach rechts folgen (Straße 990, Byrumsvägen). Sie fahren durch lichten Kiefernwald, teilweise auch vorbei an Wochenendsiedlungen.

Großes Wald-Windröschen

Kuhschelle

Orchideenwiese

Eiderente und Mittelsäger bei Ottenby

Biegen Sie links auf einen der Schotterwege zum Küstenweg ab. Der „Horns kustväg" führt Sie zu Fuß oder auf dem Fahrrad am Kalksteinriff entlang. Etwa 120 dieser Rauken hat das Meer hier geformt (siehe Gotland), die größten sind etwa vier Meter hoch. Am Waldrand finden Sie hier Waldhyazinthen und direkt bis an den Kliffrand Knabenkräuter. Eiderenten und Brandgänse sind hier fast immer zu beobachten, mit etwas Glück auch Prachttaucher (2 h).

An den Schotterküsten in der Nähe von Steinbrüchen kommen unerwartet dichte Bestände des Großen Wald-Windröschens *Anemone sylvestris* vor.

Setzen Sie Ihren Weg weiter fort in Richtung Norra Udden, der NO-Spitze Ölands. Sie gelangen in den finsteren Trollskogenwald (Zauberwald). Der Trollskogen, ein vom Wind geformter Kiefernwald auf der Nordspitze Ölands mit typischen Windflüchtern, ist von Byxelkrog bequem erreichbar. Der verwunschene Wald, Reste eines Königsgrabes, ein Wrack am Strand sowie uralte, knorrige Eichen, das ganze möglichst in Nebelschwaden getaucht, haben zu dem Namen Trollskogen geführt. Wenn Sie den Wald durchwandert haben, liegt vor Ihnen auf einer Insel der Leuchtturm „Langer Erik". Von hier aus können Sie die sehr schöne Grankullaviken, eine Lagune an der Nordspitze Ölands, übersehen. Vom Turm aus eröffnet sich ein eindrucksvoller Blick über die Anlandungsküste an der Südspitze Ölands (3 h).

Halltorps Hain

Auf der Nordtour passieren Sie westlich der Straße 136 in der Nähe des Ortes Halltorp das Naturreservat Halltorps hage. Hier trifft man auf Überreste eines Urwaldes, der sich entlang der Westküste der Insel zog und als königliches Jagdgebiet genutzt wurde. Sehenswert sind die uralten, verkrüppelten und knorrigen Eichen. Wählen Sie einen heißen Junitag für Ihren Besuch in das Narurreservat Halltorps Hain. Sehen Sie sich genau die Stämme der mächtigen Bäume an. Mit ein wenig Glück fällt Ihr Blick auf einen riesigen Käfer, dem Hirschkäfer. Und wenn Sie erst einen gesehen haben, entdecken sie bald mehr. Dieses Spektakel wird Ihnen nicht so oft in Nordeuropa geboten.

Überall entdecken sie weiterhin Orchideenwiesen, in den u.a. Geflecktes Knabenkraut, Großes Zweiblatt und Vogel-Nestwurz vorkommen (1,5 h).

Alte Eichen im Naturreservat Halltorps Hage

Kristianstad

Anreise: Von Kalmar aus setzen Sie Ihre Reise nach Kristianstad in der südschwedischen Provinz Schonen fort. Kristianstad liegt inmitten von Wasserflächen und Feuchtgebieten sowie in der Nähe der Ostsee. Am Unterlauf des Helgeån wurde ein architektonisch sehenswertes Informationszentrum, das Naturum, in eine Flussverbreiterung eingebaut. Im Naturum finden Sie Literatur und Informationsmaterial zu den diversen Lebensräumen (Kranichrastplatz, Flachwasserzonen mit Salzwiesen, Watvögel, Gänse, Enten, Seeadler) des Biosphärenreservates „Kristianstads Vattenrike“ (Wasserreich Kristianstad). Das Biosphärenreservat umfasst

Land-, Seen- und Meeresflächen. Geführte Touren zu Lande und mit einem Fahrgastschiff werden angeboten. 21 Beobachtungstürme sowie Wanderwege mit Informationen führen zu den jeweiligen Sehenswürdigkeiten. Sie erreichen die Gebiete über ein gut ausgebautes Netz von Fahrradwegen. Für Wanderer steht der „Skåneleden" (Schonenstraße) zur Verfügung.
Adresse: Naturum Vattenriket, Härlövsängaleden 2, 291 00 Kristianstad, Schweden, www.wattenriket@kristianstad.se/naturum, Tel. +46 44 13 23 30.

Am Wegesrand

Naturreservat Äspet (Anreise mit Auto oder Fahrrad, vor Ort 2 h)

Anreise: über die Straße 118; südlich von Ahus überqueren Sie den Fluss Helgeån und biegen auf den Äspetvägen ab. Fahren Sie links auf den Åvägen bis zum Parkplatz. Von dort zu Fuß zu den Beobachtungstürmen.

Das Naturreservat Äspet liegt direkt am Meer. Es ist eine Dünenlandschaft mit anschließendem Kiefernwald und einer großen flachen Lagune – mithin ein ideales Brut- und Nahrungsgebiet für Küstenvögel. Von zwei Beobachtungstürmen haben Sie einen guten Einblick auf die Überschwemmungszonen und die Lagune (Spektiv). Auf dem im Frühjahr vom Beobachtungsturm aufgenommenen Bild sind Brandgänse, Stockenten, Säbelschnäbler und Küstenseeschwalben zu erkennen. Weitere Brutvögel sind Zwergseeschwalben, Löffelenten, Rotschenkel u.a. Mit einigem Glück können Sie Seeadler beobachten.

Naturum Kristinstad am Unterlauf des Helge å

Tafel-, Reiher- und Bergenten, Eisenten, Schellenten sowie Gänsesäger halten sich im Winter in der Lagune oder im Hafenbecken auf. Berghänfling, Schneeammer und Bergpieper sind jährliche Wintergäste, bisweilen werden auch Ohrenlerchen nachgewiesen.

Beobachtungsturm Aespet bei Åhus

Äspet unterliegt als Vogelschutzgebiet zwischen dem 15. März und dem 30. September einem besonderen Schutz. Während dieser Zeit dürfen nur die markierten Wege genutzt werden.

Naturreservat Gropahålet (Anreise mit Auto oder Fahrrad, vor Ort 1,5 h)

Anreise: über die Straße 118 über Ahus bis zum Dorf Yngsjö. Dort rechts abbiegen in den Lillesjö Väg und küstenparallel bis zum Hinweisschild Naturreservat fahren.

Das Naturreservat Gropahålet liegt nördlich der Flussmündung des Helgeån. Hier erwarten Sie Sandstrand und bis zu 20 m hohe Dünen mit angrenzendem Kiefernwald. Diese Dünenlandschaft erstreckt sich über 25 km nach Süden bis Juleboda. Als Vögel des Waldes werden hier Schwarzspecht, Gartenrotschwanz und Haubenmeise erwähnt. Auf offenen Flächen sind Heidelerche und Brachpieper zu beobachten. Unter den Pflanzen dominieren Arten von offenen Trockengebieten wie Sandnelken Sandnejlika (*Dianthus arenarius*), Sand-Strohblume/Hedblomster (*Helichrysum arenarium*), Thymian (*Thymus pulegioides*) und Wiesen-Kuhschelle (*Pulsatilla pratensis*).

Steenshuvud-Nationalpark (2 h für den Hochweg)

Anreise: Der Stenshuvud-Nationalpark liegt an der Ostseeküste von Schonen etwas südlich von Kivik. Er ist mit dem Auto einfach zu erreichen. Im Park gibt es ein Besucherzentrum, Stenshuvud Naturum mit Ausstellung und Informationsmaterial. Behindertengerechte Wanderwege führen durch den Park und auf den Gipfel von Stenshuvud.

Der knapp 380 ha große Nationalpark an der Küste der südlichen Ostsee erscheint ungewöhnlich hügelig, ja fast bergig. Dieser Eindruck ist grundsätzlich richtig, denn diese Landschaft ist nicht von der letzten Eiszeit geformt worden. Hier sind alte Gesteine des Grundgebirges durch tektonische Verwerfungen wieder an die Oberfläche getreten.

Stenshuvud, das „Steinerne Haupt", ist ein Urberg, der sich fast 100 m über das Meer erhebt. Er ist seit Menschengedenken ein Anhaltspunkt für Seefahrer.

Der Nationalpark ist von Laubwald geprägt, in dem Hainbuchen überwiegen und Eichenbestände vorkommen. Der dichte Wald reicht bis an den breiten, wunderschönen Sandstrand. Unter den Hunderten von Pflanzenarten, die aufgrund des milden Klimas hier wachsen, sind vor allem die zahlreichen Orchideen zu nennen. Auch die Vogelwelt ist zahlreich vertreten. Als auffälliger Sänger fällt im Frühjahr der Sprosser auf.

Laubwald im Nationalpark Steenshuvud

Blick über die Bucht des Nationalparks Steenshuvud

Falsterbo (2 h)

Anreise: Mit verschiedenen Fährlinien von Swinemünde, Sassnitz, Rostock und Lübeck. Nach Falsterbo vom Fährhafen Trelleborg aus über die E6/E22, auf die M511 wechseln und entlang der Küste zu den Beobachtungspunkten fahren. Die Fährlinien bieten günstige Preise für Personenreisen ohne Auto, nutzen Sie das Fahrrad. Vom Fährhafen bis zu einer der Aussichtpunkte auf Falsterbo sind es etwa 25 km. Ein Fuß-/Fahrradweg führt an der Küste bzw. in der Nähe der Küste nach Falsterbo (Kämpingvägen, Trelleborgsvägen).

Die Landzunge von Falsterbo hat dem Ornithologen immer etwas zu bieten. Die günstigsten Beobachtungspunkte sind die Heide von Skanör, der Falsterbo-Kanal und der Nabben. Der Leuchtturmgarten ist ein Ziel für Singvögel, zeitweise auch für Eulen und Spechte (der Garten selber darf nicht betreten werden).

Hochrechnungen haben ergeben, dass in jedem Herbst etwa 500 Millionen Zugvögel den Norden auf ihrem Weg in die Winterquartiere verlassen. Die Mehrzahl zieht nach Südwesten und passiert die Landzunge von Falsterbo („Falsterbonäset"). Für viele Vögel ist die Ostsee das erste schwere Hindernis, das auf dem Zug nach Süden überwunden werden muss. Daher folgen die Vögel den Küsten so lange wie möglich. Daraus erklärt sich der Stau von Zugvögeln auf der Halbinsel von Falsterbo.

Im August macht sich der Herbstzug der Vögel in ganz Südschweden immer mehr bemerkbar. In der Morgendämmerung steht der Beobachter auf der äußersten Landzunge, der Nabben, und schaut den Kleinvögeln und den Küstenvögeln zu. September und Oktober sind die Monate des Raubvogelzuges.

Ende August erfolgt der spektakuläre Zug von Wespenbussarden. Im weiteren Verlauf des Herbstes dominieren Mäusebussard und Sperber sowie der Rote Milan.

Im Frühling können Eiderenten, Ringelgänse und Weißwangengänse auf dem Zug zurück zu den Brutplätzen beobachtet werden. Jetzt haben sie es alle eilig.

Hier, im Falsterbo, beenden wir unsere Rundreise um die Ostsee.

Literatur

Ambs, S. M., Boness, D. J., Bowen, W. D., Perry, E. A. & Fleischer, R. C. (1999): Proximate factors associated with high levels of extraconsort fertilization in polygynous grey seals. – Animal Behaviour 58 (3): 527-535

Benda, L. (Hrsg.): Das Quartär in Deutschland. Gebrüder Bornträger, Stuttgart 1995

Bergmann, H.-H.: Vogelfedern an Nord- und Ostsee. Finden und Bestimmen. Quelle & Meyer Verlag, Wiebelsheim 2010

Brandt, T. u. a.: Die 50 besten Vogelbeobachtungsplätze in Deutschland. Aula Verlag, Wiebelsheim 2011

Bundesamt für Seeschifffahrt und Hydrographie (Hrsg.): Naturverhältnisse in der Ostsee. Hamburg, Rostock 1996

Conradt, K., Conradt, S.: Naturerlebnis Schleswig-Holstein. Tiere, Pflanzen, Landschaften. Convent Verlag, Hamburg 2007

Dahlin, A. 2007: Gotland erleben. Natur und Kultur von Fårö bis Hoburgen. Landesmuseum Gotland in Zusammenarbeit mit dem Regierungspräsidium Gotland: 275 S.

Die Wismarbucht und das Salzhaff. Meer & Museum, Bd. 13

Duphorn, K., Kliewe, H., Niedermeyer, R.-O., Janke, W., Werner, F.: Die deutsche Ostseeküste. Sammlung geologischer Führer Bd. 88, Verlag Gebr. Borntraeger, Berlin/Stuttgart 1995

Dürkopp, K. (Hrsg.): Küste im Wandel. Naturschutzgebiet Graswarder-Heiligenhafen. Heiligenhafen 2015.

Falke-Redaktion (Hrsg.): Die 50 besten Vogelbeobachtungsplätze in Deutschland. Quelle & Meyer Verlag, Wiebelsheim 2011

Fjälling, A. (2006): The conflict between grey seals (Halichoerus grypus) and the Baltic coastal fisheries – new methods for the assessment and reduction of catch losses and gear damage. – Department of Science and Technology, Institution of Physics and Measurement Technology/Biology. – Thesis, Linköping, Linköpings Universitet.

Gerlach, S.: Die Biodiversität der deutschen Nord- und Ostsee. Band 1: Checkliste der Fauna der Kieler Bucht und eine Bibliographie zur Biologie und Ökologie der Kieler Bucht. Bundesanstalt für Gewässerkunde, Bericht 1247, Koblenz 2000

Gosselck, F., Kinze, C.C.: Die Ostsee als Lebensraum für Meeressäugetiere. Deutsches Meeresmuseum, Stralsund 2011

Gosselck, F., von Weber, M. Die Eutrophierung – ein Problem in der Wismarbucht. Deutsches Meeresmuseum, Stralsund 1997.

Hamilton-Paterson, J.: Vom Meer. Mare Verlag, Hamburg 2010

Harder, K. (2007): Die Entwicklung der Robbenbestände an der südlichen Ostseeküste – Versuch einer Rekonstruktion mit Hilfe der Stralsunder Seehundakte. – Fluke 14: 18–27.

Harding, K. C. (2000): Population dynamics of seals: the influences of spatial and temporal structure. – Department of Ecology and Systematics, Division of Population Biology. Thesis, Helsinki, University of Helsinki.

Hayman, P., Hume, R.: Die Küstenvögel Europas. Franckh-Kosmos-Verlag, Stuttgart 2006

Hejdström, A. 2009: Inselführer Stora Karlsö. Karlsö Jagt- och Djurskyddsförenings AB: 45 S.

Hecker, K., Hecker, F.: Steine, Federn, Muscheln. Naturkunst mit Kindern. Haupt Verlag, Bern 2010

Helsinki Commission. Baltic Sea Environment Proceedings No. 137. Climate Change in the Baltic Sea Area. HELCOM thematic assessment in 2013: 66 S. Baltic Marine Environment Protection Commission.
Hinsch, H.: 2007: GIS-gestützte Landnutzungsanalyse ausgewählter Küstenabschnitte Gotlands. Diplomarbeit. http://www.drin.com/; Druck und Bindung: Books on Demand GmbH, Norderstedt Germany. 126 S.
Holt, K. von, Holt, J. von: Bernstein an Nord- und Ostsee. Sammeln – Bestimmen – Bearbeiten. Quelle & Meyer Verlag, Wiebelsheim 2011
Hupfer et al., 2003
Hurtig, Th. (1958): Zum „Rätsel des Ancylussees". Peterm. Geogr. Mitt. 102 (4): 244–250.
Janke, K.: Schnecken, Muscheln & Tintenfische an Nord- und Ostsee. Finden und Bestimmen. Quelle & Meyer Verlag, Wiebelsheim 2010
Janke, K., Kremer, B. P.: Düne, Strand und Wattenmeer. Tiere und Pflanzen unserer Küsten. 6. Aufl., Franckh-Kosmos-Verlag, Stuttgart 2010
Janke, K., Kremer, B. P.: Das Watt. Tiere und Pflanzen im Weltnaturerbe Wattenmeer. 3. Aufl., Franckh-Kosmos, Stuttgart 2011
Jeschke, L., Lenschow, U., Zimmermann, H.: Die Naturschutzgebiete in Mecklenburg – Vorpommern. Hrsg. Umweltministerium Mecklenburg-Vorpommern, 713 S. Demmler Verlag, Schwerin 2003
Karsten, U., R. Schumann, Witt, K.: Darß-Zingster Boddengewässer. Filter zwischen Land und See. Biologie in unserer Zeit, 33, 46–55 (2003)
Kloth, J-H., Lovén, U.: Outdoor Gotland. Natural History and Wildlife. The County Museum of Gotland: 175 S., 2002
Koenigswald, W. von: Lebendige Eiszeit: Klima und Tierwelt im Wandel. Primus Verlag, Darmstadt 2002
Kremer, B. P.: Das Strandkorb-Sammelsurium. Natur-Wissen für die schönsten Tage des Jahres. Hirzel, Stuttgart 2009
Kremer, B. P.: Wasser! Naturstoff – Lösemittel – Lebensraum. Ein Lern- und Lesebuch. Schneider Verlag Hohengehren, Baltmannsweiler 2010
Kremer, B. P., Gosselck, F.: Erlebnis Nord- und Ostseeküste. Aufgaben und Arbeitsblätter zum Lernen, Üben und Experimentieren. Quelle & Meyer,. Wiebelsheim 2013
Kremer, B. P., Gosselck, F., Janke, K.: Erlebnis Küste. Naturkundliche Streifzüge an Nord- und Ostsee. Quelle & Meyer,. Wiebelsheim 2013
Kremer B. P., Oftring, B.: Natur erleben – im Moor und auf der Heide, Haupt-Verlag, Bern 2014
Kummer, R.: Dänemark: Wander- und Radführer Bornholm. Stein-Verlag, Welwer 2010
Küster, H.: Die Ostsee. Eine Natur- und Kulturgeschichte. C.H. Beck, München 2002
Kuusisto, E.: Finnland. Land der Inseln und Gewässer. Hrsg: Beratender Ausschuss für Inselangelegenheiten, Ministerium für Arbeit und Wirtschaft, Schwerin 2011
Larsen, H. H., Pedersen, K., Skriver, J., Rasmusen, K., Sprensen, E.H., Deerry, L., B. Søndergård, B.: Vögel erleben an der Spitze von Dänemark. Hrsg. Toppen af Danmark A/S, Skandiatorv 1, 2. sal, Frederikshavn. 2013
Lozán, J. L. et al. 1996: Warnsignale aus der Ostsee. Parey, Hamburg 1996
Masing, V., Jüssi, F.: Wildflowersof Estonia. Bibliotheca Baltica 247, 2002
Moning, C., Weiß, F.: Vögel beobachten in Norddeutschland. Franckh-Kosmos Verlag, Stuttgart 2010
Muus, B.J., Nielsen, J.G.: Die Meeresfische Europas in Nordsee, Ostsee und Atlantik. Franckh-Kosmos-Verlag, Stuttgart 1999

Muuß, U., Petersen, M.: Die Küsten Schleswig-Holsteins. Wachholtz Verlag, Neumünster 1971

Möller, T, Martin, G. & Vetemaa, M. (Estonian Marine Institute), Kalamees, A. and and Kuus, A. (Estonian Ornithological Society) Kiristaja, P. Mark Vetemaa (Estonian Marine Institute), Andres Kalamees and Kuus, A., Piret and Timm, U. (Environmental Information Centre), Paomees, K. and Volke, V. (Environment Agency) 2009: Baltic Environmental Forum Estonia. Küdema bay storage area of the island and islets of natural protected area. 2011 – 2020. 51 S.

Neidhardt, C.: Ostsee. Das Meer in unserer Mitte. Marebuchverlag, Hamburg 2003.

Niedermeyer, R.-O., Lampe, R., Janke, W., Schwarzer, K., Duphorn K., Kliewe, H.F. Werner, F.: Die deutsche Ostseeküste. Gebr. Bornträger, Stuttgart 2011

Nestmann, R. & Harder K. Robben der Ostsee: Geschichte, Gegenwart, Zukunft, von Verlag NESTMANNs FOTO. 192 Seiten, 2014

Redieck, M., Schade, A.: Dokumentation der Sturmflut vom 3. und 4. November 1995 an den Küsten Mecklenburgs und Vorpommerns. Rostock 1996

Reinicke, R.: Bernstein. Gold des Meeres. Hinstorff-Verlag, Rostock 2008

Reinicke, R.: Feuersteine, Hühnergötter. Demmler Verlag, Schwerin 2009

Reinicke, R.: Funde am Ostseestrand. Demmler Verlag, Schwerin 2008

Reinicke, R.: Inseln der Ostsee. DSV-Verlag, Hamburg 2001

Reinicke, R.: Küsten der Ostsee. DSV-Verlag, Hamburg 2003

Reinicke, R., Reinicke Rügen – Insellandschaften, Verlag Delius Klasing 2010

Reinicke, R., Reinicke, M.: Mein Ostseebuch. Entdecken und Erleben. Hinstorf-Verlag, Rostock 2014

Rheinheimer. G. (Hrsg.): Meereskunde der Ostsee. Springer Verlag, Heidelberg 1995

Rothe, P.: Erdgeschichte. Spurensuche im Gestein. Wissenschaftliche Buchgesellschaft, Darmstadt 2000

Rudolph, F., Pittermann, D., Bilz, W.: Fossilien an Nord- und Ostsee. Finden und Bestimmen. Quelle & Meyer Verlag, Wiebelsheim 2010

Rudolph, F.: Strandfunde sammeln und bestimmen. Wachholtz Verlag, Neumünster 2007

Rudolph, F.: Noch mehr Strandsteine sammeln und bestimmen an Nord- und Ostsee. Wachholtz Verlag, Neumünster 2008

Schameitat, K. 2008: Estland entdecken. Landschaft, Natur und Kultur im nördlichen Baltikum (Trescher-Reihe Reisen): 522 S.

Schreiber, E., Henker, H., Henker, I.: Die Pflanzenwelt der Wismar-Bucht. In: Die Wismar-Bucht und das Salzhaff. Meer und Museum 13. Schriftenreihe des Deutschen Museums für Meereskunde und Fischerei, Stralsund 1997

Schulz, W. 2011: Streifzüge durch die Geologie des Landes Mecklenburg-Vorpommern. TINUS Schwerin: 216 S.

Smed, P., Ehlers, J.: Steine aus dem Norden. Geschiebe als Zeugen der Eiszeit in Norddeutschland. Gebrüder Borntraeger, Stuttgart 2002

Sommer, U.: Biologische Meereskunde. Springer-Verlag, Heidelberg 1998

Umweltministerium Mecklenburg-Vorpommern (Hrsg.): Die Naturschutzgebiete in Mecklenburg-Vorpommern. Demmler-Verlag, Schwerin 2003, ISBN 3-91-015052-7, S. 713

Wagner, C., Moning, C.: Vögel beobachten in Ostdeutschland. Franckh-Kosmos-Verlag, Stuttgart 2009

Weitschat, W., Wichard, W.: Atlas der Pflanzen und Tiere im Baltischen Bernstein. Friedrich Pfeil Verlag, München 1998

Wichard, W., Gröhn, C., Seredzsus, F.: Wasserinsekten im Baltischen Bernstein. Kessel-Verlag, Oberwinter 2009

Witt, J. M.: Die Ostsee – Schauplatz der Geschichte. Primus Verlag, Darmstadt 2009

Yousef, M. A. M., Schubert, H., Nordheim, H. von (Hrsg.): Charophytes in the Baltic Sea – threats and conservation. Schriftenreihe für Landschaftspflege u. Naturschutz H. 72, Bonn-Bad Godesberg 2002

Zettler, M., Bönsch, R., Gosselck, F.: Verbreitung des Makrozoobenthos in der Mecklenburger Bucht (südliche Ostsee) – rezent und im historischen Vergleich. – Meereswissenschaftliche Berichte 42, 1 – 144, 2000

Internetadressen

www.ostsee-netz.de/165/lolland-falster-moen/klintholm.html
http://estland-inside-natur.blogspot.de/2008/11/nord-estland.html
http://www.ikzm-d.de/
http://www.celotajs.lv/cont/tour/tours/files/Sliteres_NP/DE/Putni_DE_jpg.pdf

Bildnachweis

Als Vorlage für die Karten diente Openstreetmaps (www.openstreetmap.org, © OpenStreetMap contributors)

Brosda, Kai: 67
Dahlke, Sven: 152 r
Gosselck, Fritz: 11, 19, 20, 22, 23, 24 (o, u), 33 (4), 42, 45, 49, 50/51, 52, 53 (2), 54, 55, 56 (2), 57, 58 ur (2), 60 u, 61, 62, 63, 64 o, 70 u (2), 71, 72 (2), 73, 75 (2), 77 (2), 78 o, 80, 82 u, 102, 104, 105 o, 106, 108 ul, 111 (2), 112, 117 (2), 121 l, 123 l (2), 127, 129 u, 132, 136 l (3), 138 (2), 139 (2), 140, 141, 143, 145, 146 o (3), 147 (2), 148, 149 (3), 152 l, 153 o (3), ur, 154 o (2), 157 ul, 159, 161, 162, 164 (2), 167 o (2), 168, 170, 172, 176, 180 (2), 185 (2), 188 ul, 189 (3), 191, 194 (4), 195 u, 196 (2), 199 (3), 202 (3), 203, 204 (2), 205 (2), 206/207, 208, 209 (2), 210 (2), 211 (8), 212, 213, 214, 215 (2), 216 o, 218, 220, 221 (2), 222/223, 224, 226 (3), 227 (4), 228 (4), 229 (3), 230, 236/237, 238, 239 o, ur, 241 (2), 242 o, M, 243, 245, 246 (2), 247, 250/251, 252, 253, 254, 256 or, u (2), 258 (4), 259, 260, 261 (2), 262 (2), 263 (4), 265 (3), 266, 268/269, 271, 272 (2), 276 (2), 277 (4), 279 o, 280, 281 (4), 282 (3), 284, 285, 286 o, 288/289, 291, 292 (3), 293 (2), 294, 295, 298, 300 (3), 301, 302, 303 (3), 304 (4), 305 (2), 307 (3), 308, 309, 310, 311 (2), 312 (3), 313, 314, 316, 317,318, 321 (3), 322, 323, 324 (2), 325, 326 (3), 327 (2), 328 (3), 330, 331 (4), 332 (3), 333 (2), 334 (4), 335 (2), 338, 341, 342, 343, 344 (4), 345, 346, 347 (2), 349 (2)
Haus der Natur, Cismar: 129 o (2)
Hecker, Frank: 58 ul, 59, 60 o, 121 r, 123 r, 136 r, 167 u, 239 M (2), 267, 279, 286 u, 267
Janke, Klaus: 115 or, ul
Kanstinger, Philipp: 99
Kleber-Janke, Tamara: 108 Mitte (2), 113, 115 ol, ur, 119 o
Köhler, Dieter 157 ur

Kremer, Bruno P.: 8/9, 14, 17, 26, 28, 30, 32, 35, 38 u,o, 39 o,u, 47, 81 (3), 82 o, 83 (4), 84, 85, 87, 88 (3), 89(6), 93 (3), 94 (7), 95 (3), 97 (2), 105 u, 108 o, ur, 109 o, 119 u, 126, 134 (2), 144, 146 u, 153 ul, 160, 173 (2), 174, 177, 178, 182, 183, 187, 188 o (2), ur, 190, 200, 217 u, 231 (3), 234, 248
Mertens, Claus: 64 u, 65 (2), 66, 68, 70 o
Meeresmuseum Stralsund: 171
Museum für Natur und Umwelt, Lübeck: 130
Mundt, Jürgen: 165
Nowack, Rainer: 125
Otto, Wolfram: 76, 78 u (2), 156, 157 o (2), 242 (2)
Reinicke, Rolf: 100/101
Schulze, A.: 256 or
Szalay, Margot G.: 279
Weigelt, Jürgen (Buchtranger der Regionalvereinigung Segeln Wismarbucht): 154 u
Wiesberg, Ingo 195 o (2)
www.eoearth.org/view/article/150739/ (Wikimedia Commons CC BY-SA 2.5): 44
Zimmermann, Horst: 157 M

Register

Dr. Fritz Gosselck
Geboren in Rostock, studierte an der Universität Rostock Biologie und spezialisierte sich auf das Fach Meeresbiologie. Er nahm an zahlreichen Forschungsreisen in den Atlantischen und Indischen Ozean teil und promovierte über Lebensgemeinschaften des Meeresbodens in den Aufquellgebieten vor Westafrika. Seit 1980 ist sein Forschungsobjekt das Meer vor der Haustür, die Ostsee, geworden. Dabei beschäftigen ihn die Probleme des Nährstoffeintrags, die Tiere und Pflanzen des Brackwassermeeres sowie der Meeresnaturschutz. In seiner Freizeit ist er seit über 50 Jahren auf der Insel Langenwerder als „Vogelwärter" tätig. Fritz Gosselck ist weiterhin als Meeresbiologe tätig. Er lebt in der Nähe von Rostock.

Dr. Bruno P. Kremer
Geboren in Linz am Rhein, Studium der Biologie, Chemie und Geologie; Diplom (Biologie), Staatsexamen (Lehramt an Gymnasien), Promotion zum Dr. rer. nat., Tätigkeit in der Forschung und als Wissenschaftsjournalist, bis 2012 an der Universität zu Köln tätig im Zentrum für Mathematische und Naturwissenschaftliche Bildung/Institut für Biologie und ihre Didaktik. Arbeitsschwerpunkte zunächst Labor- und Feldforschung zu Problemen der biochemischen Ökologie, später zunehmend Bearbeitung regionalkundlicher Themengebiete. Zahlreiche Zeitschriften- und Buchveröffentlichungen zu biologisch-ökologischen Sachthemen sowie zur Naturerlebnispädagogik.